Karim Fereidooni

Schule – Migration – Diskriminierung

VS RESEARCH

Karim Fereidooni

Schule – Migration – Diskriminierung

Ursachen der Benachteiligung von Kindern mit Migrationshintergrund im deutschen Schulwesen

VS RESEARCH

Bibliografische Information der Deutschen Nationalbibliothek
Die Deutsche Nationalbibliothek verzeichnet diese Publikation in der Deutschen Nationalbibliografie; detaillierte bibliografische Daten sind im Internet über <http://dnb.d-nb.de> abrufbar.

1. Auflage 2011

Lektorat: Verena Metzger / Anita Wilke

VS Verlag für Sozialwissenschaften ist eine Marke von Springer Fachmedien.
Springer Fachmedien ist Teil der Fachverlagsgruppe Springer Science+Business Media.
www.vs-verlag.de

Umschlaggestaltung: KünkelLopka Medienentwicklung, Heidelberg
Gedruckt auf säurefreiem und chlorfrei gebleichtem Papier
Printed in Germany

ISBN 978-3-531-17635-2

Danksagung

Die Grundkonzeption dieses Buches geht auf meine Staatsexamensarbeit mit dem Titel „Bildungspolitische Misere: Die politischen Ursachen für die Benachteiligung von Kindern mit Migrationshintergrund im deutschen Schulwesen" zurück, die ich im März 2009 im Fach Politikwissenschaft (Fachteil: Regierungslehre/Das politische System der BRD) an der Universität Trier eingereicht habe. Nachfolgend habe ich diese Untersuchung überarbeitet und erweitert.

Diese Zeilen möchte ich dazu nutzen, um denjenigen zu danken, die mir während meines Studiums, der Erstellung meiner Staatsexamensarbeit sowie bei der Abfassung dieses Buches behilflich waren.

Mein ausdrücklicher Dank gilt dem Betreuer meiner Staatsexamensarbeit Herrn Prof. Dr. Uwe Jun, der mir während der gesamten Arbeitszeit mit fachlichem Rat zur Seite stand und mich in zahlreichen Diskussionen beharrlich auf den „richtigen Weg" zu lenken wusste.

Des Weiteren möchte ich dem Zweitgutachter meiner Staatsexamensarbeit Herrn Prof. Dr. Winfried Thaa danken. Er hat mich, einige Zeit bevor ich mein Studium an der Universität Trier aufnahm, in einer Sprechstunde über die Vorzüge und Möglichkeiten des Faches Politikwissenschaft aufgeklärt.

Besonders zu danken habe ich Frau Prof. Dr. Anne Sliwka, die mir wertvolle Ratschläge im Zuge der Erstellung meiner Staatsexamensarbeit gegeben und zudem zukünftige Perspektiven aufgezeigt hat.

Außerdem bedanke ich mich bei Frau Dr. Rita Nikolai und Frau Janina Söhn vom Wissenschaftszentrum Berlin für Sozialforschung sowie bei Frau PD Dr. Karen Schönwälder vom Max-Planck-Institut zur Erforschung multireligiöser und multiethnischer Gesellschaften, die mir mit nützlichen Hinweisen behilflich waren.

Dank möchte ich Frau Prof. Dr. Franziska Schößler aussprechen, die mir aufgrund der Anstellung als wissenschaftliche Hilfskraft am Lehrstuhl für Germanistik – Neuere deutsche Literaturwissenschaft die Möglichkeit geboten hat, den wissenschaftlichen Betrieb aus der Nähe kennen zu lernen.

Außerdem danke ich meinen Freunden, die mir während meines gesamten Studiums den Rücken gestärkt und mir, wenn nötig, Ablenkung davon verschafft haben.

Für die anregenden Hinweise und das Korrekturlesen möchte ich ganz herzlich Frau Miriam Wabnitz, Frau Christine Gebhardt und Herrn Ali Ögüt danken.

Danken möchte ich auch Frau Dorothee Koch, Frau Verena Metzger und Frau Anita Wilke vom VS Verlag für Sozialwissenschaften für die hilfreichen Informationen während der Abfassung des Buches. Zu danken habe ich auch Herrn Dr. Michael Hüttenberger von der Gemeinnützigen Gesellschaft Gesamtschule (GGG) für die Bereitstellung der Karikatur von Herrn Hans Traxler.

Diese Arbeit widme ich meinen Eltern Kavoos und Tahereh Fereidooni, die mich, nicht nur während meines Studiums, mit Liebe und Fürsorge beschenkten.

Karim Fereidooni

Inhaltsverzeichnis

Abkürzungsverzeichnis

Anm. d. Verf.	Anmerkung des Verfassers
BMBF	Bundesministerium für Bildung und Forschung
BMFSFJ	Bundesministerium für Familie, Senioren, Frauen und Jugend
BRD	Bundesrepublik Deutschland
BIP	Bruttoinlandsprodukt
bzw.	beziehungsweise
ca.	circa
d. h.	das heißt
DIPF	Deutsches Institut für Internationale Pädagogische Forschung
DJI	Deutsches Jugendinstitut
GEW	Gewerkschaft Erziehung und Wissenschaft
GG	Grundgesetz
Hrsg.	Herausgeber
IEA	International Association for the Evaluation of Educational Achievement
IGLU	Internationale Grundschul-Lese-Untersuchung
INES	Indicators of Education Systems
Jg.	Jahrgang
KMK	Ständige Konferenz der Kultusminister der Länder in der BRD
LAU	Aspekte der Lernausgangslage und Lernentwicklung
LUST	Längsschnittuntersuchung Satzlesen und Textverstehen
MPIB	Max-Planck-Institut für Bildungsforschung
Nr.	Nummer
OECD	Organization for Economic Co-operation and Development Organisation für wirtschaftliche Zusammenarbeit und Entwicklung
o. g.	oben genannt
PIRLS	Progress in International Association for the Evaluation of Educational Achievement
PISA	Programme for International Student Assessment
PISA-E	Programme for International Student Assessment-Erweiterungsstichprobe

Rn.	Randnummer
sog.	so genannt
u. a.	unter anderem
vgl.	vergleiche
www	world wide web
WZB	Wissenschaftszentrum Berlin für Sozialforschung
z. B.	zum Beispiel

„Im Sinne einer gerechten Auslese lautet die Prüfungsfrage für Sie alle gleich: Klettern Sie auf den Baum!"

Hans Traxler 1994

1 Einleitung

> *"Roots, I sometimes think, are a conservative myth, designed to keep us in our places."**

1.1 Relevanz des Themas

Das Thema der Benachteiligung von Kindern mit Migrationshintergrund im deutschen Bildungssystem ist seit der Veröffentlichung der Befunde von nationalen und internationalen Schulleistungsuntersuchungen wie beispielsweise des Programme for International Student Assessment (PISA) und der Internationalen Grundschul-Lese-Untersuchung (IGLU) in den Fokus der (Fach-)Öffentlichkeit gerückt. Die Ursache für das Interesse an diesen Vergleichsstudien liegt im Allgemeinen an dem schlechten Resultat aller deutscher Schüler im Vergleich zu Schülern anderer Nationen und dem daraus resultierenden „PISA-Schock" sowie im Speziellen an den gravierenden Kompetenzunterschieden zwischen deutschstämmigen Schülern und Schülern mit Migrationsgeschichte. Zusätzliche Aufmerksamkeit erregen die Leistungsunterschiede zwischen Schülern deutscher und nicht-deutscher Herkunft vor dem Hintergrund der These von Bildungsforschern, nach der die Kompetenzunterschiede ihre Ursache in der Bildungsdiskriminierung von Kindern und Jugendlichen mit Migrationshintergrund haben.

Die normative Relevanz des Themas der Bildungsbenachteiligung ergibt sich aus dem Selbstverständnis der Bundesrepublik Deutschland als demokratischer Rechtsstaat in dem „kein Mensch aufgrund seines Aussehens, seines Geschlechts, seiner Herkunft, seiner Sprache, seiner körperlichen Beschaffenheit, seiner Religion, seiner weltlichen Anschauung, seiner politischen Überzeugung oder aufgrund eines anderen Merkmals benachteiligt oder bevorzugt werden darf"[1]. Wenn man „gleiche Teilnahmechancen am Leben der Aufnahmegesellschaft als das Herzstück der Integration ansieht (…), dann stehen gleiche Bildungschancen im Zentrum der Integrationsprozesse"[2].

Die kognitive Relevanz des Themas wurzelt in den wirtschaftlichen und gesellschaftspolitischen Folgekosten der Nichtnutzung der zur Verfügung stehenden Res-

* Rushdie (1984), S. 90.

[1] Hesselberger (2003), S. 84.

[2] Geißler (2005), S. 88.

sourcenkapazität. An Aktualität gewinnen Befunde, die auf Diskriminierungen im deutschen Bildungssystem verweisen, nicht zuletzt aufgrund des demographischen Wandels der deutschen Gesellschaft. Seit dem Ende des Zweiten Weltkriegs hat sich im Zuge der kontinuierlichen Migration in die Bundesrepublik Deutschland die Bevölkerungszusammensetzung verändert. Die BRD hat sich zu einem Einwanderungsland entwickelt, in dem es ein vielfältiges kulturelles Mosaik gibt. Gegenwärtig kommen von 82.400.000 Menschen, die in Deutschland leben, rund 15.300.000 Menschen (19% der Gesamtbevölkerung), aus dem Ausland oder haben einen sogenannten Migrationshintergrund.[3] Diese Diversifizierung der Gesellschaft hat dazu geführt, dass in einigen Regionen Deutschlands bis zu 50 Prozent und mehr Schüler einen Migrationshintergrund aufweisen.[4] Dieser Umstand ist ein weiterer Grund für die Forschungsrelevanz des Themas, weil sie in Zukunft dazu führen wird, dass allochthone Schüler nicht die Ausnahme, sondern die Regel im deutschen Bildungssystem sein werden.

Die vorliegende Untersuchung schöpft ihre wissenschaftliche Relevanz zum einen aus der (noch) unzureichenden Erforschung der Bildungsdiskriminierung allochthoner Schüler im deutschen Schulwesen. Zwar entstanden erste Untersuchungen der Bildungsbenachteiligung von Schülern im deutschen Schulwesen in den 1960er Jahren, in denen die Kunstfigur der „katholischen Arbeitertochter vom Lande“[5] geschaffen wurde, um die institutionelle Bildungsdiskriminierung – in dem Fall aufgrund der Konfession, des Geschlechts, des sozialen Status und des Wohnortes – zu skizzieren und diese institutionelle Benachteiligung mithilfe struktureller Maßnahmen zu beseitigen. Dennoch sind gegenwärtig noch immer Schüler im deutschen Bildungswesen institutionell verursachter Bildungsdiskriminierung ausgesetzt. Der Unterschied zu den 1960er Jahren besteht in der Wandlung der Konfession, des Geschlechts, des sozialen Status, der Ethnie und des Wohnortes der benachteiligten Schülerschaft.

Mittlerweile ist es der muslimische Junge aus der Großstadt (meistens Nachkomme von „Gastarbeitern“), der als Abziehbild für die Darstellung institutioneller Diskriminierung herhält, weil er am stärksten von der Benachteiligung durch das deutsche Schulsystem betroffen ist.

Die wissenschaftliche Relevanz dieser Arbeit basiert zum anderen auf der neuartigen Untersuchungsmethode der Bildungsdiskriminierung allochthoner Schüler. Anstatt wie in vorangegangenen Untersuchungen hauptsächlich die Schüler, die Eltern, den Sozialstatus, die Konfession, die Kultur und Ethnie für den Bildungs-

[3] Kühn (2007), S. 99.

[4] Autorengruppe Bildungsberichterstattung (2008), S. 11.

[5] Geißler (2005), S. 72.

misserfolg verantwortlich zu machen und damit nach individuellen Ursachen zu forschen, beschäftigt sich diese Untersuchung mit den institutionellen Ursachen der Benachteiligung von Kindern mit Migrationshintergrund im deutschen Schulwesen, wie beispielsweise der Funktionsweise bzw. den Organisations- und Selektionspraktiken des deutschen Schulsystems.

1.2 Fragestellung

Es gibt einige zentrale Fragestellungen, die im Rahmen dieser Untersuchung beantwortet werden sollen. Zunächst wird der Stand der wissenschaftlichen Forschung zum Themenbereich Bildungsdiskriminierung dargestellt und veranschaulicht, wie dieser in der Vergangenheit durch Bildungsforscher bearbeitet wurde. Anschließend werden Fragen in Bezug auf potentielle Forschungsdesiderate beantwortet (Unterkapitel 1.3).

Nachfolgend wird der theoretische Rahmen dieser Untersuchung abgesteckt und der Fragestellung nachgegangen, was institutionelle Diskriminierung bedeutet, von wem sie ausgeht, wer davon betroffen ist, wie sie funktioniert und in welchem Umfang sie im deutschen Schulsystem auftritt (Kapitel 2).

Anschließend werden einige zentrale Akteure der Bildungspolitik in Deutschland benannt und Fragen in Bezug auf die Verknüpfung von Bildungsforschung und Bildungspolitik beantwortet (Kapitel 3). Des Weiteren werden zentrale Funktionsfragen der drei Dimensionen der Politik beleuchtet (Kapitel 4).

Danach wird die Policy-Analyse als politikwissenschaftliches Erklärungsmodell für die Entstehung von Regierungspolitiken dargestellt (Kapitel 5).

Daran anknüpfend wird mithilfe der Policy-Analyse untersucht, wie die unterschiedlichen bildungspolitischen Strategien der Bundesrepublik Deutschland seit 1973 bis zur Gegenwart die Beschulungssituation allochthoner Schüler beeinflusst hat (Kapitel 6).

Außerdem werden Schulleistungsuntersuchungen wie beispielsweise die Internationale Grundschul-Lese-Untersuchung (IGLU) (Kapitel 7) und das Programme for International Student Assessment (PISA) (Kapitel 8) unter besonderer Berücksichtigung der Leistungen von Schülern mit Migrationshintergrund untersucht, um die These zu überprüfen, ob allochthone Schüler im deutschen Schulsystem benachteiligt werden. Sollte sich Letzteres verifizieren, werden die Wirkungsweisen und Spezifika einer solchen schulischen Diskriminierung erforscht, indem Ursachen, Umfang und Folgen einer solchen schulischen Benachteiligung genauer beleuchtet werden.

Im nächsten Untersuchungsschritt werden die unterschiedlichen kritischen Beiträge zu den PISA-Studien vorgestellt und beurteilt (Kapitel 9).

Anschließend werden Fragen in Bezug auf die Kovarianz von häuslicher Sozialisation und Schul(miss)erfolg beantwortet (Kapitel 10).

Überdies widmet sich ein Kapitel dieser Arbeit den Besonderheiten der Bildungssysteme erfolgreicher PISA-Teilnehmerstaaten, um aufzuzeigen, welche Unterschiede diese zu dem deutschen Bildungssystem aufweisen (Kapitel 11).

Zuletzt gilt das Forschungsinteresse der Frage nach schulischen Bildungsreformen, die notwendig sind, um der Bildungsbenachteiligung von Kindern mit Migrationshintergrund entgegen zu wirken (Kapitel 12).

Abschließend erfolgt eine Ergebnispräsentation (Kapitel 13).

1.3 Stand der wissenschaftlichen Forschung

Gegenstand dieser Untersuchung ist die Frage der institutionellen Bildungsbenachteiligung von Kindern mit Migrationsgeschichte im deutschen Schulwesen. Als Forschungsgrundlage dienen die PISA-Studien der Jahre 2000, 2003 und 2006 sowie die IGLU-Studie des Jahres 2001. Die o. g. Fragestellungen werden anhand der Befunde dieser Leistungsvergleichsuntersuchungen beantwortet.

Zwar widmen sich Bildungsforscher seit Anfang der 1970er Jahre der besonderen Beschulungssituation von Kindern nicht-deutscher Abstammung, doch zum einen „bildeten die Engagierten in der Ausländerarbeit innerhalb der Erziehungswissenschaft eine Randgruppe, was (...) den Status ihrer Klientel bis zu einem gewissen Grad widerspiegelt“[6]. Zum anderen war es zu dieser Zeit bei Bildungspolitikern und -forschern „common sense, nicht primär das Schulsystem für Erfolg oder Misserfolg von Schulkarrieren verantwortlich zu machen, sondern die Schüler und ihre Familien“[7]. Der schulische Misserfolg allochthoner Schüler wurde nicht den institutionellen Mechanismen der Schule angelastet, sondern den Spezifika der fremden Kultur der Kinder und ihrer Eltern zugerechnet; „die große Zahl von Untersuchungen über Migrantenfamilien, ihre Defizite, Bildungsaspirationen etc. ist ein Indiz dafür“[8]. Erst einige Jahre später wurden „alle kultur-deterministischen Deutungen (...) in systematisch angelegten Untersuchungen als unhaltbar erwiesen“[9].

Seit der PISA-Studie 2000 intensivieren sich Forschungsbemühungen sowie das Interesse der politisch Verantwortlichen und der breiten Öffentlichkeit an der schuli-

[6] Auernheimer (2004a), S. 18.

[7] Auernheimer (2004b), S. 52.

[8] Ebd., S. 52.

[9] Radtke (2004), S. 636.

schen Diskriminierung von Kindern nicht-deutscher Herkunft. Gleichwohl gibt es weniger empirische Studien, die den Zusammenhang von Bildungs(miss)erfolg allochthoner Schüler im deutschen Bildungssystem mit den schulischen Rahmenbedingungen thematisieren, „als man aufgrund des Stellenwertes, den das Thema im öffentlichen Diskurs einnimmt, zu vermuten geneigt ist“[10]. Der Paradigmenwechsel besteht darin, dass seit der Jahrtausendwende der common sense die Schuld für die Bildungsbenachteiligung der allochthonen Kinder dem deutschen Bildungssystem und nicht den Schülern oder ihrer Kultur zuweist. Demnach steckt die Bildungsungleichheitsforschung, die sich der Erforschung institutioneller Mechanismen widmet, in der BRD noch in den „Kinderschuhen“, denn die bisherige Forschung hat „die Komplexität der Mechanismen die zusammenwirken, um das Resultat der Schlechterstellung zugewanderter gegenüber deutschen Kindern zu erklären kaum eingefangen“[11]. Gegenwärtige Forschungsdesiderate zu diesem Thema müssen in Zukunft mithilfe von Langzeituntersuchungen behoben werden.

[10] Diefenbach (2007), S. 143.

[11] Gogolin (2005), S. 276.

2 Das Konzept der institutionellen Diskriminierung

„Schulerfolg oder -misserfolg hängt nicht nur von den eigenen Leistungen der Schüler/innen, sondern auch von Entscheidungspraktiken der Schulen ab, die in ihren institutionellen und organisatorischen Strukturen eingelassen sind." *

Im folgenden Kapitel wird zunächst die Theorie der institutionellen Diskriminierung vorgestellt, um anschließend ihre Wirkungsweise an dem Beispiel des deutschen Schulsystems verdeutlichen zu können.

2.1 Was ist institutionelle Diskriminierung?

Institutionelle Diskriminierung bezeichnet die Ungleichbehandlung von Personen durch das „organisatorische Handeln zentraler gesellschaftlicher Institutionen wie z. B. des Bildungs- und Ausbildungssektors"[12]. Weil sich institutionelle Diskriminierung als „Ergebnis sozialer Prozesse darstellt"[13], kann sie „in Abwertung und Ausgrenzung [resultieren, Anm. d. Verf.], ohne dass einzelne Menschen explizit Missachtung ausdrücken oder gewalttätig werden"[14]. Benachteiligende Verhaltensweisen müssen „nicht an die Person des Diskriminierenden gebunden sein; sie können ebenso in Organisationsstrukturen"[15] bzw. „institutionellen Handlungslogiken"[16] wie z. B. Verfahrensvorschriften, Routinen, Programmen oder der Lehrpraxis eingebettet sein.

Die institutionelle Diskriminierung unterscheidet sich in mindestens zwei Punkten von der direkten Diskriminierung: Zum einen ist die institutionelle Diskriminierung in ihrer Entstehungs- und Wirkungsform komplexer als die direkte Diskriminierung, weil die aus ihr resultierenden Benachteiligungen zum Teil von den diskriminierenden Personen nicht mutwillig ausgehen bzw. nicht intendiert sind.[17]

---

* Gomolla/Radtke (2002), S. 334.

[12] Gomolla (2006a), S. 169.

[13] Ebd., S. 169.

[14] Wagner (2002), S. 66.

[15] Diefenbach (2007), S. 135.

[16] Diefenbach (2005), S. 45.

[17] Vgl. Gomolla/Radtke (2007), S. 25.

Im Gegensatz zu der direkten Benachteiligung geht die Ungleichbehandlung bei der institutionellen Diskriminierung nicht von dem einzelnen Politiker, Beamten, Lehrer, Unternehmer oder Gewerkschaftler, sondern von dem Netz von Institutionen aus, deren Maßnahmen in der Erziehung, der Wirtschaft und der Rechtsprechung kumulativ wirken und in der Summe den Zustand rassistischer oder ethnischer Diskriminierung bewirken.[18] Die institutionelle Diskriminierung wird auch indirekte oder versteckte Diskriminierung genannt, weil bei ihr die Benachteiligung nicht von diskriminierenden Einzelhandlungen, sondern durch Organisationsprozesse innerhalb von Institutionen, somit von systeminhärenten Strukturen ausgeht.[19] Dieser Umstand macht sowohl ihre Benennung als auch Bekämpfung zu einer vielschichtigeren Aufgabe als die Beseitigung von offener, direkter Diskriminierung. Zum anderen gründet sich die direkte Diskriminierung auf die unterschiedliche Behandlung von Gesellschaftsmitgliedern, wohingegen die institutionelle Diskriminierung ihre negativen Auswirkungen entfaltet, wenn alle Personen, trotz ungleicher Voraussetzungen, gleich behandelt werden.[20]

Um die Wirkungsweisen der institutionellen Diskriminierung zu verdeutlichen werden im nächsten Unterkapitel Beispiele institutioneller Diskriminierung allochthoner Schüler im deutschen Schulwesen angeführt.

2.2 Institutionelle Diskriminierung im deutschen Schulsystem

In der Wissensgesellschaft ist die Schule eine der wichtigsten Institutionen für die Vergabe von Statuspositionen. Dabei bedient sich die Schule der Selektion mithilfe der Notenvergabe, der Erstellung von Übergangsempfehlungen an weiterführende Schulen nach der vierten bzw. sechsten Schulklasse sowie der damit einhergehenden Ausstellung unterschiedlicher Bildungszertifikate.

In den letzten Jahren haben Leistungsvergleichsuntersuchungen wie beispielsweise PISA und IGLU festgestellt, dass das deutsche Schulsystem allochthone Schüler diskriminiert, „auch wenn sich die Lehrer in vermeintlich besten Absichten wähnen“[21]. Diese These hat ihre Ursache in den Kompetenzunterschieden zwischen deutschstämmigen und nicht-deutschstämmigen Kindern, die im Rahmen der nationalen Ergänzungsstudien der Leistungsvergleichsuntersuchungen nachgewiesen wurden. Nach Auffassung der OECD beruhen die Leistungsunterschiede nicht auf

[18] Vgl. Bommes/Radtke (1993), S. 490.

[19] Vgl. Gomolla/Radtke (2007), S. 24.

[20] Vgl. Bommes/Radtke (1993), S. 490.

[21] Schelle (2005), S. 45.

Grundlage „individueller Leistungsfähigkeit“[22] der Schüler, sondern basieren auf der Funktionsweise „von Schulen bzw. des Schulsystems“[23] sowie auf den „rechtlichen Rahmenbedingungen, in den organisatorischen Handlungszwängen sowie den etablierten Routinen und Deutungsmustern, die zur Begründung von Entscheidungen zur Verfügung stehen“[24]. Beispielsweise werden allochthone Kinder im Vergleich zu Kindern ohne Migrationshintergrund häufiger auf Förderschulen für Lernbehinderte verwiesen und dort beschult.[25] Die Ursachen hierfür basieren nicht auf der überproportionalen Förderbedürftigkeit nicht-deutschstämmiger Schüler aufgrund kognitiver Defizite, sondern sowohl auf der mangelnden Sprachvermittlungsfähigkeit der deutschen Schule als auch auf negativen ethnisch-kulturellen Zuschreibungen seitens der Lehrer.[26] Zum anderen liegen die Ursachen in „lokalen institutionellen Gegebenheiten“[27]. Demnach werden Schüler mit Migrationshintergrund häufiger als deutschstämmige Kinder an Förderschulen verwiesen, um die bestehenden schulischen Kapazitäten erhalten zu können und um Schulschließungen zu vermeiden. Die systematisch betriebene Überweisung allochthoner Schüler an Förderschulen geschieht „im Sinne der Bestandssicherung“[28] von der Mehrheitsgesellschaft „minder angesehener Bildungsangebote“[29].

Die institutionelle Diskriminierung allochthoner Schüler im deutschen Schulwesen kann anhand der Unterschichtungsthese belegt werden, nach der „die Schulen (...) eine relativ feste Anzahl von Plätzen innerhalb einer Bildungshierarchie zu vergeben haben, so daß der Erfolg des einen stets der Mißerfolg des anderen ist. Sobald Migrantenkinder, gemessen am relativen Schulbesuch, die unteren Plätze in der Bildungspyramide einnähmen, sei davon auszugehen, daß deutsche Kinder vermehrt Aufstiegserfahrungen machen können“[30]. Demnach trifft für die deutschen Kinder im Bildungssystem jener Effekt zu, der in den 1970er Jahren für ihre Eltern im Arbeitsmarkt zutraf: Durch die Gastarbeiterbeschäftigung im Niedriglohnbereich bekamen deutsche Arbeiter, die vorher in demselben Segment gearbeitet haben, erstmals die Möglichkeit, beruflich und sozial aufzusteigen. Die neue Minderheit, die im Vergleich zu anderen Arbeitskräften „finanziell, sozial und rechtlich schlechter

[22] Diefenbach (2007), S. 136.
[23] Ebd., S. 136.
[24] Gomolla (2006a), S. 170.
[25] Vgl. Diefenbach (2009), S. 439.
[26] Gomolla/Radtke (2007), S. 225.
[27] Dravenau/Groh-Samberg (2005), S. 112.
[28] Vgl. Bommes/Radtke (1993), S. 493.
[29] Gogolin (2005), S. 274.
[30] Bommes/Radtke (1993), S. 485.

gestellt war, bildete eine neue Schicht unterhalb der alten Unterschicht des Gastlandes"[31]. Durch die „Unterschichtung von ausländischen Arbeitern hatten insgesamt 2,7 Mio. deutsche Arbeiter die Möglichkeit in Facharbeiter oder Angestelltenpositionen aufzusteigen"[32]. Die Unterschichtungsthese erklärt auch, warum Migrantenkinder trotz gleicher Leistungen und vergleichbarem sozialen Hintergrund seltener eine Gymnasialempfehlung erhalten als deutschstämmige Schüler.[33]

Aber nicht nur die Ungleichbehandlung, sondern auch die Gleichbehandlung aller Schüler ohne Berücksichtigung ihrer speziellen Voraussetzungen kann zu Bildungsbenachteiligung führen, etwa wenn „in multilingual zusammengesetzten Klassen für alle gleichermaßen die Regeln des Standard-Deutschen als normativer Maßstab zur Bewertung sprachlicher Leistungen gelten"[34], die muttersprachlichen Ressourcen der Schüler nicht adäquat genutzt werden oder die verwendeten Lehrbücher kulturelle Stereotype eher befördern als sie abzubauen.[35]

Im Verlauf dieser Untersuchung, insbesondere in Kapitel sieben und acht, werden Ursachen und Ausprägungsformen der institutionellen Diskriminierung von Schülern mit Migrationshintergrund im deutschen Schulwesen nachgezeichnet.

---

[31] Vgl. Lin, Susanne, Der konflikttheoretische Ansatz, (Stand: 13.03.2010), http://www.friedenspaedagogik.de/themen/stereotypen_vorurteile_feindbilder/sozialpsychologische_vorurteilsforschung/der_konflikttheoretische_ansatz.

[32] Herbert, Ulrich (1986), S. 201.

[33] Geißler (2005), S. 94.

[34] Bommes/Radtke (1993), S. 490.

[35] Vgl. Höhne/Kunz/Radtke (2005).

3 Bildungsforschung und Bildungspolitik

„In der Diskussion um politische Ideen und Konzepte sind in demokratischen Staaten nicht nur die staatlichen Institutionen beteiligt, sondern eine Pluralität gesellschaftlicher Gruppierungen mit heterogenen Interessenschwerpunkten.“ *

In dieser Untersuchung werden Ursachen und Darstellungsformen institutioneller Diskriminierung allochthoner Schüler im deutschen Schulwesen erforscht und Reformmaßnahmen benannt, die dazu beitragen, diese Benachteiligung zu beseitigen. Diese von der Bildungsforschung zusammengetragenen Lösungsansätze können nur mithilfe bildungspolitischer Maßnahmen politischer Akteure verwirklicht werden. Aus diesem Grund werden die verschränkten Tätigkeitsbereiche und Handlungsweisen der Bildungsforschung und -politik in diesem Kapitel verdeutlicht.

3.1 Machtzentren der Bildungspolitik und -forschung

Die föderale Ordnung der Bundesrepublik Deutschland weist den Bundesländern den Hauptanteil der Zuständigkeit über die Bildungspolitik zu.[36] Besonders im Schulwesen betonen die regierenden Parteien in den Länderparlamenten ihre eigenständige Handlungsbefugnis.[37] Neben den Bundesländern, vertreten in der Ständigen Konferenz der Kultusminister der Länder in der Bundesrepublik Deutschland (KMK), prägt das Bundesministerium für Bildung und Forschung (BMBF) als 17. bildungspolitisches Machtzentrum[38] die bundesdeutsche Bildungspolitik. Daneben gibt es jedoch noch weitere bildungspolitische Akteure. Zu nennen sind in diesem Zusammenhang beispielsweise die verschiedenen Gewerkschaften mit bildungspolitischer Ausrichtung wie die Gewerkschaft Erziehung und Wissenschaft (GEW), Forschungseinrichtungen wie das Deutsche Institut für Internationale Pädagogische Forschung (DIPF), das Deutsche Jugendinstitut (DJI) oder das Max-Planck-Institut für Bildungsforschung (MPIB).

---

* Schneider (2008), S. 64.

[36] Hepp (2006), S. 241. Sannwald (2008), Artikel 70 GG Rn. 21.

[37] Fuchs/Lutz (2000), S. 35.

[38] Ebd., S. 35.

Die Forschungsergebnisse der o. g. Forschungsinstitute und Fachbereiche einiger Universitäten, die sich mit Bildungsungleichheits-, vergleichender Bildungsforschung und Bildungssoziologie befassen, werden insbesondere seit dem PISA-Initiationsjahr 2000 von der Bildungspolitik wahrgenommen. Die bildungspolitischen Akteure versprechen sich von der Allianz mit den Bildungsforschern die „Inszenierung rationaler Politik“[39]. Auf diese Weise können Bildungspolitiker ihre bildungspolitischen Entscheidungen mithilfe von Forschungsergebnissen legitimieren und „den Anschein von Rationalität und Wissenschaftlichkeit“[40] erwecken. Dies dient der Besetzung politisch wichtiger Diskurse und ggf. der Wiederwahl. Im Gegenzug erhalten die Bildungsinstitute monetäre Zuwendungen, um ihre Forschungen betreiben zu können und somit ihre Reputation zu steigern. Sowohl die bildungspolitischen Akteure als auch die wissenschaftlichen Politikberater profitieren von dieser Zusammenarbeit. Um aufzuzeigen, wie die Politik-Consultants Politikberatung im bildungspolitischen Sektor durchführen und um zu verdeutlichen, wie bildungspolitische Maßnahmen, Programme und Gesetze entstehen, wird in Kaptitel fünf eines der etablierten politikwissenschaftlichen Analyseinstrumente – die Policy-Analyse – dargestellt. Um den Policy-Zyklus verstehen zu können, bedarf es jedoch zunächst der Aufteilung des Politikbegriffs in seine drei Dimensionen. Mit der Zielsetzung der Herausarbeitung der politischen Ursachen der Bildungsbenachteiligung von Kindern mit Migrationshintergrund werden nachfolgend die drei Dimensionen der Politik dargestellt.

[39] Fuchs (2002), S. 237.

[40] Ebd., S. 238.

4 Politik oder Policy, Politics und Polity – Die drei Dimensionen der Politik

„Politik ist die Verwirklichung von Politik (Policy) – mit Hilfe von Politik (Politics) – auf der Grundlage von Politik (Polity).“[41]

Der deutsche Begriff Politik lässt sich im Englischen in die drei Begriffe Policy, Polity und Politics differenzieren.[42] Dabei kommt jedem dieser drei Fachtermini eine Politikdimension zu. Diese Ausdifferenzierung kommt einer analytischen Spaltung gleich, deren Zweck die inhaltliche Unterscheidbarkeit der drei Gegenstandsbereiche und Funktionsweisen von Politik ist. Anhand der Unterteilung des Politikbegriffs in drei Teilbereiche lässt sich jede einzelne Politikdimension besser untersuchen und bewerten. Nachfolgend werden die drei Dimensionen der Politik dargestellt.

4.1 Policy – Inhaltliche Dimension

Der englische Begriff Policy beschreibt die „inhaltliche Dimension“[43] der Politik. Dabei handelt es sich um Ergebnisse politischer „Willensbildungs- und Entscheidungsprozesse“[44] sowie um Aktionsprogramme, die von politischen Akteuren und Institutionen durchgeführt werden, um ein bestimmtes Ziel zu erreichen.

4.2 Politics – Prozedurale Dimension

Politics beschreibt den „konflikthaften Prozess“ [45] der Auseinandersetzung um Einfluss zwischen unterschiedlichen politischen Akteuren. Somit definiert Politics einen politischen Hergang, in dessen Verlauf politische Akteure mit unterschied-

---

[41] Rohe (1994), S 67.

[42] Schneider/Janning (2006), S. 15.

[43] Ebd., S. 15.

[44] Rohe (1994), S. 62.

[45] Ebd., S. 62.

lichen normativen Maßgaben und Bedürfnissen versuchen, die Konstruktion öffentlicher Politik zu beeinflussen.[46]

4.3 Polity – Institutionelle Dimension

Polity „bezieht sich auf Institutionen, die sowohl politische Ideen und Ideologien als auch die formalen Regeln und Normen eines politischen Systems umfassen"[47]. Somit ist Polity eine Bezeichnung für den Handlungsrahmen der Politik, innerhalb dessen sich Policy und Politics bewegen. Neben der kodifizierten Verfassung gehört zur Polity die „politische Kultur"[48] einer Gesellschaft sowie typische Orientierungs- und Verhaltensmuster der Gesellschaftsmitglieder und der politischen Akteure.

---

[46] Schneider/Janning (2006), S. 15.

[47] Ebd., S. 15.

[48] Rohe (1994), S. 66f.

5 Policy-Analyse: Intention, Inhalte, Erkenntnisse

„Policy-Analyse bzw. Politikfeldanalyse ist die Wissenschaft von der Politik für die Politik.“[49]

Die moderne Policy-Analyse geht auf den US-amerikanischen Politikwissenschaftler Herold Lasswell zurück, dessen Forschungsinteresse im Politikteilbereich Regierungslehre, insbesondere der Analyse des Zustandekommens bzw. Nicht-Zustandekommens von Policies galt. Anfang der 1950er Jahre betrieb der als Vordenker der modernen Policy-Forschung[50] bekannte Wissenschaftler seine Forschungstätigkeit, indem er eine Untersuchungsmethode anhand von vier Fragestellungen entwickelte. Die vier Laswellschen Fragen „Who gets What, When and How“[51] sind bis heute die Grundlage für die Analyse von Regierungspolitiken.

Inzwischen wurden weitergehende Methoden der Politikfeldanalyse entwickelt und der Untersuchungskatalog ist durch zusätzliche Fragen an das Untersuchungsobjekt, das Regierungshandeln, durch die Hinzunahme von nichtstaatlichen Akteuren (wirtschaftliche oder soziale Interessenverbände) ergänzt worden. Um die kontinuierlich ansteigende Komplexität von Policy-Prozessen in politikwissenschaftlichen Analysen darstellen und um „politischen Entscheidungen und deren Umsetzung in konkreten Handlungszusammenhängen unter Berücksichtigung ihrer Bedingungsfaktoren“[52] untersuchen zu können, wird in der gegenwärtigen Policy-Analyse gefragt, was politische Akteure tun, warum sie es tun und was sie letztlich bewirken.[53] Alle diese Analysekriterien ergeben Hilfestellungen für Politikwissenschaftler, um die Besonderheit einzelner oder mehrerer sich überschneidender Policies inhaltlich zu analysieren und um diese Erkenntnisse in aufbereiteter Form Politikern für nachfolgende Policy-Prozesse zur Verfügung stellen zu können.

Die Policy-Forschung beinhaltet demnach zwei Ebenen: Zum einen dient sie der Erklärung von politischen Absichten, Programmen und Zielen sowie Handlungen und Nicht-Handlungen politischer Akteure, Instanzen und Institutionen, d.h. der

---

49 Vgl. Schubert (2003), S. 37.

50 Janning/Toens (2008), S. 7.

51 Ebd., S. 32.

52 Schneider/Janning (2006), S. 5.

53 Traeger (2005), S. 27.

wissenschaftlichen Analyse und Reflexion von Politiken (Policies). Zum anderen ermöglicht sie durch die theoretische Erkenntnisaufbereitung die praktische Handlungsanleitung der „politisch-konstruktiven Beratung“[54] politischer Akteure, Instanzen und Institutionen.

Die Politikfeldanalyse ist in größerem Ausmaß als andere akademische Teilbereiche der Politikwissenschaft darauf ausgerichtet, ihre szientistischen Erkenntnisse in die politische Praxis einzubringen. Somit ist Ziel der Politikfeldanalyse „sowohl Wissenschaft als auch Problemlösung, Analyse des Gegebenen und nicht zuletzt konstruktive Mitarbeit an in die Zukunft gerichteten und die Zukunft gestaltenden politischen Entscheidungen“[55]. Theorie und Praxis sind bei der Policy-Analyse miteinander verwoben.

5.1 Der Policy-Zyklus: Ein Erklärungsmodell der Politikentwicklung

Das Zustandekommen von politischen Programmen, Gesetzen und anderen Policies ist ein komplexer Prozess. In einer modernen Demokratie wie jener der BRD sind multiple sowohl staatlich legitimierte als auch gesellschaftlich fundierte Machtzentren an zeitintensiven und komplizierten Aushandlungsverfahren beteiligt, um eine Policy in die praktische Anwendung umzusetzen. Aufgrund der Mitwirkung vieler politischer und nichtstaatlicher Akteure im Policy-Prozess mag dem Bürger die Entwicklung einer Policy als komplizierter und ggf. undurchschaubarer Akt erscheinen. Um diesem Eindruck entgegenzuwirken und die Entwicklung einer Policy dokumentieren und erklären zu können, bietet sich der Policy-Zyklus an.

Dieser ist ein idealtypisches Modell, das die „Entscheidungs- und Produktionsphasen“[56] einer Policy in Phasen darstellt. Dabei gilt es zu beachten, dass das Zustandekommen politischer Konzeptionen und Gesetze in der Realität nicht so stringent ablaufen muss, wie es in dem Policy-Zyklus dargestellt wird. Beispielsweise ist eine eindeutige Trennung der Phasen in der politischen Praxis kaum zu erkennen,[57] weil die Phasen sich zwar gegenseitig bedingen, aber gleichzeitig neben der Überführung von einer zur nächsten Phase die Möglichkeit der Revidierung einzelner Phasen bzw. der Neuausrichtung schon inhaltlich gestalteter Prozesse beinhalten. Überdies können Überschneidungen oder wechselseitige Durchdringungen[58] in der politischen Entwicklung auftreten.

---

[54] Schubert (2003), S 37.

[55] Ebd., S. 38.

[56] Schneider/Janning (2006), S. 48.

[57] Jann/Wegrich (2003), S. 96.

[58] Schneider/Janning (2006), S. 49.

Dennoch erscheint der Policy-Zyklus als geeignetes Darstellungsmodell, um komplizierte politische Entscheidungsfindungsprozesse anschaulich zu beschreiben, die Komplexität und Heterogenität der Politikgestaltung zu reduzieren, sowie sinnvoll in einzeln handhabbare Segmente aufzuteilen und der Forschung zugänglich zu machen.[59] Im Folgenden werden die Phasen des Policy-Zyklus dargestellt.

5.1.1 Problemdefinition und Agenda Setting

Der Policy-Prozess beginnt mit der Erkenntnis eines Problems, das politische Relevanz besitzt. Die Grundlage des Problems besteht in der sog. „Diskrepanz zwischen der Norm und der Faktizität“[60]. Die „Politisierung“ (d. h. Thematisierung als politisch relevantes Problem) der Differenz zwischen Erwartungsniveau und aktuellem Zustand[61] kommt in diesem Stadium entweder staatlichen Machtzentren oder nichtstaatlichen Akteuren zu. Da jedoch Policy-Prozesse eher selten eindeutige Anfänge und Abschlüsse aufweisen,[62] muss die Problemdefinition an einem bereits bekannten Politikfeld ansetzen. Falls der Status quo aus (partei-)politischen Gründen nicht verändert werden soll, wird das Problem weiterhin Bestand haben, weil es entweder „systematisch ignoriert“[63] bzw. „übersehen wird oder aus verschiedenartigsten Gründen kein Interesse daran besteht es zu lösen“[64]. Auch „non-decisions“, also die Nichtbefassung mit politisch durchaus bekannten und für Teilgruppen der Gesellschaft bedeutenden Themen, stellt eine Policy dar. Wenn allerdings politische oder gesellschaftliche Machtzentren gewillt sind, ein Themenfeld einer politischen Lösung zuzuführen, dann müssen sie es zunächst als Problem definieren, um es dann für eine entsprechende Problemverarbeitung auf die politische Tagesordnung, die Agenda, zu setzen (Agenda Setting).[65] Je nachdem, ob es sich um einen staatlichen oder nichtstaatlichen Akteur handelt, muss zwischen Agenden unterschieden werden, weil staatliche Hoheitsträger andere Agenden nutzen als solche nichtstaatlicher Natur. So ist die öffentliche, informale, politische Agenda (Massenmedien und Fachöffentlichkeit),[66] die den nichtstaatlichen Akteuren zur Verfügung steht, „von der formellen, politischen Agenda innerhalb des politisch-administrativen Sys-

[59] Schneider/Janning (2006), S. 62–63.

[60] Ebd., S. 50f.

[61] Ebd., S. 52.

[62] Jann/Wegrich (2003), S. 81.

[63] Ebd., S. 84.

[64] Schneider/Janning (2006), S. 53.

[65] Ebd., S. 83.

[66] Ebd., S. 83.

tems“[67], derer sich staatliche Entscheidungsinstanzen bedienen, zu unterscheiden. Nach der Problemdefinition und des betriebenen Agenda Settings schreitet das Themenfeld als sog. „issue“[68] zur nächsten prozedualen Stufe fort.

5.1.2 Politikformulierung und Entscheidung

Nachdem ein politischer Themenbereich aufgrund der Problemdefinition und des Agenda Settings zu einem issue „auf der Parlaments- oder Regierungsagenda geworden ist“[69], beginnt die Formulierung politischer Ziele und die detaillierte Ausarbeitung verschiedener Handlungsoptionen.[70] In der Diskussion um politische Ideen und Konzepte sind in demokratisch-pluralistischen Staaten nicht nur die staatlichen Institutionen beteiligt, sondern eine Pluralität gesellschaftlicher Gruppierungen mit heterogenen Interessenschwerpunkten.[71] So wird die Bundesregierung, wenn sie eine Gesetzesinitiative in die Legislative einbringen möchte, vorher Fachwissenschaftler in Enquete-Kommissionen sowie nichtstaatliche Interessenvertreter nach ihrer Meinung befragen. Diese Sondierungen sind wichtige Hilfestellungen für die staatlichen Organe, um zum einen nähere Informationen über eine bestimmte Policy zu erhalten und zum anderen die Notwendigkeit einer Gesetzesinitiative beurteilen zu können. In der Phase der Politikformulierung und Entscheidung bietet sich die Gelegenheit für nichtstaatliche Akteure, einen aktiven Beitrag zur Formulierung der Gesetzesinitiative zu leisten, indem sie ihren Interessen Ausdruck verleihen und somit zu Beginn der Policy-Entwicklung Einfluss auf ihre Gestaltung ausüben können. Folglich findet die Entwicklung einer Policy in demokratisch verfassten, pluralistischen Staaten „zunehmend in einem überaus offenen gesellschaftlichen Prozess statt, bei dem staatliche Akteure wichtig, aber nicht notwendigerweise entscheidend sind“[72]. In dieser Teilphase ist die jeweilige Machtverteilung zwischen den Akteuren von Bedeutung,[73] weil sie einen Aushandlungsprozess darstellt, in dem der stärkere Akteur den Verteilungsschlüssel bestimmt.

Nach der Phase der Policy-Formulierung findet die Entscheidungsphase statt, in der zunächst Handlungsoptionen entwickelt und analysiert werden. Nach der Entwicklung und Bewertung von Handlungsalternativen[74] wird ein Programm beschlos-

---

[67] Schneider/Janning (2006), S. 83.

[68] Janning/Toens (2008), S. 9.

[69] Schneider/Janning (2006), S. 56.

[70] Ebd., S. 85.

[71] Schneider (2008), S. 64.

[72] Jann/Wegrich (2003), S. 88.

[73] Ebd., S. 88.

[74] Schneider/Janning (2006), S. 57.

sen, das die Handlungsziele festlegt und die Adressaten und Träger seiner Durchführung inklusive der dafür benötigten Ressourcen bestimmt.[75] Das Ziel dieser Phase ist es, eine zufriedenstellende Lösung für alle beteiligten Parteien auszuarbeiten, damit diese nicht den weiteren Verlauf des Policy-Zyklus behindern. Sind die mächtigsten Entscheidungsträger ausreichend berücksichtigt worden, geht die Policy in die dritte Phase des Zyklus über.

5.1.3 Implementation

Haben sich die wichtigsten Akteure auf eine Policy-Formulierung geeinigt, so kann die Durchführung der Policy beginnen. Dazu sind zwei Teilschritte notwendig: Zunächst muss eine nochmalige „Formulierung der politischen Problemlösungsprogramme"[76] stattfinden, die einer „Programmkonkretisierung"[77] gleichkommt. Anhand dieser Teilphase ist die partielle Überschneidung der fünf Phasen besonders erkennbar. Anschließend erfolgt die für die Umsetzung der Policy notwendige Ressourcenbereitstellung[78], die als Konkretisierung der Policy angesehen werden kann. Auf die Bewertung der Implementationswirkungen und der Kosten-Nutzen-Relation des gesamten Handlungsprogramms[79] folgt die Evaluation. Diese schließlich entscheidet darüber, ob die Abweichung zwischen Norm und Faktizität eine Replikation oder eine Modifikation des Handlungsprogramms motiviert,[80] oder die Entwicklungsphase einer Policy für beendet erklärt wird und somit die Terminierung einer Policy erfolgt. Replikation und Modifikation führen zu einer Unterbrechung der Policy-Entwicklung, sodass die jeweilige Policy nochmals in die zweite Phase des Policy-Zyklus eintritt. Die Terminierung einer Policy bedeutet damit den Eingang einer Policy in die nächste Phase des Policy-Kreislaufs. Nachfolgend wird die vierte Phase des Policy-Zyklus dargestellt.

5.1.4 Evaluierung und Terminierung

In dieser Phase werden Policies an ihren ursprünglichen Zielsetzungen gemessen und bewertet. Es findet eine Analyse statt, die überprüft, ob intendierte Ziele und Wirkungen tatsächlich erreicht werden bzw. ob Programme im Sinne dieser Ziele

---

[75] Schneider/Janning (2006), S. 56.

[76] Ebd., S. 58.

[77] Jann/Wegrich (2003), S. 90.

[78] Ebd., S. 90.

[79] Schneider/Janning (2006), S. 62.

[80] Ebd., S. 62.

durchgeführt werden oder nicht.[81] Falls die Evaluation eine Terminierung zur Folge hat, ist die Policy-Entwicklung an diesem Punkt abgeschlossen, sodass die jeweilige Policy in die Praxis umgesetzt werden kann. Falls aber die Evaluierung die unzureichende Eignung einer Policy als Problemlösungsinstrument ergibt, muss die entsprechende Policy entweder nochmals den Policy-Zyklus durchlaufen, oder (wenn es sich um eine bereits angewandte Policy handelt) eingestellt werden. An dieser Stelle ist darauf hinzuweisen, dass die Einsicht in die Unlösbarkeit eines Problems jedoch nicht zwingend impliziert, dass beteiligte Akteure, die inzwischen umfangreiche Ressourcen in einen bestimmten Politikbereich investiert haben, dies auch so wahrnehmen müssen.[82] So kann durchaus eine Policy weiterhin aktiv betrieben werden, deren negative Folgen aufgrund der Evaluation nachgewiesen wurden; beispielsweise aus wahltaktischen Gründen, um eine bestimmte Klientel zufrieden zu stellen. Im Idealfall jedoch folgen der Terminierung die Aktivierung der (neuen) Policy und die kontinuierliche Evaluation dergleichen, um den Policy-Prozess ständig in Bewegung zu halten. Nach der Terminierung einer Policy ist der Policy-Zyklus nicht abgeschlossen. Vielmehr werden andere Analyseinstrumente gebraucht, um die gestaltende Auswirkung einer terminierten Policy aufzeigen zu können. Im Folgenden werden diese drei Analyse-Ebenen dargestellt.

5.2 Policy-Output, Policy-Outcome, Policy-Impact

Wie bereits erwähnt, besteht die Aufgabe einer Policy darin, gesellschaftliche Probleme zu lösen. Um zu entscheiden, inwieweit eine Policy Problemlösungscharakter besitzt, ist die Wirkung einer Policy zu untersuchen. Dabei gilt es zwischen Policy-Output, Policy-Outcome und Policy-Impact zu unterscheiden. Nachfolgend werden die drei Analyseinstrumente skizziert, um in Kapitel sechs sowohl die Policy-Analyse als auch die Wirkung der verschiedenen bildungspolitischen Policies in Bezug auf die Beschulung allochthoner Schüler im deutschen Schulwesen darstellen zu können.

5.2.1 Policy-Output

Der Begriff Policy-Output definiert das Ergebnis des „formalen Entscheidungsprozesses“[83] der Policy-Entwicklung, d. h. er ist das Produkt des Policy-Zyklus. Das

---

[81] Jann/Wegrich (2003), S. 92.

[82] Schneider/Janning (2006), S. 62.

[83] Ebd., S. 15.

Policy-Output besteht aus „Policy-Funktionen“[84], die eine Auswirkung auf die gesellschaftlichen Rahmenbedingungen haben, und definiert dadurch die konkrete Tat politischer Akteure bzw. die feststellbaren Auswirkungen politischer Programme. Das Policy-Output stellt die bewusste Handlungsfähigkeit politischer Akteure mithilfe von „Verfahren, Verordnungen und Gesetzen“[85] dar und ist durch staatliche wie nichtstaatliche politische Akteure veränderbar. Um das Policy-Output zu ermitteln muss man die Frage stellen: Was tun politische Akteure?

5.2.2 Policy-Outcome

Der Begriff Policy-Outcome bezeichnet das Resultat des unmittelbaren Durchführungshandelns durch die öffentliche Verwaltung oder durch eine mit der Durchführung betrauten, privaten Organisation.[86] Demnach stellt das Policy-Outcome die tatsächlichen Ergebnisse der Steuerungsanstrengungen und -leistungen einer Policy dar.[87] Das Policy-Outcome ist das Ergebnis politischer Einflussnahmen staatlicher bzw. nichtstaatlicher Akteure auf das Policy-Output. Es kann mithilfe folgender Frage erforscht werden: Warum betreiben politische Akteure eine Policy?

5.3.3 Policy-Impact

Das Policy-Impact beschreibt die längerfristigen Veränderungen eines Politikfeldes aufgrund der Aktivierung einer Policy.[88] Außerdem stellt das Policy-Impact die (mittel- und langfristige) Wirkung auf eine Policy dar. Es setzt sich aus der Summe von Policy-Ouputs und Policy-Outcomes zusammen. Politikwissenschaftler gehen folgender Frage nach, wenn sie das Policy-Impact analysieren: Was bewirken Policy-Output und Policy-Outcome?

[84] Jahn (2006), S. 261.

[85] Ebd., S. 261.

[86] Schneider/Janning (2006), S. 15.

[87] Birle/Wagner (1994), S. 118.

[88] Schneider/Janning (2006), S. 15.

6 Die Policy-Analyse der Bildungspolitik der BRD von 1973 bis zur Gegenwart

> *„Gab es in der Anfangszeit der Anwerbung ausländischer Arbeitskräfte noch Zweifel, ob die Schulpflicht, die im modernen Wohlfahrtsstaat ein Anrecht auf Bildung geworden ist, auch für die Kinder der Gastarbeiter gelte, so wurde im Verlauf der Zeit nicht mehr über das Ob, sondern über das Wie debattiert.“* *

Seit Beginn der Beschulung von Schülern nicht-deutscher Herkunft in der BRD Anfang der 1970er Jahre wurden unterschiedliche bildungspolitische Strategien angewendet, um ihnen eine möglichst bedarfsgerechte schulische Förderung zu ermöglichen.[89] Im Folgenden werden die unterschiedlichen Beschulungskonzeptionen für Kinder mit Migrationshintergrund vorgestellt. Die schematische Darstellung der unterschiedlichen Bildungsentwürfe und ihre exakte zeitliche Klassifizierung sollen nicht den Eindruck erwecken, dass mit der Einführung einer neuen Bildungskonzeption die vormaligen Strategien in der Praxis keine Gültigkeit mehr besaßen. Vielmehr ist es in der Beschulung allochthoner Kinder zu der gleichzeitigen Anwendung verschiedener Bildungsmaßnahmen gekommen.

Da die Bildungspolitik jedes Bundeslandes prinzipiell autonom und souverän[90] gestaltet werden kann und die bildungspolitische Grundorientierung maßgeblich von den Parteien in den Länderparlamenten abhängt,[91] ist es im Verlauf der Beschulung von Kindern mit Migrationshintergrund zu Differenzen zwischen den jeweiligen Gliedstaaten der BRD in der praktischen Anwendung schulischer Maßnahmen gekommen. Die systematische Darstellungsweise in Phasen dient lediglich der besseren Unterscheidbarkeit der unterschiedlichen Konzepte.

6.1 Eingliederung durch Segregation: Die 1. Phase der Beschulung von Kindern mit Migrationshintergrund

Das Interesse an der besonderen Bildungs- und Beschulungssituation von Kindern mit Migrationshintergrund trat in (West-)Deutschland bereits in den 1970er Jahren

* Gomolla/Radtke (2007), S. 83.

[89] Puskeppeleit/Krüger-Potratz (1999), S. 5.

[90] Münch (2002), S. 30. Erbguth (2007), Artikel 30 Rn. 3.

[91] Ebd., S. 7.

auf. Der Anwerbestopp für ausländische Arbeitnehmer 1973,[92] der den Familiennachzug von Ehepartnern und Kindern der Gastarbeiter in die BRD zur Folge hatte,[93] markiert den Beginn der Beschulung von Kindern nicht-deutscher Herkunft im deutschen Bildungssystem.

Anfangs waren die politisch Verantwortlichen bestrebt, den Kindern und Jugendlichen die sprachlichen und kulturellen Eigenheiten ihrer Heimatländer zu vermitteln. Aus diesem Grund wurden „Kinder gleicher Nationalität in Klassen zusammengefasst (…) und getrennt von deutschen Kindern in ihren Amtssprachen unterrichtet“[94]. Bildungspolitiker rechtfertigten diese schulische Separation mit der Wahrung der „Rückkehroption der Kinder in ihre Heimatländer“[95]. Die Bildungspolitik wurde von der Ausländerpolitik dominiert, die wiederum nach dem Grundsatz des Anwerbestopps und der zeitlichen Befristung des Aufenthalts der „ausländischen“ Erwerbsbevölkerung ausgerichtet war.

Im Laufe der Zeit wurde jedoch deutlich, dass in den meisten Fällen aus dem befristeten Aufenthalt eine dauerhafte Einwanderung geworden war. Zwischen den Jahren 1973 und 1979 fand folgende strukturelle Diversifizierung der Zusammensetzung der allochthonen deutschen Bevölkerung statt: Die Zahl der ausländischen Erwerbstätigen sank von 2.600.000 auf 1.800.000. Gleichzeitig blieb die Zahl der in Deutschland wohnenden „Ausländer“ konstant und stieg ab dem Jahr 1979 deutlich an.[96] Der Grund hierfür lag darin, dass ab 1973 die Anzahl der Frauen und Kinder der Gastarbeiter erheblich anstieg, sodass im Jahr 1974 die „Ausländerquote“ der Wohnbevölkerung bei 6,7 Prozent lag, aber 17,3 Prozent der Neugeborenen in Deutschland Kinder „ausländischer“ Eltern waren.[97] In dem Zeitraum von 1973 bis 1979 stieg die Anzahl der allochthonen Schüler um das Anderthalbfache von 309.059 auf 561.613 an.[98] Die Ausländer- und Bildungspolitiken einiger Bundesländer reagierten auf den demographischen Wandel der Schülerschaft mit der Aufgabe ihrer vormaligen Beschulungskonzeption. Die sogenannten „National- oder Übergangsklassen“ wurden von manchen Bundesländern schon nach kurzer Zeit (z. B. Nordrhein-Westfalen), von anderen Bundesländern erst nach über einem Jahrzehnt (z. B. Bayern), u. a. aufgrund ihrer segregierenden Wirkung, aufgegeben. Die

[92] Vgl. Knortz (2008).

[93] Vgl. Herbert (2003).

[94] Bund-Länder-Kommission für Bildungsplanung und Forschungsförderung (2003), S. 66.

[95] Baur/Ostermann/Chlosta (2004), S. 162.

[96] Herbert (2003): S. 232.

[97] Ebd., S. 232.

[98] Max-Planck-Institut für Bildungsforschung: (Stand: 1.03.2009) http://www.mpibberlin.mpg.de/de/forschung/bag/projekte/sekundaerdaten/Datensaetze/S1.xls.

politisch Verantwortlichen mussten feststellen, dass ihre Maßnahmen sowohl wegen der Veränderung des Migrationsverlaufs als auch aufgrund der negativen Auswirkungen auf die allochthonen Schüler obsolet geworden waren. Infolge der separierten Schulklassen ergaben sich Benachteiligungen wie z. B. „Ausschluss aus der Regelklasse, längere Schulzeiten, höhere Wahrscheinlichkeit des Sonderschulbesuchs“[99] und mangelnde Sprachkenntnisse. Die Rückkehroption wurde von den meisten Migranten nicht in Betracht gezogen, sodass die vorrangigen gesellschafts- und bildungspolitischen Ziele nicht mehr nur die zeitweilige, sondern die dauerhafte Integration der Schüler nicht-deutscher Herkunft in das deutsche Bildungssystem gewährleisten mussten. Zudem hatte ein Teil der allochthonen Schüler aufgrund der vollständigen Beschulung in der Muttersprache große Defizite in der deutschen Sprache.

Der Schulerfolg von Kindern mit Migrationshintergrund war zu dieser Zeit wesentlich geringer als der Schulerfolg von Kindern ohne Migrationshintergrund, was sich u. a. den zertifizierten Bildungsabschlüssen entnehmen lässt: Im Jahr 1980 verließen zehn Prozent der deutschen Schulabgänger,[100] aber 19,2 Prozent der nicht-deutschstämmigen Kinder, die Schule nach der zehnten Klasse ohne jeglichen Schulabschluss.[101] Außerdem spiegelt sich der mangelnde Schulerfolg in den rückläufigen Zahlen allochthoner Schüler, die das Gymnasium besuchten, wider. Während dieser Wert im Jahr 1970 bei 7,8 Prozent lag, wurde er 1981 mit 6,3 Prozent beziffert.[102] Anhand dieser statistischen Ergebnisse lassen sich zum einen die Leistungsdefizite der nicht-deutschen Schüler gegenüber deutschstämmigen Schülern sowie die fehlende schulische Progression von Schülern mit Migrationsgeschichte ablesen. Zum anderen wurden die Ergebnisse der Erhebungen zum Anlass genommen, um eine Veränderung der bildungspolitischen Konzeption einzuleiten.

6.1.1 Die politischen Ursachen für die Bildungsbenachteiligung von Kindern mit Migrationshintergrund in der 1. Phase ihrer Beschulung

Das politische Festhalten an der rechtlichen Rückkehroption für Gastarbeiter markiert eine wichtige politische Ursache für die schulische Diskriminierung von Kindern mit Migrationshintergrund. Zwar hat sich seit dem Anwerbestopp die Bereitschaft der Migranten, sich dauerhaft in der BRD niederzulassen, in der Bevölke-

[99] Diefenbach (2007), S. 126.

[100] Solga (2002), S. 6.

[101] Jacobs (1982), S. 8.

[102] Ebd., S. 9.

rungs- und Aufenthaltsstatistik abgezeichnet und „das Nachholen der Kinder in die BRD [konnte als, Anm. d. Verf.] Ausdruck einer stärkeren Bleibemotivation [bezeichnet werden, Anm. d. Verf.]"[103]. Jedoch stand die Ausländerpolitik, die die Bildungspolitik unmittelbar beeinflusste, unter der Ägide der „Integration auf Zeit"[104]. Nicht-deutschstämmige Kinder sollten sich nicht vollständig in die deutsche Gesellschaft bzw. in das deutsche Bildungssystem integrieren. Vielmehr wurde mithilfe von „Nationalklassen" die politisch gewollte Rückkehroption in eine bildungspolitische Segregation verwandelt. Die Beschulung von Kindern nicht-deutscher Herkunft in ihren Muttersprachen und die Einrichtung von „Nationalklassen" sind die schulischen Ausdruckformen einer Ausländerpolitik, die sich primär der Reduktion der Ausländerzahlen verschrieben hatte und an einer Verbesserung der Beschulungssituation allochthoner Schülern nicht interessiert war.

Zu dieser Zeit der allgemeinen Bildungsreformen[105] galten die Bemühungen unter anderem der Verbesserung der Beschulungssituation von Mädchen und dem Entgegenwirken des zu diesem Zeitpunkt vorherrschenden Glaubens daran, „dass Mädchen für höhere Bildung wenig geeignet waren"[106]. Die Interessen von Kindern mit Migrationshintergrund wurden dabei nicht berücksichtigt, obwohl beide Gruppen von schulischer Diskriminierung betroffen waren.

6.1.2 Policy-Output

In der 1. Phase der Beschulung von Kindern mit Migrationshintergrund stellte das Policy-Output die Separierung allochthoner Schüler in „Nationalklassen" und ihre Beschulung in ihren Herkunftssprachen dar.

6.1.3 Policy-Outcome

Das Ergebnis des unmittelbaren Durchführungshandelns durch die öffentliche Verwaltung bestand in der Beibehaltung der Rückkehroption, sodass die Bestrebung der Schulen vornehmlich darin bestand, allochthonen Schülern die sprachlichen und kulturellen Eigenheiten ihrer Herkunftsländer zu vermitteln. Die Intention dieser Policy bestand darin, Kindern mit Migrationshintergrund die Wiedereingliederung in ihre Heimatländer zu erleichtern.

---

[103] Schrader/Hensel/Holtbrügge (1979), S. 131.

[104] Bade (1983), S. 100.

[105] Vgl. Picht (1964).

[106] Hormel/Scherr (2005), S. 299.

6.1.4 Policy-Impact

Die langfristige Auswirkung der Policy „Integration auf Zeit“, die die Einbindung von Kindern mit Migrationshintergrund in das deutsche Schulsystem als vorübergehend ansah, war die schulische Diskriminierung allochthoner Schüler. Der Policy-Impact machte sich erst zu dem Zeitpunkt bemerkbar, zu dem die Migranten beschlossen nicht in ihre Herkunftsländer zurückzukehren. Die deutsche Schule konnte Schülern nicht-deutscher Herkunft zu diesem Zeitpunkt aufgrund der Beschulung in „Nationalklassen“, in denen die Unterrichtssprache nicht die Deutsche war, keine adäquaten deutschen Sprachkenntnisse vermitteln. Die Folge dieser Policy bestand darin, dass allochthone Schüler mehrheitlich gezwungen waren bzw. dazu angehalten wurden weiterführende Schulen mit förderpädagogischer Ausrichtung zu besuchen. Aber nicht nur die deutschen Sprachkenntnisse nicht-deutschstämmiger Schüler waren aufgrund schulstruktureller Maßnahmen bzw. Unterlassungen defizitär. Auch die muttersprachliche Kompetenz allochthoner Schüler im deutschen Schulwesen unterschied sich von denen ihrer Altergenossen in ihren Herkunftsländern. Aus diesen Gründen waren Teile der Kinder mit Migrationshintergrund zu dieser Zeit weder in der Lage in der BRD noch in ihren Heimatländern eine Regelschule zu besuchen. Somit galten sie als „doppelte Analphabeten“.

6.2 Eingliederung durch Assimilation: Die 2. Phase der Beschulung von Kindern mit Migrationshintergrund

Gab es in der Anfangszeit der Anwerbung ausländischer Arbeitskräfte noch Zweifel, ob die Schulpflicht, die im modernen Wohlfahrtsstaat ein Anrecht auf Bildung geworden ist, auch für die Kinder der Gastarbeiter gelte,[107] so wurde im Verlauf der Zeit nicht mehr über das Ob, sondern über das Wie debattiert.

Ende der 1970er Jahre waren Bildungsforscher der Ansicht, die sprachliche und kulturelle Heterogenität allochthoner Kinder mit Hilfe von „kompensatorischen Bildungsmaßnahmen“[108] beheben zu müssen, um das Ziel ihrer Eingliederung und Anpassung in das deutsche Bildungssystem zu erreichen. Diese sog. Ausländerpädagogik der späten 1970er Jahre war geprägt von einer defizitären Sichtweise auf Kinder mit Migrationshintergrund, da die besonderen sprachlichen und kulturellen Eigenheiten allochthoner Kinder gegenüber denen deutschen Ursprungs als rezessiv und somit nicht nur als nicht förderungswürdig, sondern als intergrationshemmend betrachtet wurden.

---

[107] Gomolla/Radtke (2007), S. 83.

[108] Esch (2005), S. 219.

Mitte der 1980er Jahre wurden erstmals die meisten der zu beschulenden Kinder mit Migrationshintergrund in der BRD geboren. Im Zeitraum von 1979 bis 1985 stieg die Anzahl allochthoner Schüler um weitere 110.000 an, sodass insgesamt im Jahr 1985 666.960 Schüler nicht-deutscher Herkunft im deutschen Bildungssystem beschult wurden.[109] Angesichts dieser Entwicklung wurde die einseitige Beschulung von Kindern nicht-deutscher Herkunft in ihren Muttersprachen zugunsten einer „Doppelstrategie der sprachlichen Förderung“[110] aufgegeben. Diese sah die schulische Einbindung des gerade entstehenden Faches „Deutsch als Zweitsprache“[111] vor. Bildungspolitiker und -forscher waren der Ansicht, die intensive Sprachförderung sei das richtige Mittel, um Kindern mit Migrationshintergrund zum Schulerfolg zu verhelfen. Jedoch fand eine inhaltliche wie methodische Vernetzung zwischen Mutter- und Zweitsprache nicht statt, weil u. a. die Schulstruktur die Einbeziehung der Muttersprache in den Regelunterricht – aufgrund des monolingualen Habitus[112] – nicht vorsah. Die Folge war die voneinander isolierte Vermittlung von Mutter- und Zweitsprache. Somit blieben bestehende muttersprachliche Ressourcen der nicht-deutschstämmigen Kinder weitgehend ungenutzt.

Trotz der heterogenen Schülerschaft war die Bildungskonzeption auf eine homogene, deutschsprachige Schülerschaft ausgerichtet. Demnach hat sich die Umstellung der Bildungsstrategie auf eine verstärkte Förderung in Deutsch als Zweitsprache nicht positiv auf den Schulerfolg von Schülern nicht-deutscher Herkunft ausgewirkt, was sich anhand folgender Daten belegen lässt: In dem Zeitraum von 1985 bis 1991 vergrößerte sich die Anzahl allochthoner Schüler um mehr als das Doppelte. Bei einer Gesamtzahl von 1.338.972 Schülern nicht-deutscher Herkunft an allgemeinbildenden Schulen im Schuljahr 1991/1992[113] stieg der Anteil von Schülern, die die Schule ohne Abschluss verließen, auf 20,9 Prozent.[114] Bei deutschstämmigen Kindern betrug der Vergleichswert 6,7 Prozent.[115] Der Anteil der Abiturienten ausländischer Herkunft stieg im Schuljahr 1991/1992 geringfügig und erreichte einen Wert von 7,8 Prozent[116]; was dem Prozentsatz allochthoner Gymna-

109 Max-Planck-Institut für Bildungsforschung: (Stand: 1.03.2009), http://www.mpibberlin.mpg.de/de/forschung/bag/projekte/sekundaerdaten/Datensaetze/S1.xls.

110 Bund-Länder-Kommission für Bildungsplanung und Forschungsförderung (2003), S. 67.

111 Reich (2004), S. 131.

112 Gogolin (2005), S. 273. Vgl. Gogolin (1994).

113 Max-Planck-Institut für Bildungsforschung: (Stand: 1.03.2009), http://www.mpib-berlin.mpg.de/de/forschung/bag/projekte/sekundaerdaten/Datensaetze/S1.xls.

114 Hormel (2007), S. 92.

115 Ebd., S. 92.

116 Ebd., S. 92.

siasten des Jahres 1970 entspricht.[117] Bei Kindern ohne Migrationshintergrund betrug derselbe Wert im Schuljahr 1991/1992 25,8 Prozent. Somit ist zwar eine geringfügige Transformation in der Schulformverteilung von Kindern mit Migrationshintergrund im Zeitraum von 1981 bis 1991/1992 zu erkennen. Dennoch gelang es dem deutschen Bildungssystem weder, die schulischen Kompetenzen von Kindern nicht-deutscher Herkunft an den Leistungsstand von Kindern ohne Migrationshintergrund anzugleichen, noch eine profunde Progression des Schulerfolgs der allochthonen Schülerschaft herbeizuführen. Diese Defizite in der schulischen Förderung sind u. a. auf das Selbstverständnis der Ausländerpädagogik, die sich „nicht primär zum Ziel gesetzt hatte, die Nachteile der Migrantenfamilien in der deutschen Schule zu reduzieren oder gar aufzuheben, sondern eine möglichst unproblematische Unterrichtspraxis zu gewährleisten“[118], zurückzuführen.

Es lässt sich konstatieren, dass die Kompetenzunterschiede zwischen Schülern mit und ohne Migrationshintergrund über die vielen Jahre konstant geblieben sind,[119] weil institutionelle schulische Rahmenbedingungen die speziellen Förderbedürfnisse und Potenziale allochthoner Schüler nicht berücksichtigten. Auch die zweite Phase der bildungspolitischen Konzeption für die allochthonen Schüler führte zu keinem umfassenden Schulerfolg. Deshalb wurde ab Mitte der 1980er Jahre ein abermaliger Wandel in der bildungspolitischen Konzeption der Beschulung von Kindern mit Migrationshintergrund vollzogen, obwohl Untersuchungen über die Beschulungspraxis einiger Bundesländer ergeben hatten, dass „die ausländerpädagogische Phase der Förderung von Kindern und Jugendlichen aus Migrantenfamilien (…) in der zweiten Hälfte der 1990er Jahre noch immer nicht als abgeschlossen gelten konnte“[120].

6.2.1 Die politischen Ursachen für die Bildungsbenachteiligung von Kindern mit Migrationshintergrund in der 2. Phase ihrer Beschulung

Anfang der 1980er Jahre wurden die meisten der zu beschulenden allochthonen Kinder in der Bundesrepublik Deutschland geboren und jeder zehnte Arbeitnehmer in Deutschland hatte eine ausländische Herkunft.[121] Zudem lebten fast 60 Prozent der Migranten über zehn Jahre, 35 Prozent mindestens 15 Jahre sowie 16 Prozent seit 20

[117] Max-Planck-Institut für Bildungsforschung: (Stand: 1.03.2009), http://www.mpib-berlin.mpg.de/de/forschung/bag/projekte/sekundaerdaten/Datensaetze/S1.xls.

[118] Diefenbach (2007), S. 146.

[119] Bund-Länder-Kommission für Bildungsplanung und Forschungsförderung (2003), S. 5.

[120] Diefenbach (2007), S. 146.

[121] Bade (1983), S. 68.

und mehr Jahren in Deutschland,[122] sodass „ihre Niederlassung abgeschlossen war“[123]. Der größte Teil der ausländischen Arbeitskräfte sah sich mithin schon längst als Teil der deutschen Bevölkerung an und hatte deswegen keinerlei Rückkehrpläne. Dennoch erkannte die Bundesregierung die faktische Einwanderung in die BRD nicht an. Stattdessen versuchte sie mithilfe von Rückkehrprämien die Anzahl der Migranten zu reduzieren. Die propagierte Ausländerpolitik, die die Einwanderer nach Jahrzehnten noch immer als Gäste betrachtete, war eine Teilursache für die schulische Benachteiligung von Kindern mit Migrationshintergrund. Der politische Unwille der Bundesregierung, die faktische Einwanderung in die BRD als solche zu benennen und als Konsequenz daraus die Rückkehroption als Teil der Ausländerpolitik aufzugeben und stattdessen Integrationspolitik zu betreiben, korrespondierte mit der Beibehaltung der bisherigen schulischen Rahmenbedingungen. Letztere waren auf eine homogene Schülerschaft ausgerichtet, obwohl die Heterogenisierung der Schülerschaft längst Wirklichkeit geworden war. Die Überbetonung von Segregationsstrategien durch die Bundesregierung in der Ausländerpolitik ging in der Bildungspolitik mit der defizitären Sichtweise auf nicht-deutschstämmige Schüler einher. Sowohl in der Ausländerpolitik als auch in der Bildungspolitik wurden Migranten als Belastung und Problem angesehen. Ziel der Ausländerpolitik der Bundesregierung war eine Reduktion der Migrantenzahl. In der Schule versuchten Lehrer, die vermeintlichen Defizite der Migrantenkinder durch den verstärkten Einsatz von Deutsch als Zweitsprache zu verringern, ohne jedoch auf die sprachlichen und kulturellen Ressourcen allochthoner Kinder einzugehen. Die Betonung der (vermeintlich) homogenen deutschstämmigen bundesrepublikanischen Gesellschaft ging mit der Betonung des (vermeintlich) monolingualen Habitus des bundesdeutschen Schulsystems aufgrund der isolierten Sprachvermittlung sowie der Intensivierung der Deutschstunden einher. Der kompensatorische Gedanke der Ausländerpädagogik, nach dem Kinder mit Migrationshintergrund möglichst umgehend in das einsprachige bundesdeutsche Schulsystem integriert werden und zugleich ihre Rückkehrfähigkeit beibehalten sollten, blieb bis in die 1990er Jahre der Kern deutscher Bildungspolitik.[124]

6.2.2 Policy-Output

In der 2. Phase der Beschulung von Schülern nicht-deutscher Herkunft stellt die isolierte Vermittlung von Mutter- und Zweitsprache sowie die Einbindung der Erkenntnisse von „Deutsch als Zweitsprache“ durch das deutsche Schulsystem das Policy-Output dar.

[122] Schöneberg (1993), S. 42.

[123] Pagenstecher (1994), S. 13.

[124] Bund-Länder-Kommission für Bildungsplanung und Forschungsförderung (2003), S. 67.

6.2.3 Policy-Outcome

Das Policy-Outcome in der besagten Zeit ist die Entwicklung von kompensatorischen Maßnahmen durch das deutsche Schulsystem, um die vermeintlichen Defizite der allochthonen Schüler zu beheben.

6.2.4 Policy-Impact

Die langfristigen Auswirkungen der Ausländerpädagogik und der Doppelstrategie der sprachlichen Förderung, die ihre schulischen Konzepte in Bezug auf Kinder mit Migrationshintergrund unter Zuhilfenahme des Defizitdenkens konstruierten, waren nicht förderlich eine Angleichung der Schulerfolge zwischen Kindern mit und ohne Migrationshintergrund zu bewirken. Zudem lässt sich feststellen, dass die institutionelle Diskriminierung allochthoner Schüler unter Heranziehung kulturalistischer Deutungsmuster gerechtfertigt wurde.

6.3 Interkulturelle Pädagogik: Die 3. Phase der Beschulung von Kindern mit Migrationshintergrund

Ab Mitte der 1980er Jahre kam es zu einem Paradigmenwechsel in der Bildungsforschung: Die Ausländerpädagogik wurde in der Fachwissenschaft durch die Interkulturelle Pädagogik abgelöst. Einige Jahre später wurden auch in der Praxis Veränderungen im Bildungssystem angestrebt. Auf diese Weise wurde der muttersprachliche Unterricht „nicht mehr mit dem Rückkehrgedanken begründet“[125] und erstmalig hatten sich „die Länder der BRD darauf verständigt, interkulturelle Aspekte nicht als Zusatzaufgabe, sondern als Zielsetzung von allgemeiner Bedeutung im Bildungsprozess zu etablieren“[126]. Demnach sollte die isolierte Vermittlung der jeweiligen Muttersprache zugunsten ihrer integrierten Vermittlung im Regelunterricht aufgegeben werden. Außerdem sollten „strukturelle und inhaltliche Veränderungsprozesse im Bildungswesen“[127] dafür sorgen, die „individuelle Zwei- oder Mehrsprachigkeit von Migrantenkindern als Ressource zu verstehen und zu fördern“[128]. Der „etablierte Fremdsprachenkanon“[129] sollte durch die Hinzunahme von Muttersprachen der in der BRD lebenden Migranten komplettiert werden. Die Hetero-

[125] Bund-Länder-Kommission für Bildungsplanung und Forschungsförderung (2003), S. 68.

[126] Ebd., S. 74.

[127] Ebd., S. 75.

[128] Ebd., S. 68.

[129] Ebd., S. 75.

genität von Kindern nicht-deutscher Herkunft wurde, zumindest in der Theorie, nicht mehr als Problem, sondern als Bereicherung angesehen und Adressaten der Interkulturellen Pädagogik sollten nicht nur Kinder mit Migrationshintergrund, sondern auch autochthone Kinder sein.

Leider konnten jedoch die meisten dieser Vorsätze nicht in die Realität umgesetzt werden, weil die bildungspolitischen Rahmenbedingungen nicht verändert wurden. Weder der monolinguale Habitus, noch das Streben des deutschen Bildungssystems nach Homogenisierung sind reformiert worden. Nach wie vor wurde der muttersprachliche Unterricht isoliert von der deutschen Sprache vermittelt.

6.3.1 Die politischen Ursachen für die Bildungsbenachteiligung von Kindern mit Migrationshintergrund in der 3. Phase ihrer Beschulung

Im Verlauf der 1990er Jahre wurden zwar grundlegende Änderungen der schulischen Rahmenbedingung angedacht und theoretisch in Aussicht gestellt, aber ihre Umsetzung in die Praxis wurde nicht vorangetrieben. Das Thema der Beschulung von Kindern mit Migrationshintergrund erfuhr in dieser Phase kein reformenbewirkendes öffentliches Interesse. Die Mehrheitsgesellschaft und ihre Vertreter in den Länderparlamenten sahen keinen Grund für eine Veränderung des Bildungssystems, weil sich die Bildungsabschlüsse der deutschstämmigen Kinder seit den 1970er Jahren kontinuierlich verbesserten. Zwar hatte sich seit den 1970er Jahren „der Anteil derjenigen allochthonen Schüler, die einen mittleren oder höheren Bildungsabschluss erbrachten erhöht“[130], zugleich aber stagnierte die Zahl nicht-deutschstämmiger Schüler, die nur einen Hauptschulabschluss erreichten. Außerdem waren allochthone Schüler im gleichen Zeitraum an Förderschulen überrepräsentiert, wohingegen der Anteil von deutschstämmigen Schülern kontinuierlich gesunken ist.[131] Diese Entwicklung zeigt zum einen, dass Bestandssicherungsinteressen minder angesehener Bildungsangebote[132] höher bewertet wurden als die adäquate schulische Förderung allochthoner Kinder, und zum anderen die Pathologisierung der allochthonen Schülerschaft im und durch das deutsche Schulsystem.

6.3.2 Policy-Output

In der 3. Phase der Beschulung von Kindern mit Migrationshintergrund stellt die Nichtbeachtung der speziellen Förderbedürfnisse und die Nichtnutzung der Potenziale allochthoner Kinder das Policy-Output dar.

---

130 Gogolin (2005), S. 274.

131 Ebd., S. 274.

132 Ebd., S. 275.

6.3.3 Policy-Outcome

Die politischen Akteure konnten sich diese Haltung leisten, weil die Unberücksichtigung der Interessen von Schülern mit Migrationshintergrund ohne spürbare bzw. unmittelbare Folgen für den politischen Betrieb blieben. Migranten stellten zu dieser Zeit keine wahlbeeinflussende politische Größe dar.

6.3.4 Policy-Impact

Die Bemühungen um eine interkulturelle Öffnung des deutschen Schulsystems haben in der praktischen Anwendung kaum zur schulischen Besserstellung von Kindern mit Migrationshintergrund beigetragen. Eine Ursache für das Weiterbestehen der schulischen Diskriminierung nicht-deutschstämmiger Schüler in der 3. Phase ihrer Beschulung ist das Fehlen von „advocacy coalitions"[133] (Bündnis verschiedener politischer Akteure innerhalb eines Policy-Netzwerks z. B. Politiker, Interessenverbände, Wissenschaftler), die in der Lage gewesen wären, das Policy-Output durch Lobbying zu Gunsten allochthoner Schüler zu verändern.

6.4 PISA, IGLU & Co.: Die 4. Phase in der Beschulung von Kindern mit Migrationshintergrund

Seit dem Jahr 2000 werden von der OECD kontinuierlich Evaluationen im Bildungsbereich durchgeführt. Die Kompetenzvergleichsuntersuchungen, die die Leistungsunterschiede zwischen deutschstämmigen und nicht-deutschstämmigen Schülern dokumentieren, platzieren das Thema der Beschulung von Kindern mit Migrationshintergrund im Fokus der Öffentlichkeit. Seither erhalten Bildungsforscher zunehmend mehr Aufmerksamkeit. Damit einhergehend werden vielfältige pädagogische Maßnahmen und große finanzielle Ressourcen vor allem in Bezug auf die Erforschung von Bildungsungleichheit eingesetzt. Besonders intensiv wird seit dem Jahr 2000 die spezifische schulische Diskriminierung allochthoner Schüler untersucht, deren Beseitigung einer der zukünftigen Schwerpunkte der Bildungspolitik sein wird.

Eines der bisher konzipierten Maßnahmen ist die Implementierung von Sprachstandsdiagnoseverfahren, auf deren Grundlage die „sprachlichen Fähigkeiten von Kindern vor Schuleintritt"[134] gemessen werden, um frühzeitige Sprachfördermaßnahmen vor der Einschulung sowie schulbegleitende sprachliche Förderungen speziell an die Bedürfnisse der Kinder anzupassen. Ein anderer Vorschlag ist die

[133] Schneider/Janning (2006), S. 195.

[134] Bund-Länder-Kommission für Bildungsplanung und Forschungsförderung (2003), S. 78.

Formulierung von Bildungsstandards, die als „Rahmenbedingungen für die Einsetzung von gezielten Förderprogrammen für Kinder und Jugendliche mit Migrationshintergrund“[135] dienen können.

Zunehmend geraten dabei die etablierten schulischen Strukturen des Bildungssystems – beispielsweise die elementarpädagogische Erziehung, die Dreigliedrigkeit des Schulsystems und die Dauer der Beschulungszeit – in das Zentrum der Reformbemühungen, was nicht zuletzt als Reaktion auf die schlechten Kompetenzen von Kindern mit Migrationshintergrund im deutschen Schulsystem im Vergleich zu allochthonen Schülern in anderen Staaten zu verstehen ist. Aus den partiellen bildungspolitischen Reformbemühungen der Vergangenheit, welche die „regulären Strukturen, Programme und Prozesse der Schule weitgehend außerhalb der Betrachtung ließen“[136] hat sich die Einsicht entwickelt, dass eine Beseitigung der schulischen Diskriminierung von Kindern mit Migrationshintergrund eine Neugestaltung des gesamten Bildungssystems erfordert.

Mittlerweile kann es als bildungspolitischer Konsens bezeichnet werden, dass die institutionelle Benachteiligung von Kindern mit Migrationshintergrund die Veränderung der schulischen Rahmenbedingungen zur Folge haben muss.

6.4.1 Die politischen Ursachen für die Bildungsbenachteiligung von Kindern mit Migrationshintergrund in der 4. Phase ihrer Beschulung

Inzwischen hat die Beseitigung von Leistungsdiskrepanzen zwischen Schülern deutscher und nicht-deutscher Herkunft und die damit zusammenhängende schulische Diskriminierung Letzterer oberste Priorität auf der politischen Agenda der Bundesregierung bzw. der jeweiligen Landesregierungen. Bildung im Allgemeinen und die Bildungsbenachteiligung von Kindern mit Migrationshintergrund im Speziellen sind zu zentralen Politikfeldern geworden. Politiker sowohl auf Bundes- als auch auf Landesebene haben die Dringlichkeit dieses Themas realisiert. Die verstärkte Einbürgerung von Menschen mit Migrationshintergrund, die Einsicht, dass Deutschland ein Einwanderungsland ist,[137] der demographische Wandel und der daraus resultierende Mangel an Fachkräften[138] in den kommenden Jahren erzeugt politischen Druck auf die Verantwortlichen, der notwendig ist, um eine grundlegende Reform des deutschen Bildungssystems voranzutreiben. Die Schülervergleichsuntersuchungen IGLU und PISA haben einen wichtigen Beitrag dazu geleistet, die öffentliche

---

[135] Bund-Länder-Kommission für Bildungsplanung und Forschungsförderung (2003), S. 85.

[136] Gomolla (2006b), S. 36.

[137] Vgl. Hell (2005).

[138] Vgl. Koppel/Plünnecke (2009).

Meinung in Bezug auf die Chancenungleichheit des deutschen Bildungssystems zu sensibilisieren.

6.4.2 Policy-Output

Anhand der sich bisher abgezeichneten Entwicklung in der 4. Phase der Beschulung von Kindern mit Migrationshintergrund stellen bildungspolitische Maßnahmen zur Bekämpfung der institutionellen Benachteiligung von Kindern mit Migrationshintergrund im deutschen Schulwesen, wie beispielsweise die frühzeitige sprachliche Förderung allochthoner Schüler unter Einbeziehung ihrer Muttersprache sowie die interkulturelle Öffnung des deutschen Bildungssystems, das Policy-Output dar.

6.4.3 Policy-Outcome

Das Policy-Outcome dieser Beschulungsphase von Kindern mit Migrationsgeschichte ist die politische Vorgabe, die Potenziale Letzterer besser zu nutzen als in den vorangegangenen Phasen. Dies geschieht aus folgenden Gründen: Zum einen haben Politiker die Gruppe der Migranten in Folge der gestiegenen Einbürgerungszahlen als Wählergruppe bzw. als wahlbeeinflussende Klientel entdeckt. Zum anderen steigt der politische Druck auf die Verantwortlichen, dem demographischen Wandel und dem damit einhergehenden zukünftigen Fachkräftemangel, der große Finanzierungsschwierigkeiten der sozialen Sicherungssysteme zur Folge haben könnte, durch die Einbeziehung aller Gesellschaftsmitglieder entgegenzuwirken und bestehende Diskriminierungen zu beseitigen bzw. zukünftige institutionell begründete Benachteiligungen mithilfe von Reformmaßnahmen entgegenzuwirken.

6.4.4 Policy-Impact

Die etablierten schulischen Rahmenbedingungen des deutschen Bildungssystems, aus denen vielfältige Diskriminierungen allochthoner Kinder resultieren, müssen langfristig verändert werden, damit das deutsche Schulsystem alle Kinder in der hiesigen Gesellschaft optimal fördern kann. Die bildungspolitische Diskussion fokussiert u. a. die Intensivierung und Qualitätssteigerung der elementarpädagogischen Einrichtungen und den Singehalt des dreigliedrigen Schulsystems. Auf Reformmaßnahmen, deren Implementierung für ein gerechtes deutsches Schulwesen unabdingbar ist, wird in Kapitel zwölf ausführlich eingegangen. Nachfolgend werden Beispiele für die institutionelle Diskriminierung von Kindern mit Migrationshintergrund im deutschen Schulwesen anhand der Internationalen-Grundschul-Lese-Untersuchung (IGLU) des Jahres 2001 (Kapitel sieben) und des Programme for International Student Assessment (PISA) (Kapitel acht) der Jahre 2000, 2003 und 2006 dargestellt.

7 Die Internationale Grundschul-Lese-Untersuchung (IGLU): Konzeption, Inhalt, Ziel

„Alle Untersuchungen der letzten Jahre bestätigen die Selektionslogik unseres Bildungssystems, das institutionell diskriminiert. Und dabei handelt es sich um eine doppelte, sich kulminierende Diskriminierung: Nach sozialer Herkunft und nach Migrationshintergrund."[139]

Die Internationale Grundschul-Lese-Untersuchung (IGLU) ist die deutsche Bezeichnung der internationalen Studie „Progress in International Association for the Evaluation of Educational Achievement (PIRLS)", die auf eine Initiative der „International Association for the Evaluation of Educational Achievement (IEA)"[140] zurückgeht. Ähnlich wie die PISA-Studie 2000 ist auch die im Jahr 2001 initiierte IGLU-Studie, die die Lesekompetenz von 147.000 Grundschülern[141] einem nationalen und internationalen Vergleich unterzog, darauf ausgerichtet, den 35 Teilnehmerstaaten[142] als eine Art „Monitoringsystem"[143] im Bildungsbereich zu dienen und Schwachstellen in den nationalen Bildungssystemen zu identifizieren.[144] Dabei wird unabhängig vom Alter der Kinder die vierte Klassenstufe in die Untersuchung einbezogen.[145]

Anders als der PISA-Test 2000, der aufgrund der konstatierten schwachen Lesekompetenz von 15-jährigen Schülern in der BRD den „PISA-Schock" ausgelöst hat, scheinen die Ergebnisse des IGLU-Tests 2001 auf den ersten Blick eine gute Beschulungssituation widerzuspiegeln, weil sich die Lesekompetenz der bundesdeutschen Grundschüler international auf der Ebene des oberen Leistungsdrittels befindet.[146] Diese positive Wertung ist allerdings vor folgendem Hintergrund zu relativieren: Zum einen sind PISA und IGLU aufgrund ihrer differenten methodischen

---

[139] Handschuck/Schröer (2006), S. 188.

[140] Gomolla (2006b), S. 33.

[141] Heinzel (2004), S. 54.

[142] Valtin/Bos (2004), S. 17.

[143] Merkens (2004a), S. 11.

[144] Ebd., S. 10.

[145] Ebd., S. 11.

[146] Valtin/Bos (2004), S. 20.

Vorgehensweisen und der unterschiedlichen Messverfahren in keiner Weise miteinander vergleichbar.[147] Zum anderen ist bei näherer Betrachtung der nationalen Ergebnisse festzustellen, dass es deutschen „Lehrpersonen nicht gelingt (…) Schüler mit Migrationshintergrund angemessen zu fördern“[148], sodass Kinder mit ebensolchem Hintergrund deutlich schlechtere Ergebnisse im Lesen erzielen als deutschstämmige Kinder.[149] Im Folgenden wird die IGLU-Studie 2001 unter besonderer Berücksichtigung der Ergebnisse allochthoner Schüler ausgewertet.

7.1 Kinder mit Migrationshintergrund

Um dem Umstand gerecht zu werden, dass ca. 40 Prozent der Kinder, die jährlich in Familien mit Migrationshintergrund geboren werden, automatisch die deutsche Staatsangehörigkeit erhalten,[150] entstand für die IGLU-Studie die Notwendigkeit, differenziertere Kriterien zur Feststellung der Migrationsgeschichte der bundesdeutschen Schüler zu entwickeln. Deshalb mussten die teilnehmenden Kinder angeben, welche Sprachen sie gelernt haben[151] und ob ihre Eltern in Deutschland oder im Ausland geboren worden sind.[152] Die Ergebnisse dieser Fragen unterstreichen die Heterogenität der deutschen Gesellschaft und belegen, dass Multikulturalität in Deutschland gesellschaftliche Realität geworden ist.

Der IGLU-Test 2001 belegte, dass 35 Prozent aller bundesdeutschen Viertklässler mehrsprachig aufwachsen[153] und ein „Spektrum von 100 Sprachen aufweisen“[154]. Allerdings ist dabei zu beachten, dass „die 20 häufigsten Sprachen 93% der Sprecher abdecken“[155]. Diese statistischen Ergebnisse belegen, dass Deutschland seit Beginn der systematischen Anwerbung ausländischer Arbeitnehmer im Jahr 1955 zu einem Einwanderungsland geworden ist. Ein anderer Befund der IGLU-Studie verdeutlicht, dass sich aufgrund der zunehmenden Veränderungsprozesse in der Bevölkerungszusammensetzung der BRD die Hypothese, die deutsche Population sei von homogener, d. h. überwiegend deutscher, Zusammensetzung geprägt, zunehmend falsifiziert wird.

---

[147] Valtin/Bos (2004), S. 17.

[148] Ebd., S. 31.

[149] Vgl. Merkens (2004b), S. 136.

[150] Neumann (2004), S. 110.

[151] Ebd., S. 107.

[152] Ebd., S. 109.

[153] Ebd., S. 111.

[154] Ebd., S. 112.

[155] Ebd., S. 112.

Die dezidierte Untersuchung der Migrationsgeschichte im Rahmen der IGLU-Studie hat weiter ergeben, dass nur 20 Prozent der Kinder mit Migrationshintergrund, die an der IGLU-Studie teilnahmen, eigene Migrationserfahrungen gemacht haben[156] und nur fünf Prozent der Einwandererkinder während der Grundschulzeit nach Deutschland kamen.[157] Die überwiegende Mehrheit (ca. 90 Prozent der Kinder mit Migrationshintergrund)[158] hat durchgehend eine deutsche Schule besucht.

Aber IGLU hat nicht nur auf die gesellschaftliche Heterogenität der bundesdeutschen Gesellschaft aufmerksam gemacht, sondern auch auf die Diskriminierung der Schüler mit Migrationshintergrund an deutschen Grundschulen hingewiesen. Denn obwohl die meisten Grundschüler mit Migrationshintergrund in Deutschland geboren und an deutschen Schulen beschult wurden, weisen sie durchschnittlich um ca. ein Drittel schlechtere Lesekompetenzen als ihre deutschstämmigen Mitschüler auf.[159] Offensichtlich gelingt es deutschen Bildungseinrichtungen nicht, allen hier geborenen oder aufgewachsenen Kindern die gleichen Kompetenzen zu vermitteln. Die vielfache Bildungsbenachteiligung der Viertklässler mit Migrationshintergrund, die von der IGLU-Studie belegt worden ist, wird im Folgenden dargestellt.

7.2 Monolingualer Habitus der deutschen Grundschule

Die IGLU-Studie hat nachgewiesen, dass die Deutschnote das entscheidende Kriterium für die Übergangsempfehlung am Ende des vierten [bzw. sechsten, Anm. d. Verf.] Schuljahres ist.[160] Schüler, die gute Sprachkenntnisse aufweisen, haben eine höhere Chance, eine Übergangsempfehlung für das Gymnasium zu erhalten, als Schüler die der deutschen Sprache nicht mächtig sind. So werden in Beurteilungen von Lehrern über allochthone Schüler besonders häufig deren mangelnde Sprachfähigkeiten benannt, um ihre fehlende Eignung für das Gymnasium zu plausibilisieren.[161]

Obwohl die Deutschnote einer der wichtigsten Parameter für den Bildungserfolg ist, hat die deutsche Grundschule den gesellschaftlichen Bedürfnissen eines Einwanderungslandes nicht durch spezielle Sprachfördermaßnahmen, die auf die gleichzeitige Förderung der Deutschkompetenzen allochthoner Schüler sowie auf die Nutzbarmachung muttersprachlicher Ressourcen zielen, Rechnung getragen, obwohl

[156] Neumann (2004), S. 110.

[157] Ebd., S. 116.

[158] Bund-Länder-Kommission für Bildungsplanung und Forschungsförderung (2003), S. 16.

[159] Diefenbach (2007), S. 69.

[160] Ebd., S. 107.

[161] Weber (2005), S. 73.

Studien belegen, dass die Förderung der Erstsprache dem Erwerb der Zweitsprache zugute kommt.[162] Sprachliche Heterogenität und Multikulturalität erscheinen den institutionellen Rahmenbedingungen der Grundschulen als unterrichtsstörender Hintergrund. Deshalb richten sich die Unterrichtskonzepte der Grundschulen in der BRD noch immer an eine homogene Gruppe von deutschstämmigen Schülern. Angesichts der über 30-jährigen deutschen Beschulungshistorie von Kindern mit Migrationshintergrund und der demographischen Entwicklung, im Zuge derer in manchen Bundesländern ca. die Hälfte der Viertklässler einen ausländischen Hintergrund aufweist, ist diese Veränderungsverdrossenheit und das Homogenitätsdenken der deutschen Grundschule gleichzusetzen mit Realitätsverweigerung.

Gründe für den mangelnden Schulerfolg allochthoner Kinder sind die defizitäre Sprachvermittlungskompetenz der Grundschulen sowie die mangelnde Bereitschaft, nicht-deutsche Sprachen in den normalen Unterrichtsalltag zu integrieren. Dieses Defizit wirkt sich besonders negativ auf Grundschüler ausländischer Abstammung aus, denn ein Großteilteil dieser Grundschüler beginnt erst nach der Einschulung mit dem Erwerb der formalen deutschen Sprache. Diese Schüler benötigen individuelle Sprachfördermaßnahmen, unter Berücksichtigung der Muttersprache, um ihre Sprachkompetenz an die ihrer deutschstämmigen Mitschüler angleichen zu können. Bislang waren zu viele Grundschüler nicht-deutscher Herkunft während ihrer Grundschulzeit damit beschäftigt, autodidaktisch, und somit ohne spezielle Fördermaßnahmen, Deutsch zu lernen. Aufgrund mangelnder Sprachkompetenzen erschloss sich ihnen der Unterrichtsinhalt nicht vollständig, was zur Folge hatte, dass sie schlechtere Noten erzielten als ihre deutschstämmigen Mitschüler.

In deutschen Grundschulen mangelt es an Gleichgewicht zwischen Forderung und Förderung: Von Grundschülern nicht-deutscher Herkunft wird erwartet, ohne besondere Sprachfördermaßnahmen die gleichen Sprachkompetenzen zu besitzen wie deutschstämmige Kinder. Dieser Erwartungshaltung der deutschen Schule, die eine Folge des monolingualen Habitus ist, können Kinder mit Migrationshintergrund nicht gerecht werden, weil sich die Schulsprache sowohl von der nicht-deutschen Familiensprache als auch von der deutschen Alltagssprache der Kinder unterscheidet. Die Unterrichtssprache kann wie folgt charakterisiert werden: Die Schulsprache hat „aufgrund der Verwendung eines speziellen Fachwortschatzes mit den Regeln schriftsprachlicher Kommunikation mehr gemeinsam als mit alltagssprachlichen mündlichen Gesprächsweisen“[163]. Daraus resultiert, dass Kinder, deren Familiensprache nicht die Deutsche ist, kaum Möglichkeiten haben, sich an einem anderen Ort als in der Schule auf die Schriftförmigkeit der schulischen Kommunikation

[162] Roth/Britz (2006), S. 291.

[163] Bund-Länder-Kommission für Bildungsplanung und Forschungsförderung (2003), S. 51.

vorzubereiten. Notwendige Maßnahmen der Grundschulen müssten das Ergreifen spezieller sprachlicher Fördermaßnahmen beinhalten, um Kindern mit Migrationshintergrund das im Unterricht verwendete Hochdeutsch beizubringen. Allochthone Schüler „können die Sprache der Schule nur in der Schule lernen".[164] Zu diesem Zweck ist eine Reform der institutionellen schulischen Rahmenbedingung zwingend, da der institutionelle Rahmen des deutschen Schulsystems auf eine homogene Schülerschaft ausgerichtet ist und deswegen im Widerspruch zur gesellschaftlichen Realität steht. Eine Reform der schulischen Rahmenbedingungen würde zu einer Erhöhung der Chancengleichheit von Kindern mit und ohne Migrationshintergrund beitragen

7.3 Das dreigliedrige Schulsystem. Wie Selektion Chancenungleichheit befördert

Die Bildungsexperten der IEA, die für die Durchführung der IGLU-Studie im Jahr 2001 verantwortlich waren, haben aufgrund der systeminhärenten schulischen Diskriminierung von Kindern mit Migrationshintergrund an deutschen Schulen die Forderung nach „grundlegenden strukturellen Veränderungen"[165] des deutschen Schulsystems aufgestellt. Sie begründen ihre Forderung damit, dass „an deutschen Schulen (...) aufgrund der hohen Zahl von Klassenwiederholungen, Zurückstellungen sowie der Einschränkungen von Lernmöglichkeiten durch segregierende Maßnahmen, noch immer nicht von Chancengleichheit (...) die Rede sein könne, weil der Gedanke der Selektion dominant sei"[166]. So sind etwa die Anteile der Nichtversetzungen bei Schülern mit Migrationshintergrund „je nach Schulform und Bundesland um zwei- bis viermal höher"[167] als bei deutschstämmigen Kindern. Zudem stellt die Zurückstellung von Kindern mit Migrationshintergrund eine Form struktureller Diskriminierung dar, weil im Zuge der Begründung der Zurückstellungen ethnische Merkmale valorisiert werden.[168] Die von Bildungsexperten vorgeschlagenen Veränderungen zielen auf die „grundlegende Neustrukturierung des dreigliedrigen Schulsystems"[169] ab und sollen Chancengleichheit bewirken. Anlass dieser Forderungen waren häufig auftretende Unregelmäßigkeiten bei der Ausstellung von Übergangsempfehlungen, die besonders zu falschen Annahmen bezüglich der zukünftigen

---

[164] Neumann (2004), S. 116.

[165] Bund-Länder-Kommission für Bildungsplanung und Forschungsförderung (2003), S. 34.

[166] Ebd., S. 52.

[167] Ebd., S. 6.

[168] Bund-Länder-Kommission für Bildungsplanung und Forschungsförderung (2003), S. 64.

[169] Krüger-Potzratz (2004), S. 52.

schulischen Entwicklung von Grundschülern mit Migrationshintergrund führten und diese benachteiligen, sowie der Umstand, dass erfolgreiche PISA-Teilnehmerstaaten wie Schweden und Finnland auf eine frühzeitige schulische Selektion verzichten.

Die IGLU-Studie bestätigte, dass „eine Übergangsempfehlung für ein Kind im Alter von 10 Jahren nicht sicher zu geben ist“ und plädiert deshalb „für ein längeres gemeinsames Lernen von Kindern“[170]. Grundschüler haben nach der vierten Klasse noch nicht ihr volles Lernpotenzial ausgeschöpft, sodass keine schulische Selektion in Bezug auf ihre Lernfähigkeit vorgenommen werden kann. IGLU bewertet die schulische Selektion als problematisch[171], weil „Prognosen über die Entwicklung von Schülern höchstens für einen Zeitraum von zwei Jahren“[172] sinnvoll sind. Nach der bisher üblichen deutschen Schulpraxis bei der Ausstellung von Übergangsempfehlungen prognostizieren deutsche Grundschullehrer jedoch zum Teil auf Grundlage spekulativer und höchst selektiver Indikatoren (wie die breiten Leistungsüberlappungen in den für die verschiedenen Schularten empfohlenen Schülergruppen zeigen) die gesamte Schullaufbahn von Schülern.[173] Außerdem „gibt es keine wissenschaftlich begründete Typologisierung, die eine Zuordnung von Heranwachsenden zu einem ganz bestimmten Lernumfeld nahe legt“.[174] In diesem Zusammenhang sprechen Bildungsexperten von „Praxen und Routinen, die die Schulen entwickelt haben, die im Bemühen um Funktionsfähigkeit, Effektivität und Bestandserhalt dazu beitragen, Diskriminierungen in Gang zu halten“[175]. Selbst wenn sich die Einschätzung der Grundschullehrer nach dem Wechsel des Schülers an die weiterführende Schule als falsch erweist, ist aufgrund der mangelhaften Übergänge zwischen den verschiedenen Schulformen und in Anbetracht der radikalen Öffnung [hin zu niedrigen Schulformen, Anm. d. Verf.] sowie der fehlenden Schulöffnung [hin zu gehobenen Schulformen, Anm. d. Verf.] eine systeminhärente Chancenungleichheit im deutschen Schulsystem zu beobachten, deren hauptsächlich Leidtragende Kinder mit Migrationshintergrund sind.[176] Die fehlende Durchlässigkeit ist ein weiterer Grund für die Chancenungleichheit des deutschen Bildungssystems, „die eine Sortierung der Schüler auf verschiedene Schulen praktisch irreversibel macht“[177]. Aus

[170] Heinzel (2004), S. 56.
[171] Krüger-Potratz (2004), S. 51.
[172] Ebd., S. 52.
[173] Valtin/Bos (2004), S. 32.
[174] Schweizer (2007), S. 48.
[175] Bund-Länder-Kommission für Bildungsplanung und Forschungsförderung (2003), S. 64.
[176] Krüger-Potratz (2004), S. 52.
[177] Gottschall/Hagemann (2002), S. 14.

diesem Grund sind Bildungsforscher davon überzeugt, dass die Dreigliedrigkeit (...) segregierend wirkt und Förderung, wenn überhaupt, nur in der durch die Strukturen schon vorgegebenen Bahn erfolgt.[178] Daher appellieren Bildungswissenschaftler und die Verantwortlichen der IGLU-Studie für einen „Bewusstseinswandel, weg von der Dreifaltigkeitstheorie der bildungsresistenten Begabungen hin zu einem universalen Bildungsoptimismus und weg vom Auslese- zum Forder- und Fördergedanken (...)“[179].

Ähnlich ungenau wie die Übergangsempfehlungen erscheint IGLU-Befunden zufolge die Notengebung der deutschen Grundschullehrer. Sowohl Noten als auch Übergangsempfehlungen differieren von der in der Leistungsuntersuchung ermittelten Lesekompetenz der Grundschüler. So hat IGLU 2001 festgestellt, dass Kinder derselben Kompetenzstufe in der Grundschule Bewertungen, in Form von Lese- und Deutschnoten erhalten haben, die sich über drei bis vier Notenstufen streuen.[180] Diese Untersuchungsergebnisse lassen die Schlussfolgerung zu, dass sowohl die Notenermittlung als auch die Übergangsempfehlungen auf höchst subjektiver Grundlage zustande kommen und demnach weniger Aussagekraft besitzen als gemeinhin angenommen. IGLU 2001 konstatiert, dass die Note weder ihrem pädagogischen Anspruch der differenzierten Rückmeldung über den Leistungsstand gerecht wird noch sich zur Legitimation von Ausleseentscheidungen eignet.[181] Aufgrund dieser Konsequenzen sollten die bisherigen Schlussfolgerungen, die sich aus der Benotung ergeben (Klassenwiederholungen, schlechte Übergangsempfehlungen), zur Disposition gestellt werden. In der Vergangenheit hatten schlechte Noten Selektion zur Folge. In Zukunft sollte mithilfe der Kompetenzerfassung von Schülern der spezielle Förderbedarf festgestellt und somit eine Neubewertung der institutionellen Rahmenbedingungen eingeleitet werden.

7.4 Wie der Sozialstatus die Grundschulbildung beeinflusst

Wie bereits erwähnt, plädiert IGLU dafür, die frühzeitige Selektion zu vermeiden und stattdessen die gemeinsame Beschulungszeit der Grundschüler zu verlängern. Ein Grund für die Ablehnung der schulischen Selektion ist die Anwendung subjektiver Kriterien bei der Erstellung von Übergangsempfehlungen. Die IGLU-Studie 2001 verdeutlicht die Kohärenz zwischen Bildungserfolg von Grundschülern (beispielsweise bei der Ausstellung einer Übergangsempfehlung für das Gymnasium)

[178] Krüger-Potratz (2004), S. 52.

[179] Valtin/Bos (2004), S. 34.

[180] Ebd., S. 31.

[181] Ebd., S. 32.

und dem soziokulturellen Hintergrund der Schüler bzw. ihrer Eltern. Die Untersuchung hat festgestellt, dass in Deutschland Bildungschancen nicht nach objektiver Leistung, sondern nach anderen Kriterien wie beispielsweise dem sozioökonomischen Status des Elternhauses vergeben werden, der sogar bei gleichen Leistungen die Übergangsempfehlung beeinflusst.[182] Eine andere Untersuchung hat ermittelt, dass „Kinder mit der Durchschnittsnote 2,0 aus der niedrigsten Bildungs- und Einkommensgruppe nur mit einer Wahrscheinlichkeit von 76 Prozent eine Gymnasialempfehlung bekommen; stammen sie aus der höchsten Bildungs- und Einkommensgruppe, erhalten sie eine solche nahezu durchgängig, nämlich zu 97 Prozent“[183]. In Anbetracht der Tatsache, dass Kinder mit Migrationshintergrund überproportional von Kinderarmut betroffen sind[184], könnte dieser Befund eine Erklärung dafür sein, weshalb die Anzahl deutschstämmiger Kinder, die von der Primarstufe auf ein Gymnasium wechselt, „nahezu dreimal so hoch ist“[185] wie die Zahl von Kindern mit Migrationshintergrund; wohingegen der Anteil von Kindern mit Migrationshintergrund an Förderschulen im Vergleich zu deutschstämmigen Kindern überproportional ist.[186]

Die Studie hat außerdem ermittelt, dass „der Zusammenhang zwischen sozialer (…) Herkunft und den erzielten schulischen Leistungen in keinem der an den Untersuchungen beteiligten Ländern so groß ist wie in Deutschland“[187] und der sozioökonomische Status des Elternhauses (…) selbst bei gleichen Leistungen die Übergangsempfehlung beeinflusst. So ist selbst bei gleichen Schulleistungen die Wahrscheinlichkeit, eine Übergangsempfehlung für das Gymnasium zu erhalten, für Kinder aus sozioökonomisch privilegierten Elternhäusern mehr als doppelt so hoch wie für Kinder aus sozial benachteiligten Familien.

Angesichts dieses Befundes ist es nicht möglich, dem deutschen Bildungssystem Chancengleichheit zu attestieren. Vielmehr lässt sich die Schlussfolgerung ziehen, dass das selektive deutsche Bildungssystem diejenigen Schüler fördert, die von Hause aus privilegiert sind und diejenigen diskriminiert, die ohnehin bereits benachteiligt sind, weil die „Beurteilungsmaßstäbe, die die Lehrerkräfte anwenden, nicht sozial neutral sind“[188].

---

[182] Valtin/Bos (2004), S. 32.

[183] Bühler-Niederberger (2009), S. 4.

[184] Vgl. Migration-Info: (Stand: 24.01.2010), http://www.migrationinfo.de/mub_artikel.php?Id=050302.

[185] Bund-Länder-Kommission für Bildungsplanung und Forschungsförderung (2003), S. 6.

[186] Vgl. Powell/Wagner (2001).

[187] Neumann (2004), S. 105.

[188] Weber (2005), S. 70.

Der Zusammenhang zwischen sozioökonomischem Status und Bildungserfolg wirkt sich besonders negativ auf Grundschüler mit Migrationshintergrund aus, da „Zugewanderte häufiger als Nicht-Zuwanderer in prekären ökonomischen Verhältnissen leben, was im deutschen Schulsystem viel stärker als in anderen Bildungssystemen den Schulerfolg determiniert“[189]. Das deutsche Schulsystem fördert Chancenungleichheit und behindert den schulischen Erfolg von monetär unterprivilegierten Kindern. Damit erweist sich das Ideal von Bildung als Vehikel sozialen Aufstiegs zumindest in der BRD als Illusion. Vielmehr muss konstatiert werden, dass das deutsche Bildungssystem auf Besitzstandswahrung des autochthonen Mittelstandes und nicht auf die Herstellung von Chancengleichheit zielt. Eine Teilursache für die Bildungsbenachteiligung ist, dass in Selektionsprozessen, die im deutschen Schulsystem stattfinden, der Sozialstatus von Schülern nach wie vor von entscheidender Bedeutung ist.[190]

7.5 Das Homogenitätsdenken als Nachteil deutscher Grundschulen

Die deutsche Bildungspolitik hat bisher aus dem Umstand der Zuwanderung in die BRD nur in unzureichendem Maße Konsequenzen für die schulischen Rahmenbedingungen gezogen. Adressat der Grundschule ist immer noch das deutschstämmige Kind der Mittelschicht. Dieses bildungspolitische Defizit gewinnt angesichts der stetig anwachsenden Anzahl von Grundschülern mit Migrationshintergrund an Relevanz. Es ist vonnöten, die bisherigen am Homogenitätsdenken ausgerichteten schulischen Rahmenbedingungen zu reformieren. In Zukunft muss der „kulturellen Vielfalt (…) mehr Beutung beigemessen werden“[191]. Das deutsche Schulwesen „muss sich interkulturell qualifizieren und den Lebenswelten der Schüler öffnen. Die Schule muss zu einem offenen Lernort im Gemeinwesen werden, der den gesellschaftlichen Wandel aufnimmt und Lebenskompetenzen vermittelt“.[192] Denn gegenwärtig spiegeln Form und Lerninhalte der Grundschule nicht die gesellschaftliche Realität wider. Diese Situation verhindert den Schulerfolg von Kindern mit Migrationshintergrund noch zusätzlich, da sowohl die etablierten schulischen Rahmenbedingungen als auch die Unterrichtsinhalte und -methoden dazu führen, dass Schüler die Minderheiten angehören sich nicht nur ausgegrenzt und benachteiligt fühlen, sondern faktisch Bildungsdiskriminierung erfahren. Um schulische Benachteiligung „ausländischstämmiger“ Schüler zu vermeiden, muss „Heterogenität als Option des Bildungssystems“[193] anerkannt werden.

---

[189] Neumann (2004), S. 105.

[190] Weber (2005), S. 71.

[191] Merkens (2004a), S. 14.

[192] Handschuck/Schröer (2006), S. 192.

[193] Merkens (2004a), S. 14.

7.6 Fazit: Internationale Grundschul-Lese-Untersuchung (IGLU)

Die Internationale Grundschul-Lese-Untersuchung (IGLU) hat aufgrund ihrer methodischen Untersuchungsform dazu beigetragen, bestehende Informationsdesiderate über Schüler mit Zuwanderungsgeschichte im deutschen Schulwesen zu reduzieren. Der Facettenreichtum des Informationszusatzes „Migrationsgeschichte" wurde in der IGLU-Studie mithilfe detaillierter Erfassung von Fragen zu den Bereichen Sprachgewohnheiten und Migrationserfahrungen der Schüler, sowie dem Geburtsland ihrer Eltern Rechnung getragen. Die gewonnenen Angaben sind wichtige Determinanten, die dazu dienen, Ursachen des Bildungs(miss)erfolgs allochthoner Schüler im deutschen Bildungswesen zu erklären.

Die zentrale Erkenntnis der IGLU-Studie ist: Obwohl die meisten allochthonen Grundschüler in Deutschland geboren sind bzw. hier aufwachsen, und somit ihre gesamte Schullaufbahn in hiesigen Bildungseinrichtungen verbringen, liegen ihre Lesekompetenzwerte durchschnittlich um ca. ein Drittel unter den Werten autochthoner Kinder.

Daneben haben die IGLU-Verantwortlichen die Korrelation zwischen Sprachbeherrschung und Schulerfolg aufgezeigt und damit die Bildungsexekutive zu intensiver Förderung der deutschen Sprachkompetenz allochthoner Schüler bereits vor ihrer Einschulung ermahnt sowie die stärkere Nutzung muttersprachlicher Ressourcen gefordert. Je besser Schüler mit Zuwanderungsgeschichte ihre Muttersprache beherrschen, desto leichter fällt ihnen das Erlernen der deutschen Sprache, deren Beherrschung unabdingbar für den Bildungserfolg ist. Diese Maßnahmen verlangen allerdings eine Anpassungsleistung des institutionellen Rahmens des deutschen Schulwesens an die gesellschaftliche Realität in Form der Anerkennung sprachlicher und kultureller Heterogenität. Wünschenswert wäre diesbezüglich, die mitgebrachten Sprachen wie z. B. Türkisch, Arabisch oder Russisch als Schulfremdsprachen anzuerkennen.[194]

Schließlich kritisieren IGLU-Administratoren den systeminhärenten Gedanken der Selektion, der im deutschen Schulwesen ganz besonders ausgeprägt ist. Die Bildungsexperten sprechen sich gegen Klassenwiederholungen, Zurückstellungen von der Einschulung, der in Deutschland zu früh stattfindenden Selektion der Schüler in unterschiedliche Schulformen, die nachweislich auf höchst subjektiver Grundlage erstellten Übergangsempfehlungen, den Einfluss des sozioökonomischen Status sowie der kulturellen Herkunft der Schüler auf die Notengebung sowie gegen die mangelnde Durchlässigkeit in gehobene Schulformen des deutschen Schulwesens aus.

194 Vgl. Diefenbach (2008), S. 238.

8 Das Programme for International Student Assessment (PISA): Konzeption, Inhalt, Ziel

„Die BRD hat sich in den letzten vierzig Jahren faktisch zu einem Einwanderungsland entwickelt. Damit sind Herausforderungen für das Bildungssystem verbunden, die bis heute nicht in zufriedenstellendem Maße bewältigt worden sind.“[195]

Das „Programme for International Student Assessment“[196] (PISA) ist ein Teil des Projekts INES (Indicators of Education Systems), dessen übergreifendes Ziel die Verbesserung der politischen Steuerung der Bildungssysteme ist.[197] Es wurde von der Organisation für wirtschaftliche Zusammenarbeit und Entwicklung (OECD) im Jahr 2000 initiiert,[198] um im Sinne eines Benchmarking im Bildungsbereich „die Mitgliedsstaaten über Stärken und Schwächen ihrer Bildungssysteme zu informieren“[199]. Zu diesem Zweck wurden in jedem Mitgliedsstaat der OECD 4.500 bis 10.000 15-jährige Schüler in den Bereichen „Lesekompetenz, mathematische Grundbildung, naturwissenschaftliche Grundbildung und fächerübergreifende Bildung“[200] getestet. Dabei wurde im Initiationsjahr 2000 der Schwerpunkt der Untersuchung auf die Lesekompetenz der Schüler gelegt. Der Schwerpunkt des Tests sollte sich in den nachfolgenden Untersuchungen, die ab dem Jahr 2000 im Dreijahreszyklus stattfanden, verändern. So lag im Jahr 2003 der Schwerpunkt des Tests auf dem Bereich mathematische Grundbildung und im Jahr 2006 auf dem Bereich naturwissenschaftliche Grundbildung. Die Prüfungsbögen der PISA-Tests bestehen sowohl aus Multiple-Choice als auch aus offenen Fragen, die sich von herkömmlichen Verfahren der Schul- und Buchwissensabfragen aufgrund ihrer realitätsnahen Problemlösungskonzeption unterscheiden. Um eine intensive Überprüfung des jeweiligen Hauptbereichs zu gewährleisten, „kommt ihm zwei Drittel der Testzeit“[201]

---

195 Stanat (2003), S. 243.

196 Baumert/Artelt (2003), S. 12.

197 Fuchs (2002), S. 231.

198 Baumert/Artelt (2003), S. 12.

199 Carstensen/Drechsel/Prenzel (2005), S. 14.

200 Baumert/Artelt (2003), S. 12.

201 Ebd., S. 14.

zu. Ein Drittel der gesamten Testzeit von insgesamt dreieinhalb Stunden kommt den jeweiligen Teilbereichen zu. Ferner wenden die Schüler weitere 45 Minuten für zwei weitere Fragebögen auf, „die sich auf ihre Herkunft und Wohnumgebung, ihre Lerngewohnheit und Motivation sowie auf ihre Vertrautheit mit Computern und ihre Vorstellungen über die eigene Bildungskarriere beziehen“[202]. Ebenso werden auch die Schulleiter gebeten, einen Fragebogen zu „Merkmalen ihrer Schule (z. B. Ressourcen, Qualifikation der Lehrkräfte, Schulklima) auszufüllen“[203].

Die Zielsetzung von PISA ist nicht die Schaffung von bildungssportlichem Wettbewerb zwischen den Teilnehmerstaaten. Vielmehr besteht die Intention dieses Programms darin, allen teilnehmenden Ländern mithilfe des internationalen Vergleichs die Möglichkeit zu geben, Schwächen ihrer nationalen Bildungssysteme zu erkennen und diese in Anlehnung an die Stärken der anderen Staaten zu beseitigen.

8.1 Die Vorstellung der Testergebnisse von PISA 2000 unter besonderer Berücksichtigung der Testergebnisse von Schülern mit Migrationshintergrund

Schwerpunkt des PISA-Tests 2000 war die Ermittlung der Lesekompetenz der Schüler. Dabei wurden in den 32 Teilnehmerstaaten (28 Mitgliedsstaaten der OECD und vier Kooperationsstaaten) insgesamt 180.000 15-jährige Schüler getestet. In der PISA-Studie werden „fünf Stufen der Lesekompetenz“[204] unterschieden. Ausschlaggebend für die Kategorisierung des Schwierigkeitsgrads der Texte sind verschiedene Indikatoren wie die Bekanntheit des Textthemas oder die Textstruktur. In Deutschland nahmen ca. 5.000 Schüler aus insgesamt 219 Schulen an PISA 2000 teil. Um die PISA-Studie für einen Vergleich der Schulleistungen innerhalb der Bundesländer nutzen zu können, wurde die für den internationalen Vergleich erforderliche Stichprobe erheblich ausgeweitet. An dieser nationalen Schülervergleichsstudie, der „sogenannten PISA-Erweiterungsprobe (PISA-E), nahmen 45.899 Schüler aus 1.466 Schulen“[205] teil. Ergänzend zu dem Testbogen sowie dem internationalen Schüler- und Schulleiterfragebogen „wurden in Deutschland ein zweiter Schüler- und Schulleiterfragebogen sowie ein Elternfragebogen eingesetzt, die die internationalen Fragen in einzelnen Aspekten ergänzten und eine genauere Differenzierung des Schülerhintergrundes ermöglichten“[206].

---

[202] Carstensen/Drechsel/Prenzel (2005), S. 14.

[203] Ebd., S. 14.

[204] Smolka (2002), S. 4.

[205] Carstensen/Drechsel/Prenzel (2005), S. 14.

[206] Ebd., S. 14.

Das besondere Augenmerk liegt bei dieser Untersuchung der PISA-Befunde aus dem Jahr 2000 auf den Testergebnissen der Lesekompetenz der 15-jährigen Jugendlichen mit Migrationshintergrund. Zunächst wird dargestellt, was die OECD unter einem Jugendlichen mit Migrationshintergrund versteht. Des Weiteren gilt es zu umreißen, ob und wenn ja in welcher Hinsicht und aus welchen Gründen Schüler mit Migrationshintergrund schlechtere Resultate und somit geringere Lesekompetenzen aufweisen als Jugendliche ohne Migrationshintergrund.

8.1.1 Neue Wege der Erfassung des Migrationshintergrunds

Die nicht-deutsche Herkunft von Jugendlichen wird beim PISA-Test anhand des Geburtsorts der Eltern bestimmt. Dabei wird differenziert zwischen Familien, in denen „(1) beide Eltern in Deutschland geboren sind, (2) ein Elternteil im Ausland geboren ist und (3) beide Eltern im Ausland geboren sind“[207]. Die Heranziehung des Geburtsortes der Eltern für die Bestimmung der Herkunft von Jugendlichen ist exakter als die Herkunftsbestimmung von Jugendlichen anhand ihres eigenen Geburtsortes oder ihrer Staatsangehörigkeit. Aufgrund der Geburtsortsbestimmung der Eltern lassen sich auch für Jugendliche, die in der BRD geboren sind, Migrationsgeschichten ableiten.

Vor den PISA-Tests wurde bei anderen Leistungsstandsmessungen vielfach der Migrationshintergrund anhand der Staatsbürgerschaft der Familien erfasst.[208] Diese Vorgehensweise hatte zur Folge, dass Schüler, die de facto aus Migrantenfamilien stammten, aufgrund ihrer deutschen Staatsbürgerschaft nicht als solche kategorisiert wurden. Um eine solche Verzerrung zu vermeiden und ein differenzierteres Bild der Bildungs- und Migrationswirklichkeit der BRD zu erhalten, bestimmt PISA den Migrationshintergrund von Jugendlichen anhand des Geburtsortes der Eltern.

Außerdem werden in dieser Analyse der PISA-Ergebnisse nur Migrantenjugendliche einbezogen, „deren Eltern in einem der Herkunftsländer der größten Zuwanderergruppen Deutschlands (wie z. B. in der ehemaligen Sowjetunion, Polen oder Türkei) geboren sind“[209]. Des Weiteren sind Kinder mit Migrationshintergrund, die in den neuen Bundesländern beschult werden, nicht Gegenstand von PISA-E, weil „die kulturelle Heterogenität in den neuen Ländern quantitativ wenig bedeutsam ist“[210]. Hier offenbart sich die Tatsache, dass nur die alten Bundesländer Teil des Einwanderungslandes BRD sind.

[207] Stanat (2006), S. 202.

[208] Ebd., S. 189.

[209] Stanat (2003), S. 249.

[210] Ebd., S. 248.

Wichtig ist anzumerken, dass in Berlin und Hamburg „die vorab festgelegten Beteiligungsraten der (...) Schüler nicht erreicht werden konnten, was dazu führte, dass diese Länder aus der PISA-E-Stichprobe ausgeschlossen wurden“[211].

8.1.2 Jugendliche mit Migrationshintergrund – die Bildungsverlierer

Die Ergebnisse des PISA-Tests des Jahres 2000 belegen eindeutig, dass Jugendliche mit Migrationshintergrund in der BRD mannigfaltigen Bildungsbenachteiligungen ausgesetzt sind. Die schulischen Diskriminierungen sind auf den Ebenen der Bildungsbeteiligung sowie der Bildungskompetenz angesiedelt. Während im Zeitraum „zwischen 1991 und 2000 von den deutschen Schülern 38,7 Prozent ein Gymnasium besuchten, lag der entsprechende Anteil der Gruppe der „ausländischen“ Schüler bei nur 18,7 Prozent“[212]. Somit besuchten ca. vier von zehn Kindern deutscher Herkunft ein Gymnasium, während nur ca. zwei von zehn Kindern mit Migrationshintergrund in gynasialen Bildungseinrichtungen beschult wurden. Ein Gegensatz bildet dagegen die Zusammensetzung der Hauptschulen, welche im selben Zeitraum 40,8 Prozent der allochthonen, aber nur 16,3 Prozent der deutschstämmigen Kinder besuchten. Die Statistik belegt, dass mehr als doppelt so viele Schüler mit Migrationshintergrund eine Hauptschule besuchten wie deutschstämmige Schüler, obwohl die meisten allochthonen Kinder ihren gesamten Bildungsweg in Deutschland durchlaufen hatten. Empirisch nachgewiesen ist, dass deutschstämmige Kinder doppelt so häufig wie Migrantenkinder die Schulform mit dem höchsten aber nur halb so häufig diejenige Schulform mit dem niedrigsten Bildungsstatus besuchen.

Aber nicht nur im Hinblick auf den Schulbesuch, sondern auch in Bezug auf die Bildungskompetenz sind Diskrepanzen zwischen Schülern nicht-deutscher Herkunft und deutschstämmigen Kindern feststellbar. Denn „Jugendliche aus zugewanderten Familien erzielen, auch wenn sie in Deutschland geboren sind und ihre gesamte Schullaufbahn in Deutschland absolviert haben, deutlich geringere Bildungserfolge, als Schüler ohne Migrationshintergrund“[213]. Nur etwa „10% der Jugendlichen mit Migrationshintergrund „schaffen“ das Abitur, jeder 5. Heranwachsende verlässt die Schule (gemeint ist vor allem die Hauptschule) ohne qualifizierten Schulabschluss und ca. 60% der Heranwachsenden mit türkischem oder russischem kulturellen Hintergrund verlieren mindestens ein Jahr durch späte Einschulung, Sitzenbleiben bzw. als Quereinsteiger vor allem im Sekundärbereich“.[214] Dieses

[211] Stanat (2006), S. 198.

[212] Ebd., S. 189.

[213] Stanat (2003), S. 243.

[214] Vgl. Pommerin-Götze (2005), S. 146.

Muster der Bildungsbeteiligung „entspricht den Verhältnissen, die in Deutschland etwa 1970 anzutreffen waren“[215]. Seit diesem Zeitpunkt hat sich die Bildungsbeteiligung deutschstämmiger Schüler verbessert, was man u. a. mit den gestiegenen Zahlen von Gymnasiasten und der stetig abnehmenden Anzahl autochthoner Haupt- und Förderschüler belegen kann, wohingegen sich die Bildungsbeteiligung von Kindern mit Migrationshintergrund aufgrund der unterdurchschnittlichen Anzahl von Gymnasiasten und der überproportionalen Anzahl von Haupt- und Förderschülern in gleichem Maße aber zu ihren Ungunsten verändert hat. Dies zeigt die Unterschichtung allochthoner Kinder im deutschen Schulwesen auf, die es Kindern deutscher Abstammung ermöglicht hat, in der Bildungspyramide aufzusteigen.

Die Ergebnisse des PISA-Tests 2000 belegen die Bildungsbenachteiligung von Kindern, die eine Migrationsgeschichte aufweisen, weil Leistungsergebnisse von Schülern aus zugewanderten Familien nicht nur hinter denen der Jugendlichen ohne Migrationshintergrund zurückbleiben“[216], sondern vielmehr aufgrund der Tatsache, dass die Disparitäten zwischen Schülern der autochthonen Bevölkerung und Schülern mit Migrationshintergrund in der BRD „größer sind als in den meisten anderen PISA-Teilnehmerstaaten“[217]. Anderen Staaten gelingt die Förderung von Schülern mit Migrationshintergrund besser als Deutschland.

PISA 2000 hat erstmals die Diskriminierung von Kindern nicht-deutscher Herkunft empirisch verifiziert, indem die Studie aufzeigt, dass sich die Differenz zwischen der Lesekompetenz von Kindern mit Migrationshintergrund und deutschstämmigen Kindern derselben Jahrgangsstufe „zwischen 65 (…) und 96 Punkten beläuft“[218]. Insofern, als 30 Punkte eine Differenz der Lesefähigkeit von ca. einem halben Schuljahr ausdrücken, belegen die Ergebnisse, dass die Varianz der Lesekompetenz zwischen Migrantenschülern und deutschstämmigen Schülern mindestens ein ganzes Schuljahr beträgt und sich bis zu anderthalb Schuljahren ausweiten kann. Innerhalb der Gruppe „extrem schwacher Leser, (die für Deutschland insgesamt mit 20% angegeben wird) machen Jugendliche aus zugewanderten Familien (…) fast 50% aus“[219]. Hingegen gehören „nur etwa 2% der Jugendlichen, deren beide Eltern nach Deutschland zugewandert sind, zu den exzellenten Lesern“[220].

PISA 2000 hat belegt, dass die Bildungsdiskriminierung von Kindern nicht-deutscher Abstammung so weit reicht, dass Kinder derselben Klasse nur aufgrund

[215] Stanat (2006), S. 190.

[216] Stanat (2003), S. 259.

[217] Ebd., S. 259.

[218] Ebd., S. 249.

[219] Pommerin-Götze (2005), S. 146.

[220] Bund-Länder-Kommission für Bildungsplanung und Forschungsförderung (2003), S. 12.

ihrer Herkunft gravierende Unterschiede in ihrer Lesekompetenz aufweisen, obwohl die meisten Migrantenkinder und deutschstämmigen Kinder ihr gesamtes Schulleben zusammen verbringen. Dabei lässt sich „ein nicht unbedeutender Teil der Ungleichheit (…) nicht den Eigenschaften der Kinder und ihren migrationsbedingten Startnachteilen zurechnen, sondern wird in der Organisation Schule selbst erzeugt“[221]. Trotzdem „wird nicht nur in Politikerreden der Eindruck erweckt, die Anzahl der ausländischen Kinder in unserem Schulsystem sei schuld am schlechten Abschneiden im internationalen Vergleich der Lesekompetenzen. Diese Annahme unterliegt einem folgenschweren Irrtum und projiziert Schuld und Verantwortung auf die Randgruppe selbst, nämlich auf die Jugendlichen aus Migrantenfamilien und ihre Eltern“. [222] Dadurch werden die Opfer der Bildungsdiskriminierung zu Tätern gemacht.

8.1.3 Von der Selektion zur Segregation – schulische Auslese als Grund für die Bildungssegregation allochthoner Kinder

In der BRD werden die Weichen für die zukünftigen Bildungs- und Lebenswege von Schülern sehr früh gestellt. Der Übergang von der Primar- zur Sekundarstufe I ist insofern „die wichtigste Bildungsentscheidung im gesamten Lebenslauf, weil sie die weitere Schullaufbahn eines Kindes entscheidend prägt“[223]. In den meisten Bundesländern erfolgt die für die weitere Lebensplanung der bundesrepublikanischen Schüler äußerst wichtige Selektion schon nach vier Schuljahren. Grundschullehrer stellen jedem Schüler nach Klasse vier bzw. sechs eine Übergangsempfehlung aus, die die zehnjährigen Schüler den verschiedenen Schulformen zuführt. Zwar ist die Beurteilung „mit Ausnahme von Bayern, Baden-Württemberg, Sachsen und Thüringen“[224] nicht bindend, sodass den Eltern die Entscheidungsfreiheit obliegt, der Beurteilung zu folgen oder nicht. Trotzdem befolgen „95% der Eltern“[225] den Rat der Grundschullehrer. Deshalb stellt die Übergangsempfehlung einen äußerst wichtigen institutionellen Selektionsmechanismus der Bildungspolitik dar und kommt „einer Vorentscheidung über den zu erzielenden Schulabschluss gleich“[226].

Die Ergebnisse von PISA 2000 zeigen, dass „der Übergang in die Sekundarstufe I eine zentrale Hürde für Schüler mit Migrationshintergrund (…) darstellt“[227].

[221] Hormel (2007), S. 113.
[222] Vgl. Pommerin-Götze (2005), S. 149.
[223] Diefenbach (2007), S. 50.
[224] Ebd., S. 51.
[225] Ebd., S. 51
[226] Ebd., S. 51.
[227] Stanat (2006), S. 192f.

Ursachen hierfür liegen darin, dass das selektive deutsche Schulsystem die Homogenisierung von Schülern der gleichen Schulform befördert, indem es Abweichungen von der Norm systematisch benachteiligt und auf eine maßgeschneiderte Kompetenzförderung [der deutschstämmigen Schüler, Anm. d. Verf.] ausgerichtet ist.[228] Zwar gibt das bundesrepublikanische Bildungssystem vor, die Selektion von Schülern allein aufgrund ihrer schulischen Leistung zu betreiben, jedoch hat PISA 2000 bewiesen, dass „Schulleistungen besonders in Deutschland mit der Sozialschichtzugehörigkeit kovariieren"[229]. Demnach gibt es besonders im deutschen Bildungssystem eine signifikante Konnexität zwischen der sozialen Herkunft und dem Kompetenzerwerb, weil deutsche Lehrkräfte sich bei der Zensurenvergabe „primär am sozialen Referenzrahmen der jeweiligen Schüler orientieren"[230]. Die Kovariation zwischen der sozialen Zusammensetzung der Schülerschaft einer Schule und deren mittlerem Leistungsniveau ist ein eindeutiger Beleg dafür, dass die Selektion vornehmlich darauf ausgerichtet ist, die soziale Stratifizierung beizubehalten.[231] Aus diesem Grund bewirkt die frühzeitige Verteilung der Schüler auf verschiedene Bildungsgänge sowohl die schulische als auch die soziale Segregation. Schülern aus einkommensschwachen Familien und bildungsfernen Schichten werden trotz vergleichbarer Schulnoten schlechtere Übergangsempfehlungen ausgestellt als Schülern aus einkommensstarken und bildungsnahen Familien. Zudem führt die Tatsache, dass Schüler nicht-deutschen Ursprungs „mehrheitlich in einkommensschwachen Haushalten leben"[232] dazu, dass jene diese Ungerechtigkeit des deutschen Bildungssystems in starkem Ausmaß trifft.

Die Folge der frühzeitigen Selektion ist die systematische Diskriminierung jener Schüler. Die frühzeitige schulische Selektion determiniert die Kompetenzentwicklung, weil – wie PISA 2000 eindeutig nachweist – die Schulform maßgeblichen Einfluss auf die Lesekompetenz der Schüler hat. Da rund 56 Prozent der Gesamtvarianz auf Unterschiede zwischen Schulen verschiedener Schulformen entfallen, werden die Schüler mit Migrationshintergrund doppelt benachteiligt. Zum einen werden ihnen faire Übergangsempfehlungen verwehrt und zum anderen können sie ihr Potenzial nicht richtig ausschöpfen, da die mehrheitlich von ihnen besuchten schulischen Institutionen (Hauptschule und Förderschule) ihren Schülern nicht die gleichen Kompetenzen vermitteln wie Schulen, die mehrheitlich von autochthonen Schülern (Realschule, Gesamtschule, Gymnasium) besucht werden.[233]

---

228 Pommerin-Götze (2005), S. 147.

229 Stanat (2003), S. 267.

230 Stanat (2006), S. 194.

231 Stanat (2003), S. 273.

232 Statistisches Bundesamt (2002), S. 105/591.

233 Ramm/Walter (2005), S. 270.

Begründet wird die Zuteilung der Kinder zu unterschiedlichen Schulformen vor allem mit zwei Argumenten: Zum einen soll eine Leistungsnivellierung verhindert werden, durch welche vermeintlich gute Schüler unterfordert würden, weil die mutmaßlich leistungsschwächeren Schüler diese am intensiven Lernen hinderten. Zum anderen soll auf diese Weise die Überforderung der leistungsschwachen Schüler verhindert werden, um eine negative Auswirkung auf das Selbstkonzept zu vermeiden. Diese selektionskohärente Argumentationsweise ist nicht nachvollziehbar, was PISA damit erklärt, dass Staaten die auf die Selektion verzichten, sich durch viel größere Kompetenzunterschiede innerhalb der Schulklassen auszeichnen und „dennoch gute Ergebnisse [erzielen, Anm. d. Verf.]“[234]. Die BRD ist hingegen aufgrund der schulischen Selektion „bereits das Land mit den homogensten Klassen“[235]. Dennoch liegen die Bildungsergebnisse unter dem OECD-Durchschnitt. Daraus lässt sich die Schlussfolgerung ziehen, dass die Selektion offensichtlich nicht zu guten schulischen Ergebnissen führt.

8.1.4 Monolingualer Habitus – Bildungsbenachteiligung von Schülern mit Migrationshintergrund aufgrund mangelnden sprachlichen Heterogenitätsdenkens

Die Ergebnisse von PISA 2000 veranschaulichen, dass der Zusammenhang zwischen Beherrschung der Schul- bzw. Verkehrssprache und Lesekompetenz bzw. Bildungserfolg von Schülern in Deutschland besonders ausgeprägt ist. Deshalb besteht eine zentrale Hürde für Schüler mit Migrationshintergrund beim Übergang in die Sekundarstufe I im Niveau ihrer deutschen Sprachbeherrschung.[236] Dies liegt erstens an der mangelnden Förderung des Zweispracherwerbs von Migrantenschülern durch die Grundschule und zweitens an der Einstellung der Lehrerschaft in der BRD zu Sprache und Sprachbeherrschung. Dieser „monolinguale Habitus (...) ignoriert die Realität der Mehrsprachigkeit in deutschen Schulen und führt dazu, dass die besondere sprachliche Situation von Schülern mit Migrationshintergrund unberücksichtigt bleibt“[237].

PISA 2000 verdeutlicht, dass die schulische Diskriminierung von Kindern mit Migrationshintergrund auf institutionelle Faktoren zurückzuführen ist.[238] Denn obwohl die meisten Schüler mit Migrationshintergrund ihre gesamte Schulzeit in Deutschland verbringen, gelingt es der deutschen Schule nicht, diese mit der speziel-

---

234 Pommerin-Götze (2005), S. 154.

235 Ebd., S. 154.

236 Stanat (2006), S. 192.

237 Ebd., S. 193.

238 Ebd., S. 193.

len Spielart von Sprache, die nur die Schule selbst an die Schülerschaft vermitteln kann, hinreichend vertraut zu machen. Internationale Untersuchungsergebnisse belegen, dass Kinder mit Migrationshintergrund durchaus Bildungserfolge erzielen können und die Herkunft keineswegs den Bildungserfolg determiniert. Derartige Studien verweisen darauf, dass ein auf Heterogenität ausgerichtetes Schulsystem die strenge Kovarianz zwischen Bildungserfolg und Herkunft aufheben kann.[239]

8.1.5 Sonstige Befunde von PISA 2000

Die Gründe, die PISA 2000 für den Bildungsmisserfolg von Kindern mit Migrationshintergrund angibt, sind vielfältig. Zentrale Befunde werden neben den bereits erläuterten Ursachen im Folgenden skizziert: Zum einen „erweist sich der Vorschulbesuch und damit zusammenhängend, das Einreisealter als entscheidender Bestimmungsfaktor für die Schulkarriere von Kindern mit Migrationshintergrund"[240]. Zudem sind Aufenthaltsstatus, Aufenthaltsdauer und die Bleibeabsicht der Familie für den Bildungserfolg von Kindern mit Migrationshintergrund von großer Bedeutung. Dabei stellt Letztere einen nicht zu vernachlässigenden bildungsentscheidenden Faktor dar. Jedoch ist die Bleibeabsicht maßgeblich von dem Aufenthaltsstaus der jeweiligen Familie abhängig. So ist es möglich, dass eine Familie beabsichtigt, in Deutschland zu bleiben, hieran jedoch aufgrund der Verwehrung eines sicheren Aufenthaltsstatus gehindert wird.

Zu beachten ist andererseits, dass Kinder mit einem sicheren Aufenthaltsstatus nicht automatisch Bildungserfolge erzielen. Bildungsbeeinflussend wirkt sich hier vielmehr der Integrationsgrad von Migranten in die deutsche Gesellschaft aus. Eine allgemeine Übereinstimmung in den Befunden der PISA-Kommission scheint vor allem darin zu bestehen, dass „die Orientierung zugewanderter Familien an der Aufnahmegesellschaft mit verbesserten Bildungschancen einhergeht"[241]. Dieser Willen zur Integration findet seinen Ausdruck sowohl in der Familiensprache als auch der Benutzung von „kulturellen Gütern der Mehrheitsgesellschaft"[242]. Zwar soll die Beherrschung der Muttersprache nicht aufgegeben werden, weil die Herkunftssprache eine wichtige Vorbedingung für die Erlernung weiterer sprachlicher Kompetenzen ist und von ihr eine wichtige sozialisierende und identitätssichernde Wirkung ausgeht. Jedoch sollten allochthone Eltern neben der Beherrschung der Muttersprache über ausreichende Kenntnisse in der Sprache der Mehrheitsgesellschaft verfügen,

[239] Stanat (2006), S. 193.
[240] Ebd., S. 194.
[241] Ebd., S. 192.
[242] Ebd., S. 192/193.

um ihren Kindern schulbegleitend Hilfestellung leisten zu können. Eltern haben mithin eine wichtige Vorbildfunktion für ihre Kinder inne. Außerdem sollten die kulturellen Güter der Ursprungsländer „in Maßen" konsumiert werden, um eine einseitige Ausrichtung auf die Herkunftsgesellschaft bewusst zu vermeiden.

Überdies hat die PISA-Studie 2000 ermittelt, dass allochthone Schüler, welche zu Hause nicht die Sprache der Mehrheitsgesellschaft sprechen, dazu neigen, engagierter zu lernen, ein ausgeprägteres Selbstbewusstsein entwickeln und höhere Bildungsaspirationen aufweisen als autochthone Kinder.[243] Demnach sind Schüler mit Migrationshintergrund zwar motivierter als deutschstämmige Schüler, doch letztlich können allochthone Schüler ihre Bildungsaspirationen seltener erreichen als autochthone Schüler. Eine Teilursache dieses Umstands ist die institutionelle schulische Diskriminierung, die verhindert, dass dieses Potenzial, welches bei entsprechender Förderung zu Bildungserfolgen führen könnte, in ausreichendem Maße ausgeschöpft wird.

Ein weiteres Ergebnis der Studie ist der „Zusammenhang zwischen der Lesekompetenz von Schülern (…) im Alter von 15 Jahren und der Wahrscheinlichkeit, dass ein Schüler die Sekundarstufe II abschließt und im Alter von 19 Jahren ein Studium aufnimmt"[244]. Dieser Befund verdeutlicht die Bedeutsamkeit frühzeitiger sprachlicher Förderung für die Bildungsbiographie allochthoner Schüler und lässt Vermutungen für die geringe Anzahl von Studierenden mit Migrationshintergrund an deutschen Universitäten zu. Die Studie gelangt zu der Schlussfolgerung, dass es bislang in der Bildungsbiographie vieler allochthoner Schüler zu einer Akkumulation bildungsbenachteiligender Faktoren kommt, die sich schließlich zu einer Summe schulischer Bildungsdiskriminierungen addiert, welche Bildungserfolg für Schüler mit Migrationshintergrund unwahrscheinlicher macht als für autochthone Schüler.

8.1.6 Fazit: PISA 2000

Die PISA-Studie 2000 hat aufgrund ihrer methodischen Vorgehensweise dazu beigetragen, ein differenzierteres Bild der Bildungs- und Migrationswirklichkeit in der BRD wiederzugeben. Der Migrationshintergrund wurde im Gegensatz zu früheren Studien nicht anhand der Staatsangehörigkeit der Schüler, sondern mithilfe des Geburtsortes der Eltern ermittelt, was zu einer detaillierteren Informationslage über allochthone Schüler im deutschen Schulwesen führte.

PISA 2000 hat ermittelt, dass die Disparitäten zwischen Schülern mit Migrationshintergrund und autochthonen Schülern in der BRD größer sind als in den meisten anderen PISA-Teilnehmerstaaten. Obwohl die überwiegende Anzahl von

243 Stanat (2006), S. 211.

244 OECD (2007), S. 19.

Schülern mit Zuwanderungsgeschichte ihre gesamte Schullaufbahn in Deutschland verbringt, ist sie laut PISA von einer doppelten schulischen Diskriminierung betroffen: Allochthone Schüler sind sowohl auf der Ebene der Bildungsbeteiligung, aufgrund ihrer überdurchschnittlichen Beschulung an Förder- und Hauptschulen, als auch der Ebene der Bildungskompetenz, aufgrund des unterdurchschnittlichen Erwerbs der Allgemeinen Hochschulreife, gegenüber Schülern ohne Migrationshintergrund benachteiligt.

Ein Grund für die schulische Diskriminierung liegt laut PISA in der signifikant ausgeprägten Konnexität zwischen Sozialschichtzugehörigkeit und Bildungserfolg in Deutschland. Migrantenkinder, deren Familien überdurchschnittlich oft in prekären Soziallagen leben, werden aufgrund ihres unterprivilegierten Sozialstatus institutionell benachteiligt, indem sie sogar bei gleichen Leistungen schlechtere Übergangsempfehlungen, d. h. überdurchschnittlich häufig Förder- oder Hauptschulempfehlungen für weiterführende Schulen als sozioökonomisch besser gestellte Schüler erhalten.

Damit korrespondiert die von PISA getroffene Feststellung, dass die Schulform maßgeblichen Einfluss auf die Entfaltung des Schülerpotenzials hat. Migrantenkinder werden somit zweifach benachteiligt: Zum einen erhalten sie aufgrund ihres sozioökonomischen Status schlechtere Übergangsempfehlungen, die wiederum dafür verantwortlich sind, dass sie mehrheitlich in wenig angesehenen Schulformen beschult werden, die ihr Potenzial nicht ausreichend fördern. Zum anderen gelingt es dem deutschen Schulwesen nur in unzureichendem Maße, allochthonen Schülern ausreichende Sprachkenntnisse und sprachliche Fähigkeiten zu vermitteln. Dabei „scheinen die Mechanismen der Reproduktion von Ungleichheit wesentlich darauf zu beruhen, dass Schule implizit das schon voraussetzt, was sie eigentlich lehren soll“[245]. Diese Bilanz ist nicht zuletzt deshalb ernüchternd, da sowohl die Beherrschung der deutschen Sprache als auch die der jeweiligen Muttersprache den gleichen Stellenwert für den Bildungserfolg von Kindern mit Migrationshintergrund hat.

8.2 Die Vorstellung der Testergebnisse von PISA 2003 unter besonderer Berücksichtigung der Testergebnisse von Schülern mit Migrationshintergrund

Im Rahmen des internationalen PISA-Tests 2003 wurden ca. 5500 deutsche Schüler an 220 Schulen getestet[246]. Um einen Vergleich der Bundesländer innerhalb der

---

[245] Ditton (2008), S. 270.

[246] Diefenbach (2007), S. 32.

BRD zu ermöglichen, wurden in der nationalen Ergänzungsstichprobe (PISA-E) ca. 50.000 15-jährige Schüler an insgesamt 1.500 Schulen getestet.[247]

Die PISA-Studie 2003 weist Resultate bezüglich der mathematischen Kompetenz der bundesdeutschen Schüler auf. Aufgrund der im PISA-Test 2000 aufgefundenen Bildungsbenachteiligung allochthoner Kinder wurde in der nachfolgenden Untersuchung „besonderes Augenmerk auf die Situation und die Kompetenzprofile von Schülern nicht deutscher Herkunft gelegt“[248]. In der nationalen Erweiterung PISA-E fand ein Oversampling, d. h. eine Vergrößerung der Stichproben von Schülern ausländischen Ursprungs statt, um eine erhöhte Repräsentanz bzw. Aussagekraft der gefundenen Testergebnisse in Bezug auf die Bildungsdiskriminierung von Schülern nicht-deutscher Herkunft zu erzielen. Aufgrund der Stichprobenerweiterung konnten differenziertere Aussagen über einen möglichen Zusammenhang von Migrationshintergrund und Sprachgebrauch der Schüler getroffen werden, die eine noch genauere wissenschaftliche Auswertung ermöglichen und Grundlagen potenzieller Handlungsanleitungen sowie politischer Reformvorhaben schaffen.

8.2.1 Spezifische Befunde zum Migrationshintergrund der getesteten Schüler

Der PISA-Test 2003 ergänzte den Auswertungsbogen, den sog. Schülerbogen, um Fragen zum Migrationshintergrund. Auf diese Weise sollten detaillierte Erkenntnisse über die ethnische Herkunft sowie die familiäre Migrationserfahrung der getesteten Schüler gewonnen werden. Die gesammelten Befunde ermöglichen es, eine noch genauere Analyse über die Heterogenität der Schüler mit allochthoner familiärer Geschichte vorzunehmen. Je differenzierter die Faktenlage in Bezug auf den Migrationshintergrund und die Leistungskompetenz, desto exakter lassen sich Aussagen für die entsprechende ethnische Gruppe treffen, sodass Handlungsanleitungen und politische Reformmaßnahmen an die speziellen Bedürfnisse der jeweiligen Schüler angepasst werden können.

PISA 2003 konnte ermitteln, dass von der Gesamtzahl an Schülern mit Migrationshintergrund (1) zugewanderte Jugendliche mit Migrationserfahrung fast die Hälfte ausmachen und jeweils ein Viertel aus (2) Schülern mit einem in Deutschland geborenen Elternteil ohne eigene Migrationsgeschichte sowie (3) Schülern, die zwar selbst in Deutschland, deren Eltern aber im Ausland geboren wurden, bestehen.[249] Allerdings ist dem Oversampling zu entnehmen, dass es durchaus regionale Unterschiede in Bezug auf die o. g. Migrationsgeschichte der Schüler gibt. In den Stadt-

[247] Diefenbach (2007), S. 32.

[248] Carstensen/Drechsel/Prenzel (2005), S. 21.

[249] Ebd., S. 273.

staaten Bremen, Hamburg und Berlin sowie in den ehemals industriell geprägten Bundesländern Nordrhein-Westfalen und Baden-Württemberg stellen Jugendliche der ersten Generation (d. h. ohne eigene Migrationserfahrung) die zweitgrößte bzw. die größte Gruppe allochthoner Schüler dar. Die größte Anzahl der unter 15-jährigen Schüler mit Migrationsgeschichte bilden mit 23,7 Prozent Jugendliche, deren Eltern aus dem Gebiet der ehemaligen Sowjetunion nach Deutschland gekommen sind.[250] Darauf folgen jeweils anteilig die 15-jährigen Schüler mit Eltern aus der Türkei (19,1 Prozent), aus Polen (12 Prozent), dem ehemaligen Jugoslawien (6,3 Prozent) und Italien (5,1 Prozent)“[251]. Aus anderen Herkunftsländern stammen 26,2 Prozent der Jugendlichen.[252]

8.2.2 Die Kategorisierung der Schüler mit Migrationshintergrund aufgrund ihres Sprachgebrauchs

Bereits im vorangegangenen PISA-Test wurde ein eindeutiger Zusammenhang zwischen Sprachgebrauch und Kompetenzerwerb festgestellt. Um diesen Zusammenhang differenzierter zu erfassen, wurden die allochthonen Schüler im Rahmen der PISA-Studie des Jahres 2003 anhand ihres Sprachgebrauchs kategorisiert. Die Einteilung erfolgte „nach dem Grad, mit der die deutsche Sprache beherrscht und im Alltag sowie (…) in der Familie verwendet wird“[253]. Daraus erfolgte eine Dreiteilung der Schüler: Die erste Gruppe besteht aus „deutschsprachigen Jugendlichen mit Migrationshintergrund, die die deutsche Sprache im Alltag und in der Familie häufiger verwenden, als die Sprache ihres Herkunftslandes“[254]. Schüler, die die deutsche Sprache in ungefähr gleichem Umfang verwenden wie andere Sprachen, werden dem zweiten Grad an Sprachkompetenz zugerechnet und als mehrsprachige Jugendliche bezeichnet. Die dritte Kategorie vereint fremdsprachige Jugendliche, die im Alltag häufiger auf die Sprache des Herkunftslandes ihrer Familie als auf die deutsche Sprache zurückgreifen.[255] Anhand dieser Kategorisierung ist es nun erstmals möglich, verlässliche Aussagen über den Zusammenhang von Migrationsgeschichte und Sprachgebrauch zu treffen.

PISA 2003 konnte belegen, dass Schüler polnischer und italienischer Abstammung sowie Schüler, deren Eltern aus anderen Staaten stammen, die „mehrheitlich

[250] Carstensen/Drechsel/Prenzel (2005), S. 274.

[251] Ebd., S. 274.

[252] Ebd., S. 274.

[253] Ebd., S. 271/276.

[254] Ebd., S. 277.

[255] Ebd., S. 277.

zu den Zuwanderern gehören“[256] und dementsprechend nicht in Deutschland geboren sind, in jeweils „mehr als der Hälfte der Fälle im Alltag vorwiegend die deutsche Sprache verwenden“[257]. Diese Schüler werden somit in die Gruppe der deutschsprachigen Kinder kategorisiert. Schüler, deren Eltern ihren Ursprung in Ländern der ehemaligen Sowjetunion haben, gehören der gleichen Gruppe an, weil 46,5 Prozent, also fast die Hälfte der Kinder, angeben, in ihrer Freizeit und in der Familie Deutsch zu sprechen,[258] obwohl auch bei dieser Gruppe „mehr als die Hälfte der Schüler nicht in Deutschland geboren ist“[259]. Die meisten Jugendlichen mit Eltern aus dem ehemaligen Jugoslawien gehören dagegen den mehrsprachigen Schülern an, weil sie „die deutsche Sprache in etwa gleich häufig wie die Sprache des Herkunftslandes ihrer Eltern im Alltag und in ihrer Familie verwenden“[260]. Im Gegensatz zu den zugewanderten Schülern sind fast drei Viertel der Jugendlichen mit Eltern aus der Türkei in Deutschland geboren und aufgewachsen. Trotzdem sprechen „weniger als ein Drittel dieser Schüler im Alltag und in der Familie vorwiegend Deutsch und fast 20 Prozent geben sogar an, in der Freizeit und mit ihren Familienmitgliedern hauptsächlich Türkisch oder Kurdisch zu sprechen“[261]. Schüler mit Eltern aus der Türkei und dem ehemaligen Jugoslawien sind mehrheitlich in Deutschland geboren und aufgewachsen. Demnach besitzen Letztere im Gegensatz zu Schülern, deren Eltern aus Polen, der ehemaligen Sowjetunion und sonstigen Staaten stammen, mehrheitlich keine eigene Migrationserfahrung. Dennoch fallen sie aufgrund ihrer Sprachverwendung mehrheitlich unter die Kategorie der mehrsprachigen bzw. fremdsprachigen Schüler. Insgesamt spricht die Hälfte der Schüler mit Migrationshintergrund im Alltag und mit Familienmitgliedern vorwiegend Deutsch, während „etwas weniger als ein Drittel die deutsche Sprache in der Freizeit und bei Familiengesprächen zumindest genauso häufig verwendet wie eine andere Sprache“[262]. Die Studie hat ermittelt, dass zwei Drittel der Schüler mit Migrationsgeschichte zu der Kategorie der deutschsprachigen und mehrsprachigen Schüler gezählt werden müssen. Mit einem Drittel ist die Anzahl der fremdsprachigen Kinder jedoch nicht zu unterschätzen.

Die soeben erläuterte Kategorisierung macht die Heterogenität von Schülern mit Migrationshintergrund anhand des Grades, mit dem die Sprache des Einwanderungslandes beherrscht und im Alltag verwendet wird, deutlich.[263] Diese Divergenz

256 Carstensen/Drechsel/Prenzel (2005), S. 278.
257 Ebd., S. 278.
258 Ebd., S. 278.
259 Ebd., S. 278.
260 Ebd., S. 278.
261 Ebd., S. 279.
262 Ebd., S. 280.
263 Ebd., S. 276.

des Sprachgebrauchs erfordert differenziertere schulische Rahmenbedingungen, die nicht mit dem Homogenisierungsgedanken und dem Ideal des monolingualen Habitus kompatibel sind. Denn die Studie hat festgestellt, dass nicht nur der Sprachgebrauch der Jugendlichen, sondern auch das Schulsystem des Einwanderungslands in der Lage ist, die sprachliche Kompetenz allochthoner Schüler zu beeinflussen. Dies belegen die Ergebnisse von PISA 2003 dadurch, dass beispielsweise die Kinder türkischstämmiger Schweizer im Fach Mathematik um 31 Punkte besser abschneiden als türkischstämmige Deutsche.[264] Anderen Staaten gelingt die Integration allochthoner Kinder in ihr Bildungswesen besser als Deutschland. Die entscheidenden politischen Ursachen der Bildungsbenachteiligung von Kindern mit Migrationshintergrund in der BRD sind Homogenitäts- und Selektionsdenken, mangelnde sprachliche Förderungsangebote, der monolinguale Habitus der Schule sowie die Konnexität zwischen Bildungserfolg und sozialem Status.

8.2.3 Kompetenzunterschiede innerhalb der Gruppe allochthoner Schüler

Die Befunde von PISA 2003 zeigen unterdurchschnittliche mathematische Fähigkeiten von Schülern mit Migrationshintergrund auf. So beträgt der Unterschied zwischen autochthonen und allochthonen Schülern im Bereich der mathematischen Kompetenz in allen Bundesländern durchschnittlich 57 Punkte.[265] Damit umfasst die Differenz zwischen Migrantenkindern und deutschstämmigen Kindern im Fach Mathematik den Lehrplaninhalt beinahe zweier Schuljahre. Allerdings ist zu beachten, dass eine große Streuung der Kompetenzwerte innerhalb der Schülergruppe mit familiärer Einwanderungsgeschichte besteht, da die besten fünf Prozent der allochthonen Schüler einen Kompetenzwert erzielen, der von ca. zehn Prozent der deutschstämmigen Schüler erreicht wird.[266]

Eine weitere Feststellung von PISA 2003 ist die Kovarianz von Sprachgebrauch und Kompetenzerwerb. Dieser Zusammenhang verdeutlicht zusätzlich die Unterschiedlichkeit zwischen den Migrantenschülern. Verwenden nicht-deutschstämmige Jugendliche insbesondere im außerschulischen und familiären Alltag überwiegend eine andere Sprache als die deutsche, „beträgt der Kompetenzabstand zwischen diesen und jenen Schülern mit Migrationshintergrund, die in ihrem Alltag nicht die deutsche Sprache verwenden, durchschnittlich 69 Punkte“[267]. Folglich ist der

[264] OECD (2007), S. 210.

[265] Carstensen/Drechsel/Prenzel (2005), S. 131.

[266] Ebd., S. 131.

[267] Ramm/Walter (2005), S. 270.

Leistungsunterschied innerhalb der Gruppe der Jugendlichen ausländischer Herkunft, bedingt durch ihren Sprachgebrauch, größer als die Differenz zwischen Schülern mit und ohne Migrationshintergrund. Zwar liegen auf Beurteilungsgrundlage des PISA-Tests 2003 die durchschnittlichen Kompetenzen der mehrsprachigen und der fremdsprachigen Schüler in allen Bundesländern deutlich unter dem jeweiligen Landesdurchschnitt, aber diejenigen Schüler mit Migrationshintgrund, die im Alltag vorwiegend die deutsche Sprache verwenden, erreichen die höchsten durchschnittlichen Mathematikleistungen unter den Migranten.[268] Demnach gibt es einen kausalen Zusammenhang zwischen Sprachgebrauch und mathematischen Kompetenzerwerb. Dieses Teilergebnis von PISA 2003 kann als Handlungsgrund für Bildungspolitik, Schulen und Vorschuleinrichtungen verstanden werden, Fördermaßnahmen für Schüler mit Migrationshintergrund zu entwickeln, um die institutionellen Anreize des Erlernens der deutschen Sprache für Letztere zu erhöhen. Gleichzeitig sollten die bestehenden Wissensbestände der Schüler in Form der muttersprachlichen Ressourcen nicht vernachlässigt werden.

Neben den Sprachgewohnheiten wirken sozioökonomische und migrationshistorische Faktoren auf den Kompetenzerwerb der Migrantenschüler ein. Wie bereits der PISA-Test 2000, so belegt auch der PISA-Test 2003 die Verknüpfung von sozialer Herkunft und Kompetenzerwerb. Die Studie attestiert nicht nur, dass Schüler aus einkommensschwachen und bildungsfernen Familien im deutschen Schulsystem benachteiligt werden, sondern auch, dass „Deutschland Heranwachsenden aus den unteren Sozialschichten kaum Chancen zum sozialen Aufstieg bietet“[269]. Nach PISA 2003 muss sich „ein türkischstämmiges Kind, dessen Vater oder Mutter arbeitslos ist (…) oder mit geringen finanziellen Mittel auskommen muss (…), im Vergleich zu seinem deutschen Klassenkameraden, dessen Eltern der sozialen Mittelschicht angehören, um ein zehnfaches mehr anstrengen, um den Übergang ins Gymnasium zu schaffen“[270]. Aufgrund der Tatsache, dass Familien mit Migrationshintergrund „vielfach einen niedrigeren sozioökonomischen Status aufweisen als Familien ohne Migrationshintergrund, (…) ist ein Teil der Kompetenzunterschiede im mathematischen Bereich auf Differenzen im sozioökonomischen Status dieser beiden Gruppen zurückzuführen“[271].

Außerdem stellt die PISA-Studie 2003 fest, dass „ein höherer sozioökonomischer (…) Status mit einer häufigeren Verwendung der deutschen Sprache einhergeht“[272]. Dabei gibt die o.g. Kategorisierung des Sprachgebrauchs wichtige Hin-

[268] Ramm/Walter (2005), S. 283.
[269] Pommerin-Götze (2005), S. 147.
[270] Ebd., S. 147.
[271] Carstensen/Drechsel/Prenzel (2005), S. 270.
[272] Ebd., S. 288.

weise bezüglich des sozialen Status der Schüler mit Migrationsgeschichte und deren mathematischer Fähigkeiten. Es wird dargelegt, dass deutschsprachige allochthone Jugendliche über die meisten, fremdsprachige über die wenigsten sozioökonomischen und soziokulturellen Ressourcen verfügen.[273] Überdies sind die Mathematikfähigkeiten der deutschsprachigen Jugendlichen mit Migrationshintergrund höher als die entsprechenden Kompetenzen fremdsprachiger Jugendlicher. Zudem spielt der Sprachgebrauch eine schwerwiegendere Bedeutung für den Erwerb mathematischer Fähigkeiten als sozioökonomische oder soziokulturelle Faktoren, da „selbst bei gleichem sozialen, ökonomischen und kulturellen Status nur diejenigen Jugendlichen aus Migrantenfamilien hohe Kompetenzwerte im Fach Mathematik erreichen, die häufig deutsch sprechen“[274].

Ein weiterer bildungsbeeinflussender Faktor ist nach PISA 2003 die Migrationshistorie der Schüler, denn „Jugendliche, von denen ein Elternteil im Ausland geboren wurde, weisen ein höheres Kompetenzniveau als Jugendliche auf, deren Eltern beide aus dem Ausland stammen“[275]. Eine Erklärung hierfür ist, dass in Haushalten von Schülern, deren Elternteile beide aus dem Ausland stammen, weniger Deutsch gesprochen wird als bei Schülern, deren einer Elternteil in Deutschland geboren ist. Dieser Befund stellt ein weiteres Indiz für die Interdependenz von Sprachgebrauch und Kompetenzerwerb dar.

Eine weitere Erkenntnis von PISA 2003 bekräftigt die Kausalität korrekter Sprachkenntnisse für den Erwerb mathematischer Kompetenz zusätzlich: Das mathematische Kompetenzniveau der Jugendlichen, die in erster Generation nach ihren eingewanderten Eltern in Deutschland leben und selbst keine Migrationserfahrung besitzen, „liegt unter dem durchschnittlichen Niveau von Jugendlichen, die selbst im Ausland geboren und mit ihren Familien zugewandert sind“[276]. Dieses Ergebnis untermauert die Verbindung von deutschem Sprachgebrauch und der Lernfähigkeit im Fach Mathematik, weil diejenigen Jugendlichen der ersten Generation durchschnittlich weniger häufig des Deutschen mächtig sind und mehrheitlich in die Kategorien mehrsprachig und fremdsprachig eingeteilt werden. Im Gegensatz dazu wurden die zugewanderten Jugendlichen, welche mehrheitlich häufig in ihrem Alltag Deutsch sprechen, in die Kategorien deutschsprachig und mehrsprachig eingeteilt. Diesem statistischen Nachweis ist zu entnehmen, dass sich die theoretischen und praktischen Sprachkenntnisse von Jugendlichen nicht-deutscher Herkunft stär-

[273] Carstensen/Drechsel/Prenzel (2005), S. 288.

[274] Ebd., S. 296.

[275] Ebd., S. 280.

[276] Ebd., S. 281.

ker auf ihre mathematischen Fähigkeiten auswirken als der Einfluss des sozioökonomischen und soziokultuellen Status oder der Migrationsgeschichte.

Zum Zweck einer umfassenden Deskription der schulischen Diskriminierung allochthoner Schüler müssen in Zukunft jedoch weitere bildungsbeeinflussende Faktoren berücksichtigt und Forschungsdesiderate aufgearbeitet werden.

8.2.4 Fazit: PISA 2003

Aufgrund der institutionellen schulischen Diskriminierung allochthoner Schüler im deutschen Schulwesen, die sich unter anderem in erheblichen Leistungsunterschieden zwischen dieser Schülergruppe und autochthonen Schülern im Fach Mathematik widerspiegeln, nahmen die PISA-Verantwortlichen diese Schülergruppe ausführlicher in den Blick. Zum einen fand ein Oversampling dieser Schülergruppe bei PISA-E statt, um durch Stichprobenerweiterung die Aussagekraft der festgestellten Befunde zu erhöhen. Zum anderen wurden methodische Verfahren zur Ermittlung der Migrationshistorie dieser Schülergruppe weiterentwickelt, die die Heterogenität von Schülern mit Zuwanderungsgeschichte anhand ihres Sprachgebrauchs dokumentieren.

Ein weiterer bildungsbeeinflussender Faktor ist die Migrationshistorie allochthoner Schüler. Diesbezüglich offenbart sich die defizitäre Integrationsfähigkeit der deutschen Schule, weil das mathematische Kompetenzniveau der Jugendlichen, die selbst keine Migrationserfahrungen gemacht haben, unter dem Durchschnittswert derjenigen Jugendlichen liegt, die im Ausland geboren sind. Demnach bescheinigt PISA 2003 jenen Schülern, die ihre gesamte Bildungslaufbahn in Deutschland verbracht haben, schlechtere Kompetenzwerte als jenen allochthonen Schülern, die im Ausland geboren sind.

PISA 2003 hat ermittelt, dass die Kompetenzunterschiede zwischen Migrantenkindern und deutschstämmigen Kindern derselben Jahrgangsstufe im Fach Mathematik den Lehrplaninhalt von bis zu zwei Schuljahren umfassen können. Der Leistungsunterschied innerhalb der Gruppe allochthoner Schüler fällt aber noch größer aus und basiert auf deren Sprachgebrauch. Je höher die sprachliche Kompetenz der Schüler, desto besser sind ihre Leistungsergebnisse im Fach Mathematik. Die Sprachgewohnheiten der Familien mit Migrationshintergrund hängen wiederum von ihrem sozioökonomischen Status ab. Je höher der soziale Status der Familien, desto häufiger wird in der Familie Deutsch gesprochen. Diesbezüglich ist wichtig zu erklären, dass sich die Beherrschung der Muttersprache positiv auf die Erlernung der deutschen Sprache auswirkt. Deshalb sollten nicht monolinguale Fördermaßnahmen ergriffen werden, sondern die Bilingualität allochthoner Schüler gefördert werden.

8.3 Die Vorstellung der Testergebnisse von PISA 2006 unter besonderer Berücksichtigung der Testergebnisse von Schülern mit Migrationshintergrund

Der PISA-Test 2006 untersuchte in erster Linie die Fähigkeiten der 15-jährigen Schüler in den Naturwissenschaften. Der Anteil 15-jähriger Schüler mit Migrationshintergrund betrug in Deutschland im Jahr 2006 ca. 19,9 Prozent.[277] Wie bereits bei der Lesekompetenz und der mathematischen Kompetenz „finden sich auch im Bereich Naturwissenschaften (…) große Kompetenzunterschiede zwischen Jugendlichen ohne Migrationshintergrund und Jugendlichen mit Migrationshintergrund“[278]. Die Leistungsdifferenz zwischen Schülern nicht deutscher Herkunft und deutschstämmigen Schülern betrug in den naturwissenschaftlichen Fächern durchschnittlich 58 Punkte.[279] In Schuljahren ausgedrückt beträgt der durchschnittliche Leistungsrückstand allochthoner Schüler gegenüber deutschstämmigen Schülern demnach ca. anderthalb Jahre. Die Befunde von PISA 2006 belegen, dass „die durchschnittlichen Kompetenzen von Jugendlichen mit Migrationshintergrund, die selbst im Einwanderungsland geboren wurden (…), sogar noch unter den durchschnittlichen Kompetenzen von Jugendlichen, die zusammen mit ihren Eltern nach Deutschland eingewandert sind, lag“[280]. Im Folgenden werden die Befunde von PISA 2006 differenziert vorgestellt und bewertet.

8.3.1 Sprachkompetenz als eine Determinante des fächerübergreifenden schulischen Kompetenzerwerbs

Die Ergebnisse von PISA 2006 weisen keine entscheidenden Abweichungen mit vorangegangen PISA-Tests auf. Nach wie vor sind die Kompetenzwerte von Schülern mit Migrationshintergrund im Vergleich zu denen ihrer deutschstämmigen Mitschüler schlechter. Auch PISA 2006 verweist auf die wesentliche Kovarianz von Sprachvermögen und Kompetenzerwerb, indem folgende Feststellung getroffen wird: „In Deutschland sind die Leistungen auf der PISA-Gesamtskala Naturwissenschaften bei Schülern, die zu Hause nicht die Unterrichtssprache (…) sprechen (…) niedriger und die Wahrscheinlichkeit, dass diese Schüler im untersten Quartil der Leistungsverteilung liegen, höher“[281] als für Schüler, die zu Hause die Unterrichts-

[277] Walter/Taskinen (2007), S. 353.
[278] PISA-Konsortium (2007), S. 28.
[279] OECD (2007), S. 206.
[280] Walter/Taskinen (2007), S. 338.
[281] OECD (2007), S. 208f.

sprache sprechen. Demnach ist die Sprachkompetenz für Kinder aus Zuwandererfamilien „die entscheidende Hürde in ihrer Bildungskarriere“[282].

Die Bildungsbenachteiligung allochthoner Schüler ist zum Teil bedingt durch ein familiäres Umfeld, welches dem Lernprozess einer (neuen) Sprache nicht förderlich ist.[283] Aber auch institutionelle Gründe sind für das Kompetenzniveau von Kindern mit Migrationsgeschichte entscheidende Bedingungsfaktoren: Bis heute wurde versäumt, Kinder mit speziellem Förderbedarf ausreichend in den alltäglichen Lehrbetrieb zu integrieren und durch zusätzliche Sprachförderung in ihrer Mutter- und Zweitsprache zu qualifizieren. PISA 2006 zeigt eine Verschärfung dieser Sachlage auf: „Der Anteil von Jugendlichen mit Migrationshintergrund, die in der Familie Deutsch sprechen, ist von 63,8 Prozent im Jahr 2003 auf 55,8 Prozent im Jahr 2006 gesunken.“[284]. Um dieser Entwicklung entgegenzuwirken, muss eine Reform des Bildungssystems zusätzliche Sprachförderung unter Berücksichtigung der Bedürfnisse mehrsprachiger Schüler einführen und die muttersprachlichen Ressourcen stärker fördern.

Ein solches Erfordernis wird bestätigt von den Ergebnissen von PISA 2006, welche die Annahme von PISA 2003 belegen, nach der die sprachlichen Fähigkeiten auch Auswirkungen auf den Kompetenzerwerb in Schulfächern haben, in denen Sprache scheinbar nicht von primärer Bedeutung ist; beispielsweise in den Naturwissenschaften. Mithin ist die fächerübergreifende Bedeutsamkeit des Sprachvermögens einer der wichtigsten Befunde von PISA 2006. Begründen lässt sich die Priorität dieser Fähigkeit für den Bildungserfolg von Schülern mit der (versteckten) Komplexität der Naturwissenschaften: „Fachsprachliche Textsorten aus dem naturwissenschaftlichen (...) Bereich [zeichnen sich, Anm. d. Verf.] nicht durch sprachunabhängige formale Operationen aus, sondern durch syntaktische Reduktion, Fachwortschatz, Kürzel, besondere Wortbildungen und andere konstitutive Merkmale, die (...) einer entsprechenden Einübung bedürfen.“[285] Aus diesem Grund ist es von essentieller Bedeutung für den Schulerfolg von Kindern nicht-deutscher Abstammung, die Sprachfördermaßnahmen an deutschen Schulen zu erhöhen und gleichzeitig die muttersprachlichen Ressourcen zu nutzen.

Allerdings reicht Letzteres als alleiniger Reformaspekt nicht aus. PISA 2006 hat festgestellt, dass mannigfaltige Ursachen für die Bildungsbenachteiligung von Schülern mit Migrationshintergrund verantwortlich sind. Diese sind institutioneller und nicht-institutioneller Natur, denn die Studie attestiert, dass „selbst dann (...) be-

282 Pommerin-Götze (2005), S. 150.

283 OECD (2007), S. 209.

284 Ebd., S. 209.

285 Pommerin-Götze (2005), S. 150.

deutsame Kompetenzunterschiede zwischen Jugendlichen mit und ohne Migrationshintergrund nachzuweisen sind, wenn [Letztere, Anm. d. Verf.] häufig die Sprache des Einwanderungslandes sprechen und aus sozial gut gestellten Familien stammen“[286]. Aufgrund dessen muss der Ursachenkatalog für die Bildungsbenachteiligung von Kindern mit Migrationshintergrund im deutschen Schulwesen zukünftig anhand weiterer Forschungsleistungen komplettiert werden.

8.3.2 Die Kovarianz zwischen sozioökonomischem Status und Bildungserfolg

Nach den Ergebnissen von PISA 2006 zu urteilen ist die BRD „ein Beispiel für Länder, die sich durch ein überdurchschnittliches Leistungsniveau [in Naturwissenschaften, Anm. d. Verf.] auszeichnen, in denen aber ein vergleichsweise starker Zusammenhang zwischen den Schülerleistungen und ihrem sozio-ökonomischen Hintergrund besteht“[287]. Noch immer „liegt die relative Chance ein Gymnasium anstelle einer Realschule zu besuchen für Kinder aus der oberen Dienstklasse im Vergleich zu Schülern aus Facharbeiterfamilien bei 2,7 zu 1“[288]. Zwar hat die OECD belegt, dass in allen untersuchten Staaten „die Chancen, gute schulische Leistungen zu erbringen, für Kinder, deren Eltern ein geringes Einkommen beziehen, (…) die erwerbslos sind oder in wenig angesehenen Berufen arbeiten, geringer sind als für Kinder, die in einem sozioökonomisch privilegierten Umfeld aufwachsen“[289]. Doch die Kovarianz von Sozialstatus und Bildungserfolg ist in der BRD besonders hoch.[290] Die OECD konstatiert: Würde man die Testergebnisse „um den sozioökonomischen Hintergrund der Schüler bereinigen“, würde sich der Leistungsrückstand von Schülern mit Migrationshintergrund „von 85 auf 46 Punkte reduzieren“[291]. Die Kovarianz zwischen Sozialstatus und Bildungserfolg ist von derartiger Ausprägung, dass diejenigen Schüler, die aus sozial gut gestellten Familien stammen, eine um dreimal höhere Chance haben, eine gymnasiale Schulbildung zu erhalten als Schüler aus Familien mit unterdurchschnittlichem Haushaltseinkommen. Dies führt dazu, dass sozial privilegierte Schüler ein höheres Kompetenzniveau in Naturwissenschaften erreichen als Schüler aus sozial benachteiligten Milieus. Aufgrund des durchschnittlich signifikant niedrigeren sozioökonomischen Status von Familien mit Migrationshintergrund in Deutschland erreichen Schüler dieser familiären Herkunft

[286] Walter/Taskinen (2007), S. 364.
[287] OECD (2007), S. 213.
[288] Ebd., S. 27.
[289] Ebd., S. 213f.
[290] Ebd., S. 216.
[291] Ebd., S. 210.

überdurchschnittlich häufig unterdurchschnittliche Kompetenzwerte.[292] Dabei ist anzumerken, dass Schüler mit Migrationshintergrund weder in sozialer Hinsicht noch in Bezug auf ihre Kompetenzwerte eine homogene Gruppe darstellen. Während „viele Jugendliche der Ersten und Zweiten Generation in Familien mit schlechten sozioökonomischen Rahmenbedingungen leben, (...) ist der durchschnittliche sozioökonomische Status von Familien mit einem im Ausland geborenen Elternteil in keinem der berücksichtigten Staaten signifikant niedriger, in etlichen Staaten aber signifikant höher als in einheimischen Familien“[293]. Auch die durchschnittlichen Kompetenzwerte von Schülern mit einem im Ausland geborenen Elternteil liegen höher als die durchschnittlichen naturwissenschaftlichen Leistungen von Schülern, deren Elternteile beide ausländischer Herkunft sind.

Zu den sozialen und wirtschaftlichen Gründen der Bildungsbenachteiligung von Migrantenkindern addieren sich andere Ursachen, die für die niedrigen Testergebnisse der Schüler nicht-deutschen Ursprungs kausal sind. Ein weiterer Befund von PISA 2006 ist, dass selbst „unter Kontrolle der sozialen Herkunft und des Sprachgebrauchs nur diejenigen Jugendlichen mit Migrationshintergrund, die in den klassischen Einwanderungsländern und im Vereinigten Königreich wohnen, die Kompetenzwerte von Jugendlichen ohne Migrationshintergrund“[294] erreichen. Dieses Ergebnis weist auf weitere Ursachen für die Bildungsdiskriminierung von Schülern mit Migrationshintergrund an deutschen Schulen hin, die im nächsten Unterkapitel dargestellt werden.

8.3.3 Sonstige Befunde von PISA 2006

Obwohl – wie bereits aufgezeigt – das Einkommen von Familien einen bedeutenden Einfluss auf den Kompetenzerwerb von Schülern hat, wurde bei PISA 2006 nachgewiesen, dass „Schüler unabhängig von ihrem eigenen sozioökonomischen Hintergrund in Schulen mit einem generell hohen sozioökonomischem Status der Schülerschaft leistungsstärker sind, als in Schulen mit einem generell unterdurchschnittlichen sozioökonomischen Hintergrund der Schülerschaft“[295]. Dieser Umstand lässt sich u. a. dadurch erklären, dass Schüler aus sozial schwachen Familien an Schulen mit mehrheitlich sozial privilegierten Schülern zum einen von Interaktions- und Sozialisationsprozessen innerhalb ihrer peer-group profitieren. Zum anderen „gehen die sozioökonomischen Vorteile der Schüler und ihrer Familien mit einem besseren

[292] Walter/Taskinen (2007), S. 356.

[293] Ebd., S. 356.

[294] PISA-Konsortium (2007), S. 28.

[295] OECD (2007), S. 228.

Lernumfeld und dem Zugang zu besseren Lehr- und Sachmitteln in der Schule einher“[296].

Dieser Befund deckt sich mit in der Studie ermittelten Aussagen von Schulleitern, nach denen Schulen mit einer mehrheitlich sozial benachteiligten Schülerpopulation „häufiger einen Lehrkräftemangel aufweisen“[297] als Schulen mit einer mehrheitlich sozial privilegierten Schülerschaft. Diese Sachlage lässt sich mit scheinbar mangelnder Attraktivität des Arbeitsumfeldes an Schulen mit überdurchschnittlicher Anzahl von Schülern mit Migrationshintergrund aufgrund der damit verbundenen Anforderungen erklären. Diese Lernbedingungen können gravierende Folgen für die Schüler haben, weil nach PISA 2006 „die Kompetenz und das Engagement der Lehrkräfte wichtige Prädikatoren für die Schülerleistung sind“[298]. Da aber Schüler aus Migrantenfamilien häufiger als deutsche Kinder an Schulen beschult werden, „die eine sozioökonomisch stärker unterprivilegierte Schülerpopulation aufweisen“[299], sind sie überproportional von Bildungsbenachteiligung betroffen.

Diese unterschiedlichen Schulbedingungen von Schülern mit und ohne Migrationshintergrund sowie die nicht obligatorische sprachliche Förderung von Migrantenkindern und die Aberkennung des Bildungswertes ihrer Herkunftssprachen sind Teilursachen für die institutionelle Benachteiligung allochthoner Schüler. Sie stellen einen zwar „nicht intendierten, aber gleichwohl immer wieder Ungleichheit hervorbringenden Mechanismus“[300] der institutionellen Diskriminierung dar.

Ebenso kann die „Art und Weise, wie Schüler innerhalb eines Verwaltungsbezirks oder einer Region auf verschiedene Schulen oder innerhalb von Schulen auf verschiedene Klassen und Programme verteilt sind, Konsequenzen für die Lehr- und Lernbedingungen in den Schulen und somit auch für die Bildungserträge haben“[301]. So kommen vermehrt Schüler mit sprachlichen Defiziten in eine „Vorbereitungsklasse“ und erhalten dort nicht die Möglichkeit, die Verkehrssprache in einem natürlichen schulischen Umfeld zu erlernen. Bisher hat das systeminhärente Homogenitätsdenken des deutschen Schulsystems zu einer Separierung der Schülerschaft geführt. Die räumliche Segregation geht überdies mit einem bildungspolitischen Ausschluss einher, da bereits sozial benachteiligte Kinder aus Migrantenfamilien in schulischer Hinsicht erneut Diskriminierung erfahren. Dieser Kreislauf sozialer

296 OECD (2007), S. 229.

297 Ebd., S. 212.

298 Ebd., S. 231.

299 Ebd., S. 211.

300 Bund-Länder-Kommission für Bildungsplanung und Forschungsförderung (2003), S. 89.

301 OECD (2007), S. 229.

Benachteiligung, der zu schulischer Ungleichbehandlung führt, welche ihrerseits den Ausgangspunkt sozialer Diskriminierung markiert, ist Teilursache des Kompetenzrückstands der Schüler.

8.3.4 Fazit: PISA 2006

Die Ergebnisse der PISA-Studie 2006 belegen ein überdurchschnittliches Leistungsniveau der bundesdeutschen Schüler im Fach Naturwissenschaften. Nichtsdestotrotz besteht auch in diesem Bereich eine Leistungsdifferenz zwischen allochthonen und autochthonen Schülern der gleichen Jahrgangsstufe, die bis zu anderthalb Schuljahre betragen kann.

PISA 2006 weist außerdem auf die Heterogenität der Leistungskompetenzen innerhalb der Gruppe allochthoner Schüler hin. Auch im Bereich Naturwissenschaften liegen die durchschnittlichen Kompetenzwerte von Schülern mit einem im Ausland geborenen Elternteil höher als die durchschnittlichen naturwissenschaftlichen Leistungswerte von Schülern, deren Elternteile beide im Ausland geboren sind. Wie im vorangegangen PISA-Test zeigt PISA 2006 eine Kompetenzheterogenität zwischen Schülern mit Migrationshintergrund auf, indem belegt wird, dass die durchschnittlichen Leistungen derjenigen Schüler, die in Deutschland geboren wurden, unter dem durchschnittlichen Leistungsniveau eingewanderter Schüler liegen. Dies ist ein weiteres Indiz für die unzureichende Nutzung des Schülerpotenzials durch das deutsche Schulwesen.

Des Weiteren hat PISA 2006 auf den Zusammenhang zwischen Beherrschung der deutschen Sprache, der Dienstklasse und dem Bildungserfolg verwiesen. Während der Anteil derjenigen allochthonen Schüler, in deren Familien überwiegend Deutsch gesprochen wird, im Zeitraum von 2003 bis 2006 gesunken ist – was auf eine zukünftige Verschlechterung ihrer Schulleistungen hindeutet – hat in den vergangenen sechs Jahren eine Abschwächung des Zusammenhangs zwischen sozialer Herkunft und Kompetenzniveau in der BRD stattgefunden. Trotzdem liegt nach wie vor die relative Chance, ein Gymnasium anstelle einer Realschule zu besuchen, für Kinder aus der oberen Dienstklasse im Vergleich zu Facharbeiterfamilien bei 2,7 zu 1. Nach Angaben der PISA-Verantwortlichen hängt die Leistungskompetenz allochthoner Schüler noch immer zu 50 Prozent von ihrer sozialen Schichtzugehörigkeit ab. Dies ist ein Beleg für die mangelnde Chancengleichheit im deutschen Schulwesen.

Ein weiterer Befund, der die mangelnde Förderkultur des deutschen Schulwesens offenbart, ist, dass selbst unter Kontrolle der sozialen Herkunft und des Sprachgebrauchs nur diejenigen allochthonen Schüler, die in den klassischen Einwanderungsländern (beispielsweise Kanada oder USA) und im Vereinigten Königreich beschult werden, die Kompetenzwerte von Jugendlichen ohne Migrationshintergrund erreichen. Daraus ergeben sich aus deutscher Sicht schulische Reformnotwendigkeiten.

Überdies wurde bei PISA 2006 ermittelt, dass sich die Schulleistungen sozialschwacher Schüler in den Naturwissenschaften verbessern, wenn sie Schulen besuchen, in denen die Schülerschaft einen generell hohen sozioökonomischen Hintergrund besitzt. Diesen Befund führen Bildungsexperten auf das bessere Lernumfeld und den besseren Zugang zu Lern- und Sachmitteln zurück. Diese These wird auch durch die ausgewerteten Fragebögen der Schulleiter bestätigt. Die Kompetenzwerte sozial schwacher Schüler nehmen ab, wenn sie Schulen besuchen, in denen die Schülerschaft einen generell niedrigen sozioökonomischen Hintergrund besitzt, weil diese Schulen häufiger als andere Schulen unter Lehrer- und Ressourcenmangel leiden. In diesem Zusammenhang bleibt die Kovarianz zwischen Lehrermotivation und Schulerfolg zu untersuchen.

9 Zur Kritik in der Wissenschaft im Allgemeinen und Kritisches zu PISA im Speziellen

*„Die Kritik an den PISA-Studien ist zum Teil gerechtfertigt. Sie bedarf einer differenzierten Auseinandersetzung und hat Beachtung verdient."**

In diesem Kapitel wird zunächst die Intention der Wissenschaftskritik im Allgemeinen dargestellt. Zunächst werden die Gründe, aus denen Kritik innerhalb wissenschaftlicher Forschung betrieben wird, erörtert. Darauf aufbauend werden drei zentrale Funktionen der Wissenschaftskritik herausgearbeitet. Nach der Funktionsdarstellung wird auf die unterschiedlichen kritischen Anmerkungen bezüglich des Programme for International Student Assessment (PISA) in Kürze eingegangen, bevor sie eine kritische Würdigung erfahren.

9.1 Warum wird Wissenschaftskritik betrieben?

Die Idee der wissenschaftlichen Progression wird nicht nur kumulativ, d. h. durch Aufbau auf bereits vorhandene Theorien, sondern maßgeblich durch Kritik an vorangegangenen Hypothesen betrieben. Geisteswissenschaftliche Forschung wird verstärkt durch die Infragestellung vorangegangener Theoreme durchgeführt.[302]

Die Wissenschaft lebt von der kontroversen Auseinandersetzung unterschiedlicher Standpunkte und Sichtweisen. Ohne Diskussionen, Meinungsverschiedenheiten und Dispute innerhalb der Wissenschaftsgemeinschaft würde sie stagnieren. Das In-Frage-Stellen von Forschungsergebnissen und deren Interpretation in Form fundierter kritischer Einwände ist „ein Projekt das sich unablässig formiert, sich fortsetzt und immer wieder von Neuem entsteht"[303] und ist somit fester Bestandteil der Wissenschaftstradition. Kritische Anmerkungen in der Wissenschaft haben drei wichtige Funktionen, die im Folgenden dargestellt werden.

---

* Fereidooni (2010), S. 122.

[302] Hampe (2009), S. 359–360.

[303] Foucault (1992), S. 8.

9.1.1 Die Austauschfunktion

Kritik ist wichtig für die Forschungsgemeinschaft, da sie den Gedankenaustausch zwischen Wissenschaftlern fördert. Sowohl Kritik übende Wissenschaftler als auch kritisierte Forscher sind aufgrund des permanenten Wissenstransfers in der Fachöffentlichkeit dazu angehalten, Forschungsleistungen ihrer Fachkollegen mitzuverfolgen, kritisch zu kommentieren und ihre eigenen Forschungsbeiträge zu aktualisieren. Da Forschungsvorhaben zwangsläufig auf die Vorarbeit anderer aufbauen bzw. diese in Frage stellen, ist der Austausch zwischen Wissenschaftlern von essentieller Bedeutung. Dabei befinden sich die Forscher in einer Lage ständiger Interdependenz, die durch Wissenschaftskritik intensiviert wird. Denn ohne den permanenten Austausch von Erkenntnissen ist die Innovation eigener und fremder Wissenschaftsleistungen nicht möglich. Bei dieser Wechselwirkung funktionieren die Handlungsformen der „Abgrenzung und Korrektur (…) als Medien der Selbstvergewisserung“[304] sowie „als Medien der Vermittlung von Wissen“[305]. Zudem hilft der kritische Gedankenaustausch dabei, Forschungsschwierigkeiten und -desiderate zu erkennen.

9.1.2 Die Kontrollfunktion

Die zweite Aufgabe von kritischen Anmerkungen ist die Kontrollfunktion. Forscher unterliegen in einem Umfeld permanenten Austauschs der reziproken Kontrolle. Sie agieren in einem „Raum von Gründen“[306], in dem sie ihre Forschungsmethoden und -erkenntnisse transparent gestalten müssen, damit diese für andere Wissenschaftler nachvollziehbar sind. Zugleich verlangen sie ihrerseits von ihren Kollegen Transparenz und Nachvollziehbarkeit. Die Rezeption von und die Bezugnahme auf andere wissenschaftliche Leistungen ist unabdingbare Voraussetzung für die wissenschaftliche Arbeit. Die Kontrollfunktion hilft zudem, Plagiate im Wissenschaftsbetrieb zu erkennen.

9.1.3 Die Erkenntnisfunktion

Die Erkenntnisfunktion ist die dritte Obliegenheit der wissenschaftlichen Kritik. Die kritische Reflexion untersucht und bewertet Forschungsbeiträge nach ihrem Er-

---

[304] Vgl. Jaeggi/Wesche (2009), S. 10.

[305] Haase, Fee-Alexandra: Kritik. Historische Begriffe der Sprache und Literatur einer Wissenschaft und Kunst von der Antike bis zum 20. Jahrhundert, (Stand 6.01.2010), http://www.fachpublikation.de/dokumente/01/1a/, Kapitel 4, S. 1.

[306] Forst (2009), S. 151.

kenntnisgewinn für eine bestimmte wissenschaftliche Disziplin und positioniert sie in das Gesamtgefüge der jeweiligen Fachrichtung. Handlungsleitend für die wissenschaftliche Kritik ist nicht nur die Untersuchung, sondern die Transformation des Kritisierten. Schließlich soll „das Falsche und Schlechte nicht bloß diagnostiziert und analysiert, sondern durch Kritik überwunden werden“.[307] Kritik bewirkt Unterscheidung, um das „Wahre“ vom „Falschen“ trennen zu können und somit zur Erkenntnis zu gelangen.[308]

9.2 Kritik an PISA

Die Bandbreite der kritischen Anmerkungen zu PISA variiert in ihrer Intensität und wissenschaftlichen Fundiertheit. Sie reicht von populistischen Darstellungsweisen,[309] die PISA u. a. für physische und psychische Störungen deutscher Schüler verantwortlich machen, über Stellungnahmen, die einen globalen Transformationsprozess im Bildungsbereich zu erkennen glauben,[310] der von mächtigen Institutionen angestoßen wird, und Diskussionsbeiträge, die an Methoden und Konzeptionen der Aufgabenkonstruktion[311] und der Interpretation[312] von PISA-Ergebnissen Anstoß nehmen, bis hin zu Ausführungen, die an den möglichen Folgen von PISA interessiert sind[313] und sich generell gegen jedwede Vergleichsstudien richten.[314] Im Folgenden werden die unterschiedlichen kritischen Rezeptionsweisen bezüglich der PISA-Studie dargestellt. Nachfolgend nimmt der Verfasser zu jeder kritischen Anmerkung Stellung.

9.2.1 Populistische Darstellungsweise I

Eine Darstellungsweise, die als populistisch bezeichnet werden kann, wählt *Költze*, der PISA als Bedrohung für das psychische Wohlergehen deutscher Kinder, Eltern und Lehrer ansieht[315] und den PISA-Test sowohl für die steigenden Verordnungs-

[307] Wesche (2009), S. 202.
[308] Figal (2009), S. 348.
[309] Költze (2007), Kraus (2005).
[310] Jahnke (2006), Uljens (2007).
[311] Bender (2005), Kießwetter (2002), Puchhammer (2007).
[312] Hagemeister (2006).
[313] Huisken (2005), Cremer-Schäfer/Sondermann (2007).
[314] Meyerhöfer (2006a), Keitel (2006).
[315] Költze (2007), S. 13.

zahlen von Psychopharmaka[316] als auch für physische Symptome wie Bauch- und Kopfschmerzen, Appetit- und Schlaflosigkeit sowie Aggressionen von Kindern verantwortlich macht.[317]

Er bestreitet die demokratische Legitimation der OECD und vertritt zudem die Ansicht, dass niemand anders als die OECD, die seiner Meinung nach „den Menschen ausschließlich als Humankapital und Wirtschaftsfaktor betrachtet“[318], ein Interesse am PISA-Ranking habe,[319] überdies nehme Deutschland nur aufgrund der „Großmannssucht seiner 16 Bildungsministerinnen und Bildungsminister“[320] an der Studie teil.

Die von ihm konstatierten „wissenschaftlichen Mängel der Studie“[321] verknüpft er mit der Behauptung, die Verkümmerung der rechten Hirnhälfte deutscher Schüler drohe, da die Fixierung auf die PISA-Fächer nur die linke Hälfte des Hirnpotenzials schule.[322] Um dies zu verhindern, plädiert *Költze* für den sofortigen Ausstieg aus PISA.[323]

Stellungnahme

Der Beitrag von *Költze* ist darauf ausgerichtet, die Ängste von Schülern, Eltern und Lehrern gegenüber PISA zu instrumentalisieren. Er erscheint weniger daran interessiert, die kritischen Beiträge über PISA mit wissenschaftlichen Argumenten anzureichern, als vielmehr die gesamte Erhebung pauschal zu diskreditieren. Im Gegensatz zu anderen PISA-Kritikern erwähnt er nicht ein einziges positives Ergebnis von PISA.

Obwohl die Verschreibungszahl von Psychopharmaka stetig zunimmt,[324] gibt es für die von ihm aufgestellte Korrelation von PISA-Test und der gestiegenen Verordnung von Psychopharmaka an Kindern keinen wissenschaftlichen Beleg. Es ist unhaltbar zu behaupten, dass ein dreieinhalbstündiger Test ein psychisches Leiden bei den getesteten Kindern auslöst. Selbst wenn *Költzes* Behauptung stimmen würde, und alle deutschen Kinder, die bei PISA mitgemacht haben, infolge des Tests Psychopharmaka einnähmen, könnte man keine signifikante Steigerung der Verord-

[316] Költze (2007), S. 14.
[317] Ebd., S. 26.
[318] Ebd., S. 10.
[319] Ebd., S. 7.
[320] Vgl. Ebd., S. 12–13.
[321] Ebd., S. 14.
[322] Ebd., S. 14.
[323] Ebd., S. 15.
[324] Vgl. GEK-Arzneimittel-Report (2009).

nungszahlen feststellen, da die Anzahl von PISA-Teilnehmern (3000–10000 Kinder pro Mitgliedsstaat) im Vergleich zu Kindern, die nicht am PISA-Test teilgenommen haben, viel zu gering ist, um eine signifikante Erhöhung der Statistik festzustellen. Das Gleiche gilt für die von *Költze* angenommenen physischen Symptome deutscher Schüler.

Ebenso wenig entspricht die von ihm unterstellte mangelnde Legitimierung der OECD der Realität, da der Mitgliedschaft in der OECD die Ratifizierung der Konvention durch die jeweiligen Parlamente der Mitgliedstaaten vorangegangen ist.[325]

Des Weiteren wirft *Költze* die Frage auf, wer Interesse an PISA habe und beantwortet sie unzureichend, wenn er das Interesse nur auf Seiten der OECD verortet. Er verkennt, dass nicht nur die OECD, sondern auch die deutsche Bildungsadministration sowie Lehrer, Eltern und Schüler ein großes Interesse an PISA und den mit dem Test verbundenen Hintergrundinformationen über das deutsche Schulsystem haben. So hat PISA die in Deutschland besonders ausgeprägte Korrelation von Bildungserfolg und sozioökonomischem Status bewiesen.

Insbesondere bezüglich Schülern mit Migrationshintergrund liefert PISA umfangreiches Datenmaterial, das als Handlungsanleitung dafür genutzt werden kann, das bisher nur wenig erschlossene Potenzial allochthoner Kinder zu mobilisieren und auszuschöpfen.[326] Die bildungspolitischen Reformmaßnahmen, über die heutzutage Konsens besteht, wie die Intensivierung frühkindlicher Bildungsprogramme, der Ausbau von Ganztagsschulen sowie die gesellschaftliche Sensibilisierung für institutionelle Diskriminierung, sind maßgeblich auf die Erkenntnisse der PISA-Studien zurückzuführen. Anstelle einer pauschalen Verurteilung der PISA-Tests und den daran beteiligten Personen hätte sich *Költze* die o. g. Ergebnisse vergegenwärtigen sollen, bevor er die Interessen an PISA nur der OECD zuschrieb und daraufhin zu einer unbedachten Äußerung gegen die 17 Bildungsminister ausholte.

Aber nicht nur in diesem Fall, sondern auch in Bezug auf die von ihm diagnostizierten wissenschaftlichen Mängel der PISA-Studien führt er lediglich Behauptungen an, obwohl sich der Rezipient über einige Beispiele dieser vermeintlichen wissenschaftlichen Mängel gefreut hätte. Seine waghalsigste Behauptung, nach der deutschen Schülern aufgrund der mutmaßlichen Fixierung auf die PISA-Fächer die Verkümmerung der rechten Hirnhälfte droht, kann als groteske Vermutung zurückgewiesen werden. Denn in deutschen Schulen werden auch nach PISA nicht nur einige wenige Fächer bzw. Kompetenzen, sondern breit angelegte Curricula unterrichtet.

Dennoch steht hinter *Költzes* unsachgemäß formulierter Kritik die durchaus berechtigte Befürchtung, dass in Zukunft stärker als bisher die Schülerleistungen

[325] Vgl. Bührer (1997), S. 415.

[326] Vgl. Söhn/Veysel (2005).

durch Tests ermittelt werden und dieser Verlauf zum „Teaching to the test“ – also dazu führt, dass stärker Testinhalte statt Bildungsinhalte in der Schule gelehrt und gelernt werden.

Resümierend kann festgehalten werden, dass es *Költze* aufgrund seiner dramatisierenden Argumentationsweise, seiner bizzaren unwissenschaftlichen Anschuldigungen und der Verbreitung von zum Teil eklatanten Fehlinformationen nicht gelingt, sich als ernstzunehmender PISA-Kritiker Gehör zu verschaffen.

9.2.2 Populistische Darstellungsweise II

Für *Kraus* drohen die PISA-Studien „die eigentliche Katastrophe“[327] des deutschen Bildungswesens zu werden. Um dem entgegenzuwirken, hat er ein Buch geschrieben, das nach seiner eigenen Beschreibung „eine kleine Fundgrube ist, in dem Daten und Fakten, die selbst für den bildungspolitischen Insider nicht immer problemlos verfügbar sind“[328], dokumentiert sind. Darin stellt er die „Propaganda um PISA“[329] dar, die sich seiner Meinung nach als „Vehikel für schulpolitische Kreuzzüge“[330] eignet und aus der Feder des „PISA-Apokalypse-Kartells“[331] stammt, dessen Intention seiner Meinung nach nur der „schnelle Profit“[332] ist. *Kraus* appelliert an all jene, die „in typisch deutscher Manier das Können von Deutschlands Jugend schlechtreden“[333], sich zurückzunehmen, weil „nicht vermeintliche Bildungsdefizite die Jugend auf dem internationalen Parkett benachteiligen, sondern die mangelnde Überzeugung an deren Qualifikation“[334].

Den Ursprung für solche Handlungen sieht *Kraus* neben einem „Hang zur Autoaggression, die die Deutschen haben“[335] im „eigenartigen und neurotischen Nationalcharakter der Deutschen“[336] die, anders als „alle andere Nationen, die gelassen und unaufgeregt auf PISA reagiert haben, wenn es um sie geht, nicht normal sind und deshalb an sich leiden“[337]. Diese psychische Disposition ist für ihn die Ursache

327 Kraus (2005), S. 7.
328 Ebd., S. 7.
329 Ebd., S. 8.
330 Ebd., S. 8.
331 Ebd., S. 9.
332 Ebd., S. 10.
333 Ebd., S. 11.
334 Ebd., S. 11.
335 Vgl. Ebd., S. 146.
336 Ebd., S. 136.
337 Vgl. Ebd., S. 135–136.

dafür, dass „Bildungsdeutschland sich in sein masochistisch verzerrtes Selbstbild verliebt hat“[338] und „mit klammheimlicher Freude auf seine schlechten Rangplätze in der PISA-Tabelle“[339] reagiert.

Diese Rangverteilung ist für ihn Anlass, eine „Legende“[340] von PISA zu entkräften, die besagt, dass „die Skandinavier schulisch meilenweit vorne lägen“[341]. *Kraus* hält nichts davon „Finnland zum Mythos und Pilgerland“[342] zu stilisieren und das finnische mit dem deutschen Schulsystem zu vergleichen, da für ihn „alle Vergleiche hinken“[343]. Die Triebfedern für die Unvergleichbarkeit der beiden Länder sieht er zum einen in der „ausgeprägten finnischen Lesekultur“[344], die er darauf zurückführt, dass die Finnen „sehr stolz auf ihre Sprache seien“[345] und deshalb „die Kinder das Lesen rasch und intensiv lernen“[346]. Zum anderen ist er davon überzeugt, dass Finnland „eine ethnisch homogene Bevölkerung, also keine Probleme mit der schulischen Integration von Migrantenkinder hat“[347]. Deutschland sei insofern anders, als es einen hohen Anteil dieser „problematischen Schülerklientel“[348] beschulen müsse. Diese Tätigkeit gestaltet sich sehr schwierig, da die Migranten an „mangelnder Bereitschaft leiden, sich zu integrieren“[349]. Auch auf die Gefahr hin, das „Gezeter der Gutmenschen“ herbeizuführen, besitzt *Kraus* nach eigenen Angaben den „Mut, der immer noch dazugehört, um die Probleme der Migrantenkinder zu artikulieren, da die politisch Korrekten nach wie vor auf der Lauer liegen und stets Fremdenfeindlichkeit wittern“[350].

Den von anderen Forschern als Teilgrund benannten Faktor, warum finnische Schüler überdurchschnittlich gut bei den PISA-Tests abschneiden, lässt er nicht gelten: Seiner Meinung nach ist nicht die flächendeckende Einführung von ganztägigen Gesamtschulen, die er als, „Luxus-Hauptschulen“[351] bezeichnet und die „so wenig in die Landschaft passen wie Dinosaurier in die Fauna heute“[352] und die damit verbun-

338 Kraus (2005), S. 136.
339 Vgl. Ebd., S. 136.
340 Ebd., S. 43.
341 Ebd., S. 43.
342 Ebd., S. 44.
343 Ebd., S. 45.
344 Ebd., S. 45.
345 Ebd., S. 45.
346 Ebd., S. 46.
347 Ebd., S. 45.
348 Vgl. Ebd., S. 194.
349 Vgl. Ebd., S. 195.
350 Ebd., S. 198.
351 Ebd., S. 59.
352 Ebd., S. 59.

dene spätere Selektion der Kinder und die Fördermentalität der Lehrer für den Erfolg der finnischen Schüler verantwortlich. Stattdessen befürchtet er Nivellierung aufgrund der Einführung ganztägiger Gesamtschulen, die seiner Ansicht nach Produkte der „wahnsinnigen Reformitis der 68er mit ihrer Vision von der angeblich zu schaffenden oder zumindest möglichen Egalität aller Menschen, Strukturen, Werte, Bezüge, Inhalte“[353] seien.

Um den drohenden „Funktionsverlust des elterlichen Erziehungssouveräns“[354] sowie der „Verstaatlichung der Erziehung“[355] entgegenzuwirken, mahnt *Kraus* die Eltern dazu an, mehr Eigeninitiative bei der Betreuung ihrer Kinder zu entwickeln, da für ihn „Bildungsoffensiven nur denkbar sind, wenn sie von Eltern durch aktives Erziehen mitgetragen werden“[356].

Stellungnahme

Kraus gebraucht in seinem Beitrag nicht nur Eigenlob, sondern auch Beleidigungen inflationär. Er verwechselt die persönliche Diffamierung von PISA-Verantwortlichen, wie die von Andreas Schleicher[357], mit stichhaltigen Argumenten gegen die Studien. Anstatt wissenschaftliche Fakten anzuführen, reiht er stereotype Behauptungen auf, wie beispielsweise den von ihm diagnostizierten autoaggressiven und neurotischen Nationalcharakter Deutschlands. Sein Standpunkt zu der angeblichen Freude Bildungsdeutschlands anlässlich der schlechten PISA-Evaluations-Ergebnisse entbehrt jeder wissenschaftlichen Grundlage. *Kraus* zeigt sich uneinsichtig, indem er das schlechte Abscheiden deutscher Schüler anscheinend nicht zur Kenntnis nehmen möchte und stattdessen versucht, Scheinargumente gegen diese Erkenntnis anzubringen.

Ebenso wenig überzeugen können seine unwissenschaftlichen Erklärungen für die Leselust der finnischen Schüler und seine kulturalistisch aufgeladenen Schnellschüsse gegen Migranten, die er pauschal als Problemschüler bezeichnet, sie somit zu Tätern macht, und damit ein Publikum bedient, das gerne Ursache und Wirkung verwechselt und dadurch zu falschen Schlussfolgerungen bezüglich allochthoner Schüler gelangt. Kinder mit Migrationshintergrund dürfen nicht aus den Statistiken herausgerechnet werden, weil sie integraler Bestandteil der deutschen Gesellschaft sind. Die negativen Folgen für Schüler, die von Bildungsbenachteiligung betroffen sind, wiegen schwerer als die schlechte Platzierung Deutschlands auf der Rangskala

[353] Kraus (2005), S. 8.

[354] Ebd., S. 89.

[355] Ebd., S. 88.

[356] Ebd., S. 190.

[357] Ebd., S. 128.

des internationalen Vergleichs. Außerdem verlangt nicht das Ansprechen dieses Themas Mut, wovon *Kraus* in seinem Selbstlob auszugehen scheint, sondern vielmehr der differenzierte, unaufgeregte und sachliche Umgang mit ihm. Obwohl er in dem Untertitel seines Buches erklärt: „Unsere Kinder sind besser als ihr Ruf" und sich damit als Verteidiger deutscher Schüler geriert, verzichtet er bezüglich der Migrantenkinder nicht nur auf diesen programmatischen Protektionismus, sondern wird zum Kritiker derjenigen, die er eigentlich verteidigen sollte. Überdies stilisiert er sich zu einem mutigen Aufklärer, der nicht davor zurückscheut, die „Wahrheit" zu schreiben und kontert schon einmal präventiv gegen potentielle Vorwürfe der Xenophobie. Dabei lässt er institutionelle Ursachen für die Bildungsbenachteiligung von Kindern mit Migrationshintergrund nicht gelten, sondern beschäftigt sich mit vermeintlichen Defiziten der Schüler.

Widersprüchlich sind auch seine Aussagen zum Thema Arbeitsleistung von Schülern: Während er zunächst gegen den langen und entbehrungsreichen Schulalltag „der Asiaten"[358] argumentiert und davon abrät, sich diese Nationen zum Vorbild zu nehmen,[359] spricht er sich an anderer Stelle für eine Aufstockung der Arbeits- und Beschulungszahl deutscher Schüler aus.[360]

In Bezug auf seine Kritik an den Gesamtschulen ist ihm folgendes zu entgegnen: Eine Untersuchung hat ergeben, dass allochthone Schüler an Integrierten Gesamtschulen besonders gute Bildungsabschlüsse erwerben und aus dieser Schulform seltener als aus anderen Schulformen ohne einen Hauptschulabschluss entlassen werden.[361] Mögliche Ursachen dafür liegen in der Ganztagsbetreuung sowie in dem Grundgedanken der Integration der Schüler.

Resümierend ist festzustellen, dass es *Kraus* durchgängig misslingt, wissenschaftlich zu argumentieren, indem er bei dem Versuch scheitert, seine persönlichen Ressentiments gegen die PISA-Studie in einem sachlichen, faktenreichen Beitrag darzubieten.

9.2.3 Kritik an der globalen Transformation des Bildungswesens I

Jahnke betrachtet die PISA-Studien in deren Hintergrundphilosophie sich seiner Meinung nach „angelsächsischer Testpragmatismus und testpsychologischer Rigorismus in verhängnisvoller Weise mit deutschem Ernst und Tiefsinn paart; der fröhlich seine Begriffe in die Welt setzt und sie dann übermäßig ernst nimmt"[362], als ein

[358] Kraus (2005), S. 48.

[359] Ebd., S. 48–51.

[360] Vgl. Ebd., S. 142–144.

[361] Vgl. Diefenbach (2005), S. 46.

[362] Jahnke (2006), S. 24.

Produkt der „weltweiten neoliberalistischen Umstrukturierung der Bildung" das von „transnationalen Bildungsdienstleistern"[363] in Zusammenarbeit mit „Agenten dieses Programms"[364] (gemeint sind Pädagogen und Mathematikdidaktiker) konzipiert wurde, „die sich über den jähen Zuwachs an Macht und Einfluss frohlockend die blinden Augen reiben"[365]. Sie sei darauf ausgerichtet, die „Durchsetzung privatwirtschaftlicher Steuerungsprinzipien im öffentlichen Sektor" zu bewältigen, die „betriebswirtschaftliche Umgestaltung von Bildungs- und Wissenschaftsinstitutionen" voranzutreiben sowie die „Einführung von Markt- und Management-Elementen auf allen Prozessbereichen"[366] zu erreichen, um schließlich die „Einführung der Zuchtnorm eines virtuellen international konkurrenzfähigen Schülers"[367] zu bewirken, die nur die „Sicherung der ökonomischen Vorherrschaft der Industriestaaten"[368] im Sinn habe. Die Konsequenzen dieser Prozesse sind seiner Ansicht nach die Senkung der Staatsausgaben für die Bildung; die nochmalige drastische Verschärfung der sozialen Ungleichheit im Zugang zu Wissen sowie die Segregation von sozial unterprivilegierten Schülern.[369]

Stellungnahme

Jahnke verwendet in seinem kritischen Gutachten über die PISA-Studien stereotype Argumentationsweisen, indem er zunächst versucht, die Existenz konträrer, monolithischer Wissenschaftsmentalitäten aufzuzeigen. Sein Vorhaben kann aufgrund seiner begrenzten Sichtweise, die von zutiefst gegensätzlichen Wissenschaftstraditionen ausgeht, nicht überzeugen. *Jahnkes* Auffassung, dass deutsche Wissenschaftler ihre Forschung mit deutschem Ernst und Tiefsinn betreiben, während ihre angelsächsischen Kollegen nur testhörige Opportunisten seien, ist in ihrer Pauschalität nicht dazu geeignet eine ernsthafte Debatte über PISA anzustoßen. Ebenso wenig überzeugt seine undifferenzierte Bewertung der PISA-Konsortien, deren Mitglieder er persönlich angreift.

Anders müssen *Jahnkes* Argumente bezüglich der Durchsetzung privatwirtschaftlicher Steuerungsprinzipien im öffentlichen Sektor, der betriebswirtschaftlichen Umgestaltung von Bildungs- und Wissenschaftsinstitutionen sowie der Einführung von Markt- und Management-Elementen auf allen Prozessbereichen der Bildungseinrichtungen bewertet werden. Diese kritischen Einwände, die er als neoliberale

[363] Jahnke (2006), S. 11.
[364] Ebd., S. 14.
[365] Ebd., S. 14.
[366] Ebd., S. 11.
[367] Ebd., S. 13.
[368] Ebd., S. 14.
[369] Ebd., S. 11.

Transformation des Bildungswesens bezeichnet, sind im Hinblick auf die stetig anwachsende Zahl privater Schulgründungen,[370] die Einführung länderübergreifender Bildungsabschlüsse (Bachelor und Master) und die Erhebung von Studiengebühren in einigen deutschen Bundesländern nicht von der Hand zu weisen.

Auch den von *Jahnke* beobachteten Effekten der o. g. Umstrukturierung im Bildungswesen ist jedenfalls teilweise zuzustimmen. Seine Erwartung, nach der die Staatsausgaben für den Bildungssektor in Zukunft zwangsläufig sinken, ist differenziert zu beurteilen. Einerseits kann angenommen werden, dass die staatlichen Ausgaben für den Tertiärbereich aufgrund der Einführung von Studiengebühren in Zukunft tatsächlich sinken, wohingegen die privaten Ausgaben steigen könnten. Zugleich wenden Eltern, die über die erforderlichen finanziellen Ressourcen verfügen, immer mehr Geld für die private Förderung ihrer Kinder auf, wohingegen Eltern, die nicht über vergleichbare finanzielle Mittel verfügen, auf die bestehenden staatlichen Institutionen angewiesen sind. Andererseits betrachtet die Politik das Thema Bildung als eines der wichtigsten Policies auf ihrer Agenda, sodass zu erwarten ist, dass zukünftig mehr staatliche Investitionen in diesem Bereich erfolgen werden. Falls aber die staatliche Finanzierung ausbleiben sollte und das Bildungssystem in allen Bereichen stärker als zuvor privatwirtschaftlich finanziert werden muss, wären insbesondere „benachteiligte Gruppen, speziell ethnische Minoritäten“[371] stärker von Bildungsungleichheit betroffen, weil die adäquate Förderung allochthoner Schüler in der Regel mit einer höheren Ressourcenauslastung verbunden ist – beispielsweise aufgrund der „Beschäftigung von Personal mit Zusatzqualifikationen in speziellen Stütz- und Förderprogrammen“.[372] Diese zusätzlichen Mittel, die bei Rücknahme staatlicher Investitionen verloren gehen würden, könnten an Schulen mit hohem Migrantenanteil aufgrund der sozioökonomischen Unterprivilegierung der Eltern, anders als an Schulen mit einer sozioökonomisch arrivierten Elternschaft, nicht wie von der Bildungsadministration vorgeschlagen in Zusammenarbeit mit privaten Investoren in Form von Private-Public-Partnership akquiriert werden, da sie „meist nicht die kritische Masse für die finanziell lohnende Entwicklung spezieller Angebote entsprechender Firmen erreichen“[373].

Fraglich bleibt, inwieweit die von *Jahnke* beschriebene Umstrukturierung des Bildungswesens auf die Tätigkeit von „weltweit agierenden Testinstituten“[374] zurück zu führen ist. Nichtsdestotrotz hat er anregende Denkanstöße in der Diskussion über die PISA-Studien geliefert.

---

[370] Vgl. Klein (2007), S. 19.

[371] Gogolin (2002), S. 165.

[372] Vgl. Ebd., S. 165.

[373] Vgl. Gogolin (2002), S. 166.

[374] Jahnke (2006), S. 12.

9.2.4 Kritik an der globalen Transformation des Bildungswesens II

Uljens ist der Ansicht, dass die westlichen Staaten nach dem Zusammenbruch der Sowjetunion eine „neue ideologische und ökonomische Weltordnung“[375] konzipiert haben. Diese von ihm als „neoliberale Umstrukturierung“[376] der Gesellschaft bezeichnete „stille Revolution“[377] wird seiner Meinung nach durch drei Faktoren vorangetrieben: Erstens die Ökonomisierung d. h. die Leistungsmessung nach primär ökonomischen Maßstäben; zweitens die Privatisierung d. h. die Ablösung öffentlicher Institutionen durch private Akteure, begünstigt durch Deregulierungsmaßnahmen sowie die intensivere Implementierung des Subsidaritätsprinzips; drittens die Produktivität d. h. die Förderung von Aktivitäten, die sich positiv auf das ökonomische Wachstum auswirken.[378]

Die Folge dieser „sozialen, kulturellen und historischen“[379] Transformation für das Bildungswesen ist nach seiner Auffassung die Kommerzialisierung von Bildung[380], die maßgeblich von multinationalen Organisationen wie der OECD mithilfe internationaler Evaluationen betrieben wird. Dementsprechend sieht er im PISA-Test eine Handlungsform, um sowohl die Homogenisierung der Bildungssysteme der getesteten Staaten zu betreiben, als auch eine wettbewerbsorientierte Mentalität zwischen Letzteren auszubilden.[381]

Diese von ihm konstatierte staatsinterne (durch die partizipierenden Staaten) wie extern (durch die OECD) betriebene Nivellierung und Wettbewerbsorientierung im Bildungsbereich, die neue Formen bildungspolitischer Idealtypen wie das Lifelong Learning zur Folge hat, ist für *Uljens* mit kontinuierlicher Unsicherheit und Anstrengung verbunden und widerspricht seiner Vorstellung von der europäischen Bildungstradition.[382]

Stellungnahme

Die Feststellung von *Uljens*, derzufolge drei Faktoren (Ökonomisierung, Privatisierung und Produktivität) zunächst den Wandel der gesellschaftlichen Mentalität und

375 Uljens (2007), S. 297.
376 Ebd., S. 295.
377 Ebd., S. 297.
378 Ebd., S. 301–302.
379 Ebd., S. 296.
380 Ebd., S. 297.
381 Ebd., S. 299.
382 Vgl. Ebd., S. 299–300.

anschließend die fortschreitende Kommerzialisierung der Bildungssysteme in den westlichen Staaten bewirkt haben, ist geeignet, eine kritische Debatte anzustoßen. In diesem Zusammenhang muss allerdings beachtet werden, dass diese Faktoren aufgrund unterschiedlicher Präferenzen der heterogenen westlichen Staaten unterschiedliche Auswirkungen sowohl auf das nationale Bewusstsein als auch auf das jeweilige Bildungssystem haben können. Die sog. westlichen Staaten stellen sich keinesfalls so homogen dar, wie es *Uljens* in seinem Artikel beschreibt. So bestehen zum Teil beträchtliche Unterschiede zwischen den größtenteils staatlich organisierten Bildungssystemen Skandinaviens, Deutschlands und Österreichs gegenüber den stärker privatisierten Bildungssektoren der USA und Großbritanniens. In *Uljens* Ansatz kommen diese Differenzen nur unzureichend zum Tragen. Gleichzeitig ist zu konstatieren, dass sich die o. g. Faktoren zwar unterschiedlich auf die jeweiligen nationalstaatlichen Denkweisen und Bildungssysteme auswirken, man jedoch von einer generellen Veränderung in beiden Bereichen ausgehen kann. Ein Prozess der schrittweisen Kommerzialisierung im Bildungsbereich hat in allen Staaten begonnen, die Unterschiede seines Verlaufs sind dennoch erheblich.

Zu diskutieren ist auch *Uljens* These, nach der Organisationen wie die OECD mithilfe internationaler Evaluationen im Bildungsbereich (z. B. PISA) den Prozess der Kommerzialisierung der Bildungssysteme durch die Entfaltung einer Wettbewerbsmentalität zwischen den Staaten befördern. Hierfür kann die Darstellung der Ergebnispräsentation in Form von Ranglisten angeführt werden. Dem widerspricht allerdings die Intention zur Durchführung von PISA, nicht primär ein Wettbewerb im Bildungsbereich, sondern vielmehr ein Instrument der Evaluation für die Teilnehmerstaaten zu sein. Die ausschließliche Reduktion der PISA-Studien auf Leistungsvergleiche zwischen Teilnehmerstaaten ist überdies nicht sinnvoll. Vielmehr hat PISA dazu beigetragen, Ursachen für das Bildungsscheitern und Chancen für den Bildungserfolg von Schülern an deutschen Schulen herauszuarbeiten.

Der Vorwurf von *Uljens*, nach dem internationale Evaluationen zu einer Nivellierung der Bildungslandschaft beitragen kann nicht zugestimmt werden, weil diese Annahme die Wirkungsmächtigkeit solcher Studien überschätzt. Ähnlich zu kritisieren ist seine Argumentation in Bezug auf das lebenslange Lernen, da dieser bildungspolitische Idealtypus in der europäischen Bildungstradition verankert ist und nicht, wie er annimmt, in Kontrast zu diesem steht. Zuzustimmen ist *Uljens* jedoch darin, dass Bildung nicht auf (ökonomische) Leistung zu reduzieren ist.

9.2.5 Methodische und konzeptionelle Kritik an der Aufgabenstellung von PISA I

Bender bemängelt zwei wesentliche Aspekte bezüglich der Aufgabenformulierung von PISA-2003. Zum einen kritisiert er die von der OECD praktizierte „Geheimhaltung zahlreicher Aufgaben“[383]. Die konstatierte mangelnde Transparenz seitens der PISA-Administration führe dazu, dass „seit Jahren Schätze von Forschungsmaterial wegen des Primats der Statistik nicht von der mathematikdiaktischen Kommunität gehoben werden dürfen und sie mittelfristig veralten“[384]. Er plädiert dafür, alle Aufgaben der (wissenschaftlichen) Öffentlichkeit zugänglich zu machen. Zum anderen kritisiert er die Aufgabenstellung von PISA 2003, indem er den Verantwortlichen vorwirft, sie würden undeutliche Fragestellungen verwenden und deshalb die Leistungsmessungen uneinheitlich gestalten.[385] Er ist der Meinung, dass diejenigen Schüler im Vorteil sind, „in deren Sprache und Kultur die Aufgaben ursprünglich angesiedelt sind“[386] und belegt seine These mit Beispielaufgaben.

Nachfolgend stellt er die Authentizität der Aufgabeninhalte in Frage,[387] die sich seiner Meinung nach „als Knobelaufgaben in Zeitungswochenendbeilagen finden“[388] lassen; bemängelt deren „textlastige Einkleidung“[389]; problematisiert das unzureichende Zeitfenster, das den Schülern für die Lösung der Aufgaben zur Verfügung steht[390] und spricht dem PISA-Konsortium Fachwissen ab, wenn er schreibt, dass „die Aufgabenautorinnen und -autoren immer wieder über ihre eigenen Füße stolpern“ sowie „selbst Lücken bei ihrer Scientific Literacy“[391] haben.

Stellungnahme

Zu *Benders* Aussage in Bezug auf die vermeintliche Geheimhaltung der Aufgabenstellungen ist anzumerken, dass auf die Veröffentlichung der kompletten PISA-Aufgabenstellung verzichtet wurde, weil wie er selbst richtigerweise anmerkt, die OECD „einen Teil der Aufgaben identisch in verschiedenen Durchgängen einsetzen möchte“[392]. Ausgewählte Prüfungsaufgaben werden zudem in regelmäßigen Abständen vom internationalen und nationalen PISA-Konsortium herausgegeben.

Seine Kritik an undeutlichen Fragestellungen ist zum Teil berechtigt. *Bender* leitet aus den von ihm angeführten Beispielen eine aufgabenbedingte, und somit strukturelle, Verständnisschwierigkeit deutschsprachiger Schüler ab. Allerdings kann die

[383] Bender (2005), S. 39.
[384] Vgl. Ebd., S. 39.
[385] Vgl. Ebd., S. 45.
[386] Ebd., S. 45.
[387] Vgl. Ebd., S. 47.
[388] Ebd., S. 49.
[389] Ebd., S. 47.
[390] Vgl. Ebd., S. 47.
[391] Ebd., S. 48.
[392] Vgl. Ebd., S. 39.

von ihm konstatierte durchgängige Übersetzungsproblematik[393] nicht als alleinige Ursache der unterdurchschnittlichen Testergebnisse deutscher Schüler gewertet werden. Seine Ausführungen, nach denen diejenigen Schüler im Vorteil seien, in deren Sprache und Kultur die Aufgaben ursprünglich angesiedelt sind, muss eine kritische Prüfung durch Wissenschaftler erfahren.

Benders Kritik an der mangelnden Authentizität der PISA-Aufgaben erstaunt, da der Zweck von PISA darin bestand, die Vermittlung mathematischer Grundbildung in einem authentischen Kontext zu beurteilen. An dieser Stelle ist *Benders* Verständnis von Authentizität anhand seiner eigenen Aussage zu thematisieren: Seine Behauptung, nach der die Schüler bei der Aufgabenbearbeitung „schon aus Zeitgründen jedes Nachdenken über den Realgehalt [einer Aufgabenstellung, Anm. d. Verf.] auszuschalten“[394] hätten, ist nicht überzeugend, da es bei dem Versuch, eine authentische Aufgabenstellung zu erarbeiten, nicht darum geht, die Schüler zeitintensive Gedankenkonstruktionen ausführen zu lassen, sondern ihr Interesse durch lebensnahe Beispielaufgaben zu wecken. Dass dabei die Aufgabenstellung einen größeren Textanteil besitzt – was *Bender* kritisiert – hängt damit zusammen, dass die Orientierung des „deutschen Mathematikunterrichts an mathematischen Inhaltsbereichen bzw. Stoffgebieten eine Sichtweise ist, die bei der mathematical literacy, bei der es vielmehr um den verständnisorientierten Umgang mit Mathematik und um die Fähigkeit geht, mathematische Begriffe als Werkzeuge in einer Vielfalt von Kontexten einzusetzen, im Sinne von PISA weniger relevant ist“[395].

Zu *Benders* Aussagen in Bezug auf die unterstellte mangelnde Qualifikation der PISA-Verantwortlichen ist anzumerken, dass sich die deutschen PISA-Konsortien aus Vertretern namenhafter Institutionen wie dem Max-Planck-Institut für Bildungsforschung oder dem Leibnitz-Institut für die Pädagogik der Naturwissenschaften sowie aus Wissenschaftlern unterschiedlicher Disziplinen zusammensetzen. Deren Arbeit kann zwar wissenschaftlich kritisiert werden, *Benders* Kritik ist jedoch diesbezüglich unsachlich.

9.2.6 Methodische und konzeptionelle Kritik an der Aufgabenstellung von PISA II

In seiner kritischen Stellungnahme konstatiert *Kießwetter* „handwerkliche Mängel“[396] in der Konzeption der mathematical literacy bzw. mathematischen Grundbildung sowie in der Aufgabenstellung von PISA. In seiner Kritik plädiert er dafür, den seiner

---

393 Bender (2005), S. 45.

394 Ebd., S. 47.

395 Vgl. Reiss/Törner (2002), S. 47–48.

396 Kießwetter (2002), S. 49.

Meinung nach unzulänglichen und irreführenden Begriff mathematical literacy zu vermeiden, der zwar „zur Zeit medienträchtig, aber einengend“[397] sei; dadurch die „Beschränkung des spielerischen Assoziierens von Strukturen“[398] bewirke und durch den „auf eine einzige gewollte Lösung“[399] hingearbeitet werde.

Stattdessen spricht sich *Kießwetter* dafür aus, den Schülern ein „Kontrastprogramm zu mathematical literacy“[400] zu bieten, das „spielerische Lern- und Denkprozesse“[401] beinhaltet, damit sie „mit einem kontrollierten Selbstbewusstsein, mit einem gefestigten Grundgefühl der Sicherheit des eigenen Könnens sowie einem sachlich gerechtfertigten In-Sich-Ruhen“[402] von der Schule in das Leben entlassen werden können.

Im Umgang mit den Testaufgaben rät er zur Vorsicht vor vorschnellen Interpretationen und Schlussfolgerungen. Er hält die an PISA beteiligten „Mess-Psychologen und Mess-Pädagogen“[403] dazu an, die Zufälligkeit, Fehlerhaftigkeit und Beschränktheit von Testaufgaben[404] anzuerkennen. *Kießwetter* verweist dabei auf seine eigene über 20-jährige Erfahrung mit Testaufgaben,[405] wenn er zu bedenken gibt, dass die Aufgabenformulierung entscheidenden Einfluss auf die Lösungskompetenzen der Probanden hat[406] oder wenn er davor warnt, dass Testversagen nicht mit mangelndem Können gleichgesetzt werden darf.[407] Zudem merkt er an, dass sich die Fähigkeiten, die für eine erfolgreiche berufliche Karriere notwendig sind, nicht anhand von Testaufgaben ermitteln lassen.[408]

Stellungnahme

Der Begriff mathematical literacy oder mathematische Grundbildung ist, wie *Kießwetter* richtig anmerkt, nicht leicht zu definieren. Deshalb jedoch auf seinen Gebrauch zu verzichten, wie er es verlangt und ihn mit den von ihm beschriebenen Assoziationen zu belegen, ist hingegen verfehlt. Der Terminus ist nicht auf das

[397] Kießwetter (2002), S. 55.
[398] Ebd., S. 54.
[399] Ebd., S. 54.
[400] Ebd., S. 55.
[401] Ebd., S. 55.
[402] Vgl. Ebd., S. 55.
[403] Ebd., S. 55.
[404] Vgl. Ebd., S. 56.
[405] Vgl. Ebd., S. 55.
[406] Vgl. Ebd., S. 56.
[407] Vgl. Ebd., S. 56.
[408] Vgl. Ebd., S. 56.

beschränkt, was *Kießwetter* in seiner kritischen Äußerung ableitet, denn Ziel der mathematischen Grundbildung ist, Schülern Methodenkenntnisse zum selbständigen Erarbeiten mathematischer Fragestellungen zu vermitteln. Im Gegensatz zur Annahme *Kießwetters* geht es nicht um Beschränkung, sondern um Bereicherung des Wissenshorizonts. Die Schüler sollen laut PISA die Bedeutung der Mathematik in der heutigen Welt erkennen und verstehen, stichhaltige mathematische Analysen und Urteile fällen und sich auf eine Art und Weise mit der Mathematik beschäftigen, die den Ansprüchen des gegenwärtigen und künftigen Lebens der Schüler gerecht wird.[409]

Die Aufgaben, bei denen mathematical literacy im Vordergrund steht, zeichnen sich durch eine offenere Bearbeitungsstruktur aus als der herkömmliche Mathematikunterricht, bei dem es „primär um Routinen, Schemata und das Buchstabieren einer stark symbolhaltigen Sprache geht“[410].

Anders als seine kritischen Anmerkungen zu dem Begriffsverständnis der mathematischen Grundbildung sind die generellen Darlegungen *Kießwetters* im Hinblick auf den Umgang mit Testaufgaben und den darauf folgenden Interpretationen und Analysen zu bewerten: Seiner Kritik an Zufälligkeit, Fehlerhaftigkeit und Beschränktheit von Testungen muss Recht gegeben werden. Aus diesem Grunde können allerdings nicht die gesamten PISA-Studien verworfen werden, da ihre Ergebnisse nicht nur auf die Leistungsmessung bzw. auf die Ermittlung einer Länderrangfolge reduziert werden dürfen.

9.2.7 Methodische und konzeptionelle Kritik an der Aufgabenstellung von PISA III

Puchhammer fokussiert seine kritische Analyse von PISA 2003 auf die Sprachgestaltung der Aufgabenstellungen, und verweist darauf, dass in einem „durchschnittlichen mathematischen Lehrbuch die Seiten gefüllt sind mit Formeln und Nummern“, wohingegen „bei PISA nur ungefähr 7 Prozent des Arbeitstextes aus Zahlen und mathematischen Operatoren bestehen“[411]. Er stellt eine Korrelation zwischen Sprachbeherrschung und Aufgabenbewältigung fest, die auf einen größeren Textanteil der mathematischen Aufgabenstellungen zurückzuführen ist. Aufgrund der Einbettung der Mathematik-Aufgaben in größere Textabschnitte, die auf den Ansatz der mathematischen Grundbildung zurückgeht, ist bei PISA 2003 die Beherrschung der Testsprache für die Aufgabenlösung unabdingbar. Er unterstreicht seine These

[409] Vgl. Jablonka (2006), S. 156.

[410] Reiss/Törner (2003), S. 47.

[411] Puchhammer (2007), S. 128.

mit Erkenntnissen der Untersuchung von *Artelt* et al.,[412] dessen Evaluationen gezeigt haben, dass der „einflussreichste Faktor auf die Mathematik-Ergebnisse die Lesekompetenz ist“[413].

Wegen des hohen Stellenwertes, den die Lesekompetenz im PISA-Test einnimmt, erforscht *Puchhammer* die sprachliche Aufgabenformulierung im Test und gelangt hierbei zu der Feststellung, dass deutschsprachige Schüler gegenüber englisch- und französischsprachigen Schülern aufgrund zweier Ursachen per se benachteiligt werden: Zum einen findet die sprachliche Diskriminierung im Übersetzungsprozess der PISA-Aufgaben statt, da die deutsche Ausgabe des internationalen Tests ihren Ursprung in den englisch- und französischsprachigen Originalversionen hat.[414] *Puchhammer* räumt ein, dass ausreichende Methoden angewendet werden können, um die richtige Transkription zu gewährleisten. Daneben weist er auf mögliche Sprachstrukturveränderungen in der übersetzten Version hin,[415] die zu einer Verfälschung des Sinngehalts bzw. zu einer komplizierten, künstlichen Sprachgestaltung führen können. Um die Veränderung der Textstruktur zu beweisen, führt er eine Untersuchung an, die die Aufgabenlänge der englischsprachigen Version mit derjenigen der deutschsprachigen Fassung vergleicht und zu dem Ergebnis gelangt, dass mit einer durchschnittlichen Länge von 583 Zeichen die englischsprachige Version signifikant kürzer ist als die durchschnittlichen deutschsprachigen Aufgabenstellungen, die 670 Zeichen umfassen.[416]

Die zweite Ursache für die Diskriminierung deutschsprachiger Schüler stellt er anhand von Forschungsergebnissen des amerikanischen Linguisten *George Zipf*[417] dar, der ein Modell entwickelt hat, mit dem man die statistische Auftrittswahrscheinlichkeit von bestimmten Wörtern ermitteln kann.[418] Unter Verwendung dieses Modells ist es möglich zu ermitteln, welche Wörter in einer bestimmten Sprache häufig Verwendung finden und welche hingegen selten gebraucht werden. *Puchhammer* hat mithilfe dieses Modells die PISA-Aufgabenstellung untersucht und ist zu dem Ergebnis gekommen, dass während des Übersetzungsprozesses häufig genutzte Wörter in der englischsprachigen Version mit selten gebrauchten Wörtern in der deutschsprachigen Fassung ausgetauscht wurden.[419] Die Verwendung seltenerer

---

[412] Puchhammer (2007), S. 128.

[413] Ebd., S. 128.

[414] Vgl. Ebd., S. 128.

[415] Vgl. Ebd., S. 128.

[416] Ebd., S. 131.

[417] Vgl. Zipf (1932).

[418] Puchhammer (2007), S. 133.

[419] Vgl. Ebd., S. 134–135.

Wörter in der übersetzten Version ist für ihn gleichzusetzen mit einer schwierigeren Textstruktur, die wiederum als eine Ursache für die sprachliche Benachteiligung deutschsprachiger Schüler zu werten ist. Um diese Formen der Diskriminierung in Zukunft zu vermeiden schlägt *Puchhammer* vor, innerhalb des Prozesses der Aufgabenkonstruktion in verstärktem Maße auf korrekte und sinngemäße Übersetzungsverfahren zu achten.[420]

Stellungnahme

Puchhammers Aussage über die Aufgabenstellung in mathematischen Textbüchern im Allgemeinen ist wage formuliert, da die Perspektive des jeweils Beurteilenden darüber entscheidet, welches Buch und welche Aufgabenstellungen als normal, unnormal, durchschnittlich oder kaum gebräuchlich zu werten sind.

Konstruktiv dagegen ist seine Kritik an der Sprachgestaltung der Aufgabenstellung der PISA-Tests und seine damit einhergehende These der sprachlichen Diskriminierung deutschsprachiger Schüler. Seine Untersuchung zeichnet sich durch hohe wissenschaftliche Prägnanz aus und ist zugleich ein neuer Ansatz in der PISA-Kritik.

Puchhammers Stellungnahme ist verständlich und gerechtfertigt. Es bleibt zu hoffen, dass die PISA-Administration seine Hinweise in Bezug auf das Übersetzungsverfahren und die daraus resultierenden Ungenauigkeiten bzw. sprachlichen Abweichungen, die zu ungleichen Aufgabenstellungen führen, Beachtung schenkt. Dabei dürfen allerdings andere, für den Testerfolg ebenso aussagekräftige Ursachen – wie beispielsweise die institutionellen Ursachen der Bildungsbenachteiligung sowie der soziale Status oder die ethnische Herkunft der Schüler – nicht vernachlässigt werden.

9.2.8 Kritik an der Interpretation der PISA-Ergebnisse

Hagemeister kritisiert Reformmaßnahmen, die in Reaktion auf die PISA-Testergebnisse diskutiert werden, weil seiner Meinung nach „bei vielen dieser aktuellen Reformen die Begründung mit PISA einer näheren Überprüfung nicht standhält"[421]. In seiner Stellungnahme geht er einigen zentralen Forderungen der OECD infolge der deutschen PISA-Ergebnisse nach, indem er folgende Fragen beantwortet: Ist die Klassenfrequenz entscheidend für die Erbringung sehr guter Leistungen? Fördern die deutschen Lehrer im Vergleich zu Lehrern anderer Nationen die Schüler ausrei-

[420] Puchhammer (2007), S. 136.

[421] Hagemeister (2006), S. 241.

chend? Sollte das Einschulungsalter überdacht werden, damit Leistungssteigerungen erzielt werden können? Tragen zentrale Prüfungen und Vergleichsarbeiten zu einer Leistungssteigerung bei und ist Ganztagsbetreuung in elementarpädagogischen Einrichtungen und Schulen der Grund für sehr gute Leistungen der Schüler?

In Bezug auf die Frage der Klassenfrequenz und ihrer Auswirkung auf die Leistungen der Schüler kritisiert *Hagemeister* die Einschätzung der PISA-Konsortien in ihrer Behauptung, die Klassengröße sei nicht entscheidend für die Erbringung sehr guter Leistungen. Er führt dagegen an, „dass gerade in Staaten, die bei PISA sehr gut abgeschnitten haben, intensive Förderung in Kleingruppen neben dem Unterricht stattfindet“[422]. Er belegt seinen Standpunkt mithilfe zweier Studien; einer US-amerikanischen Langzeitstudie[423] und einer Untersuchung im deutschsprachigen Raum.[424] Die amerikanische Studie besagt, dass die Zeitspanne, innerhalb derer Schüler in kleinen Klassen unterrichtet werden, entscheidenden Einfluss auf die Verbesserung ihrer Leistungen hat. Nach den Erkenntnissen dieser Untersuchung sind Leistungssteigerungen der Schüler erst bei mehrjähriger Beschulung und nicht kurzfristig zu erwarten.[425] Eine andere zentrale Erkenntnis ist, dass insbesondere Schüler aus sozial schwachen Familien von der geringeren Schülerzahl in der Klasse profitieren.[426] In der zweiten Untersuchung weisen die Wissenschaftler auf „signifikante Zusammenhänge zwischen Klassengröße und Unterrichtsqualität“[427] hin. *Hagemeister* führt die Ursache von besseren Leistungen der Schüler in kleineren Klassen sowohl auf die intensivere Kommunikation innerhalb des Klassenverbandes als auch auf die Möglichkeit des Lehrers zurück, sich den Bedürfnissen eines jeden Schülers anzunehmen.

Zu der Kontroverse, ob sich die deutschen Lehrer im Vergleich zu Lehrern anderer Nationen in ausreichendem Maße bemühen, den Schülern Wissen zu vermitteln und sie zu fördern, gibt *Hagemeister* die schwierigen Arbeitsbedingungen der deutschen Lehrer zu bedenken. Er vergleicht die Leistungsanforderungen, die an deutsche Lehrer gestellt werden, mit denen finnischer und schwedischer Lehrer und gelangt zu der Erkenntnis, dass die skandinavischen Lehrer bei ihrer Arbeit (besonders mit allochthonen Schülern) von Förderspezialisten, Sozialarbeitern und Psychologen unterstützt werden; dass sie einen höheren Status in der Gesellschaft genießen; dass jeder Lehrer über ein eigenes Arbeitszimmer in der Schule verfügt und die Zahl

[422] Hagemeister (2006), S. 243.
[423] Vgl. Tennessee STAR project (Student Teacher Achievement project).
[424] Vgl. Deutsch-Englisch-Schülerleistungen-International (DESI).
[425] Vgl. Hagemeister (2006), S. 245.
[426] Vgl. Ebd., S. 245.
[427] Ebd., S. 246.

der Unterrichtsstunden geringer und die Klassengröße kleiner ist als in Deutschland.[428] Aufgrund dieser unterschiedlichen Arbeitsbedingungen fordert *Hagemeister* mehr Verständnis für die Arbeitssituation deutscher Lehrer und plädiert dafür, diese angesichts der vergleichbar schlechten Arbeitsbedingungen nicht zu überfordern.[429] Seiner Meinung nach leisten die deutschen Lehrer unter den relativ schwierigen Bedingungen gute Arbeit. Eine Leistungssteigerung der Lehrer könne ohne entsprechende Ressourcenausstattung nicht verlangt werden.

Hagemeister äußert Skepsis zu Vorschlägen der PISA-Verantwortlichen, die deutschen Kinder im Alter von vier oder fünf Jahren einzuschulen. Zur Begründung führt er Studien an die erwiesen haben, dass „vorzeitig eingeschulte Kinder im Laufe der Schulzeit signifikant häufiger als altersgemäß eingeschulte Kinder nicht versetzt werden, sowie fünf mal häufiger als andere Kinder ein zweites Mal sitzenbleiben“[430]. Anstatt die Fünfjährigen zusätzlichem Stress durch ihre Einschulung auszusetzen spricht sich *Hagemeister* dafür aus, den Kindern das „elementare Lernen z. B. im freien Spiel oder in der Umwelterkundung“[431] näherzubringen. Er verweist darauf, den Kindern mehr Zeit zu geben, sich zu entwickeln. In Bezug auf die Verweildauer der Schüler im deutschen Schulsystem stellt er zunächst fest, dass PISA keine Empfehlungen ausspreche, die Verweildauer der Schüler im deutschen Schulsystem zu verkürzen. Wenn aber solche Schritte unternommen werden sollten, müssten „gleichzeitig die Anforderungen im Abitur reduziert werden“[432], um die deutschen Schüler nicht zu überfordern.

Die Hoffnungen, die mit überregionalen Prüfungen, dem Zentralabitur und Vergleicharbeiten verbunden sind, kann *Hagemeister* nicht teilen. Er glaubt nicht an eine mit ihrer Implementierung einhergehende Verbesserung der Schülerleistungen bzw. ihrer besseren Vergleichbarkeit, da Staaten existierten, die bei den PISA-Tests besser abgeschnitten hätten, obwohl dort keine zentralen Prüfungen abgelegt würden; in den PISA-Studien die Schüler derjenigen Schulen, die an überregionalen Leistungsvergleichen partizipierten, im Durchschnitt schlechtere Testergebnisse vorwiesen als jene, deren Schulen nicht an derartigen Evaluationen teilnähmen; das Zentralabitur einen nivellierenden Effekt auf die leistungsstarken Schüler ausübe und leistungsschwache Schüler aufgrund dessen weiter zurückfielen.[433]

In der Diskussion um die Wirksamkeit von Ganztagsschulen und Ganztagsbetreuung in elementarpädagogischen Einrichtungen, die nach der Veröffentlichung

428 Hagemeister (2006), S. 248.
429 Vgl. Ebd., S. 247–249.
430 Ebd., S. 249.
431 Ebd., S. 250.
432 Ebd., S. 251.
433 Vgl. Ebd., S. 253–255.

der PISA-Tests einen neuen Höhepunkt erfahren hat, fordern die PISA-Verantwortlichen den Ausbau ganztägiger Betreuungsinstitutionen von Schülern, Kindergarten- und Kleinkindern, weil sie sich von der frühen bzw. umfassenden Förderung Leistungssteigerungen versprechen. *Hagemeister* wendet bei der Debatte um Ganztagsschulen ein, den Einfluss des Elternhauses auf die Schulleistungen nicht zu unterschätzen, weil „die bei PISA 2000 und PISA 2003 gemessenen Testergebnisse durch Elternhaus-Variablen wie beispielsweise der sozioökonomischen Herkunft sowie dem Bildungsgrad der Eltern sehr viel stärker beeinflusst werden als durch Schul-Variablen“[434]. Seiner Ansicht nach kann die Ganztagsschulbetreuung die häusliche Förderung nicht kompensieren. So spricht er sich dafür aus, den Einfluss der Betreuungsinstitutionen nicht zu überschätzen, wenn er die Erkenntnis einer Studie über die Entwicklung der Sprachkompetenz zitiert, nach der „die Familienvariablen die höchste Erklärungskraft für die Sprachentwicklung besitzen“[435]. Außerdem nimmt er Bezug auf die Befunde einer Studie, die eine Kovarianz zwischen den Öffnungszeiten elementarpädagogischer Institutionen, dem Vorbereitungsaufwand, der Gruppengröße und der Qualität herstellt. Demnach ist die „gemessene Qualität von Kindertagestätten und Kindergärten umso schlechter, je länger die Öffnungszeiten, je geringer der Vorbereitungsaufwand und je größer die Kindergruppen waren“[436].

Stellungnahme

Hagemeisters Plädoyer für die Schaffung kleinerer Klassen ist eine wichtige und wissenschaftlich fundierte These und stellt zugleich eine konstruktive Kritik an der Stellungnahme der PISA-Verantwortlichen dar, welche diesbezüglich davon ausgehen, dass die Klassengröße keine leistungsbeeinflussende Variable ist. Besonders überzeugend ist seine Argumentation für bessere Förderbedingungen, die sich aus einer kleineren Schülerzahl in einer Klasse ergäben. Außerdem kann in diesem Kontext davon ausgegangen werden, dass auch die Lehrer die Unterrichtssituation in einer kleineren Schülergruppe angenehmer empfinden als in einer größeren Klasse. Doch diesbezüglich stellen sich folgende Fragen: Welche Schüleranzahl ist optimal für den Lehrbetrieb und wie lassen sich kleinere Klassen und der damit verbundene höhere Sach- und Personalaufwand aufbringen? Diesen Fragestellungen gilt es, in weiteren Forschungsarbeiten zu untersuchen.

Auch *Hagemeisters* Darstellung der Überlastung der deutschen Lehrerschaft sollte bei zukünftigen Reformmaßnahmen Beachtung finden. Er spricht sich ver-

---

434 Hagemeister (2006), S. 256.

435 Vgl. S. 260.

436 Vgl. Ebd., S. 261.

ständlicherweise gegen eine pauschale Lehrerschelte aus, indem er die Berufsbedingungen von deutschen Lehrern mit denen finnischer und schwedischer Lehrer vergleicht und zu der Schlussfolgerung gelangt, dass die deutschen Lehrer von Experten (Psychologen, Pädagogen und Förderspezialisten) bei ihrer Arbeit unterstützt werden müssten. Zudem müsse die Ausbildung von Lehrkräften praxisorientierter und interkultureller gestaltet werden, damit zukünftige Lehrer besser mit der stetigen Heterogenisierung der Schülerschaft umgehen lernen. Dabei darf aber nicht vernachlässigt werden, dass ein Teil der deutschen Lehrerschaft in Situationen, in denen schwedische und finnische Lehrer die Anwendung von fördernden Maßnahmen bevorzugen, von sanktionierenden Instrumenten Gebrauch macht. Als Ursachen dieser Praxis können sowohl die selektive deutsche Schulstruktur, der Gebrauch stereotyper Muster bei der Notenvergabe als auch die fehlende Förderkultur des deutschen Schulsystems benannt werden. Eine umfassendere Ausbildung der Lehrer sowie deren Unterstützung durch Fachkräfte könnten dazu beitragen, die Defizite leistungsschwacher Schüler auszugleichen, ihre Potenziale besser zu nutzen sowie die leistungsstarken Schüler noch stärker zu fördern.

Hagemeisters ablehnende Haltung der frühzeitigen Einschulung und der kürzeren Beschulung von Kindern bedarf der stärkeren Diskussion, weil andere als die von ihm zitierten Forschungsergebnisse zu dem Schluss kommen, dass das frühkindliche Potenzial in deutschen Krippen und Kindergärten aufgrund unzureichender Sachausstattung und mangelnder Qualifizierung des Personals nicht hinreichend ausgeschöpft wird.[437] Auch seine an die Verschlankung der Curricula gebundene Haltung hinsichtlich der Verkürzung der Beschulungszeit deutscher Schüler kann als guter Einwand in der Diskussion über G-8 bewertet werden.

Seine Positionierung zu Vergleichsarbeiten, dem Zentralabitur sowie überregionalen Prüfungen muss kontroverser diskutiert werden als seine übrigen Aussagen zu angedachten Reformmaßnahmen, weil er die negativen Aspekte dieser Maßnahmen hervorhebt und ihre möglichen positiven Folgen vernachlässigt. Er verkennt, dass es sich um wichtige Instrumente für die Evaluation und Verbesserung des Unterrichts handelt, die dazu beitragen können, die Einheitlichkeit bzw. Vergleichbarkeit von Bildungsabschlüssen herzustellen. Die Folge der Einführung derartiger Reformen muss nicht, wie *Hagemeister* es befürchtet, eine Leistungsnivellierung, sondern kann ebenso die wünschenswerte Nivellierung der Leistungsanforderungen sein. Damit nicht, wie von ihm erwartet, leistungsstarke Schüler von den leistungsschwachen Schülern negativ beeinflusst werden und leistungsschwache Schüler den Anschluss an die Leistungselite nicht verlieren, müssen spezielle Fördermaßnahmen für beide Gruppen entwickelt und die Potenziale unterschiedlicher Schülergruppen mithilfe

[437] Vgl. Schneider (2009).

binnendifferenzierter Maßnahmen ausgeschöpft werden. Erst danach sind Reformmaßnahmen zur Evaluation und besseren Vergleichbarkeit des Unterrichts und der Bildungsabschlüsse sinnvoll.

Seine vorgebrachte Kritik am diskutierten Ausbau von Ganztagsschulen sowie ganztägigen elementarpädagogischen Einrichtungen und deren Einfluss auf die Leistungen von Schülern ist differenziert zu betrachten, weil einerseits die von ihm angeführten Elternhaus-Variablen wichtige Faktoren für den Schulerfolg sind: Die Eltern dürfen ihre Erziehungsrolle nicht an staatliche Institutionen übertragen, sondern haben die Pflicht zur selbständigen Förderung ihrer Nachkommen. Andererseits muss darauf hingewiesen werden, dass viele Familien aus Mangel an Zeit, Geld oder Kompetenz nicht in der Lage sind, eine ausreichende Erziehung ihrer Kinder eigenständig zu leisten, sodass die Schule in der ganztägigen Betreuungsform gezwungen ist, wichtige Kompensationsmaßnahmen einzuleiten. Dasselbe gilt für die ganztägige Krippe oder den Kindergarten, weil gerade die aus der Forschung bekannten positiven Spätfolgen qualitativ hochwertiger und langjähriger Fördermaßnahmen im Kleinkindalter[438] wichtige Belege für den Ausbau ganztägiger Betreuungs- bzw. Bildungseinrichtungen sind. Schwierigkeiten ergeben sich allerdings in der praktischen Umsetzung dieser Maßnahmen aus der Notwendigkeit finanzieller Mehrausgaben, die solch eine zeitintensive Betreuung verursacht.

9.2.9 Folgen von PISA I

Der Kern von *Huiskens* Kritik richtet sich sowohl gegen die Art und Weise der PISA-Debatte als auch gegen die Schlussfolgerungen, die von hiesigen Bildungsadministratoren und -experten daraus gezogen werden. Er beanstandet, dass „der eigentliche Skandal"[439] nämlich die Tatsache, dass „in keinem anderen Land die [Leistungs-, Anm. d. Verf.] Differenzierung zwischen schlechten und guten Schülern so groß ausfällt wie in Deutschland und dass in keinem anderen Land die Chancen für Kinder aus den untersten Schichten der Gesellschaft, das Abitur zu machen, so schlecht stehen wie in Deutschland"[440] in der nationalen PISA-Diskussion keine ausreichende Beachtung findet.

In den Debatten nach Bekanntgabe der PISA-Befunde registriert er einen „inhaltslosen, abstrakten Nationalismus"[441], da sich in ihnen seiner Meinung nach keine ernsthafte Sorge um „die geistige Verfassung und die Bildung der Jugend hierzulan-

---

438 Vgl. Diefenbach (2007), Merkens (2004), Roth/Britz (2006), Kreyenfeld (2008), Becker/Lauterbach (2008).

439 Huisken (2005), S. 25.

440 Ebd., S. 24–25.

441 Ebd., S. 15.

de“[442] abzeichnet, sondern „allein die Auswirkungen dieser Bildung aufs nationale Ansehen und auf die Konkurrenzfähigkeit der nationalen Ökonomie“[443] debattiert würden.

Huisken bemängelt, dass der „nationale Nachwuchs zum Wachstumsfaktor“ degradiert wird, der „als personifizierte Ressource Wissen vorkommt, die Dienste für konkurrenzfähiges ökonomisches Wachstum zu erbringen hat“[444], obwohl seiner Meinung nach Bildung und Wirtschaftswachstum nicht zwangsläufig miteinander korrespondieren.[445]

Zudem kritisiert er „die nationale (Bildungs-)Politikerriege, weil sie einerseits mit dem Vergleichsresultat unzufrieden ist, aber andererseits mit jener Eigenart der hiesigen Schulorganisation, die gerade zu Platz 22 (im PISA-Test 2003, Anm. d. Verf.) geführt hat, nämlich mit der Selektionsfunktion der deutschen Schule, die über die Dreigliedrigkeit vollzogen wird, so zufrieden ist“[446].

Schließlich wendet er sich gegen den „rassistischen Wahn“[447], allochthone Kinder für das schlechte Abschneiden verantwortlich zu machen und gibt zu bedenken, dass es „die Pflicht eines jeden Schülers ist, sich in der Schule zu bewähren, die es gibt“[448], weil für ihn eine homogene deutsche Schule zu jeder Zeit eine Fiktion war.

Stellungnahme

Huisken regt mit seiner Stellungnahme eine konstruktive Metadebatte über PISA an, indem er dafür plädiert, den Fokus der Diskussion auf die Schüler zu richten, statt Ängste um den volkswirtschaftlichen Niedergang Deutschlands zu schüren. Dabei nimmt er den Standpunkt ein, die Schüler nicht ausschließlich als wirtschaftliches Potential zu betrachten, das ausgeschöpft werden muss, sondern sie als menschliche Wesen wahrzunehmen, deren Bildung und Wissen nicht immer wirtschaftskompatibel sein kann und soll. Ob diese Erkenntnis gleichzusetzen ist mit einem inhaltslosen, abstrakten Nationalismus, wie *Huisken* es ausdrückt, oder ob seine Bezeichnung überzogen ist, mag dahingestellt sein. Einzuwenden ist allerdings, dass sich die Bildungsadministration erst aufgrund der PISA-Studien und den Daten zur Demographieentwicklung gezwungen fühlt, Schülergruppen, die vorher im Kontext ihrer

[442] Huisken (2005), S. 14–15.

[443] Ebd., S. 15.

[444] Ebd., S. 16.

[445] Ebd., S. 17.

[446] Ebd., S. 24.

[447] Ebd., S. 45.

[448] Ebd., S. 45.

Beschulung als „Probleme“ bezeichnet wurden, als bisher unerschlossene „Potenziale“ anzusehen und diese durch spezielle Maßnahmen zu fördern. Dieser vermeintliche Bewusstseinswandel ist sicherlich nicht zuletzt aufgrund der absehbaren Überlastung der sozialen Sicherungssysteme und des prognostizierten Fachkräftemangels und damit einhergehender volkswirtschaftlicher Kosten-Nutzen-Abwägungen vollzogen worden. Allerdings muss *Huisken* in diesem Punkt entgegnet werden, dass im Gegensatz zu Teilen der Bildungsadministration einige Bildungsforscher sowohl vor als auch im Verlauf der Diskussion um die Ergebnisse der PISA-Tests das Schülerschicksal ausreichend behandelt haben, ohne dabei explizite marktwirtschaftliche Bezüge hergestellt zu haben. Unterschiedliche Interpretationsansätze im Zuge der Auswertung der PISA-Befunde erfahren in *Huiskens* Argumentation keine ausreichende Betrachtung.

Zwar ist ihm zuzustimmen, wenn er anmerkt, dass es zwar Kritik an den schlechten PISA-Test Ergebnissen deutscher Schüler gegeben habe, aber darauf verzichtet würde die strukturellen Ursachen, u. a. das dreigliedrige Schulsystem, zu reformieren. Aber Huisken darf nicht außer Acht lassen, dass die deutsche Bildungslandschaft kein homogenes Gebilde ist. Wie in Kapitel drei dargestellt, gibt es multiple bildungspolitische Machtzentren in der BRD, die zum Teil divergierende Auffassungen vertreten und dementsprechend unterschiedlich handeln.

Differenzierter ruft er zum Umgang mit kulturalistischen Interpretationen der PISA-Ergebnisse auf, indem er sich gegen die Konstruktion von Migrantenkindern als „Sündenböcke“ verwehrt. Dadurch macht er die Sinnfreiheit und die damit einhergehende Gefahr von Geisteshaltungen einiger Teile der Bildungsadministration, Lehrern und Eltern deutlich, die davon ausgehen, dass ohne Hinzuzählung der Testergebnisse allochthoner Schüler das PISA-Gesamtergebnis besser ausgefallen wäre. Anstelle fiktiver Vorstellungen über das deutsche Schulsystem plädiert *Huisken* für die Anerkennung der deutschen Schul- und Gesellschaftsrealität. Dem ist zuzustimmen und statt einer Stigmatisierung der Migrantenkinder aufgrund der Ergebnisse der PISA-Tests ist die Entwicklung von Maßnahmen notwendig, die allen Kindern, die in Deutschland beschult werden, zugute kommen.

9.2.10 Folgen von PISA II

In dem Beitrag von *Cremer-Schäfer* und *Sondermann* wird der mediale Diskurs, der durch die PISA-Tests ausgelöst wurde, debattiert, indem die beiden Forscher exemplarisch „Titelgeschichten und eine Serie des Magazins *Der Spiegel*“[449] auswerten. Sie stellen dabei die These auf, dass Teile der Medien im Verlauf der PISA-Dis-

[449] Cremer-Schäfer/Sondermann (2007), S. 140.

kussion Fremdenfeindlichkeit und Armutsfeindlichkeit schürten, weil sie für die schlechten Testergebnisse bei den PISA-Studien sozialschwache und allochthone Schüler verantwortlich machten,[450] indem „Bildungsschranken nicht der Institution Schule, sondern den Familienverhältnissen, dem Sprachverfall in den Familien, den alleinerziehenden Müttern sowie den Deutschdefiziten der Ausländer zugerechnet werden“[451]. Somit werden die Opfer der Bildungsdiskriminierung zu Tätern gemacht und die Berichterstattung kommt nach Auffassung der beiden Forscher „nicht ohne ideologische Strategien aus“[452].

Cremer-Schäfer und *Sondermann* sind der Ansicht, dass vielschichtige Ursachen struktureller Benachteiligung von Kindern mit Migrationshintergrund im deutschen Schulwesen in den Medien nicht ausreichend thematisiert werden, sondern stattdessen „die Migranten-Familie als unüberwindbare Reformbarriere identifiziert wird“[453]. Diese Argumentationsform korrespondiert nach Meinung beider Wissenschaftler mit Mediendiskursen über mögliche Ursachen von Kriminalität, weil auch dort „das Muster der Personalisierung und der Familialisierung von Alltagskonflikten seit langer Zeit eingeübt wird“[454]. So benutzen Teile der Medien in beiden Fällen „Modelle, die die Fähigkeit des Systems und die Defizite und Defekte von Kindern und Eltern darstellen“[455].

Durch die einseitige Schuldzuschreibung und die Konstruktion des Migranten als „Sündenbock“[456] gelingt es nicht nur, auf den Problemverursacher hinzuweisen, sondern auch, zu suggerieren durch welche Maßnahmen die schlechte Leistungsbilanz behoben werden kann; nämlich mithilfe von „Vorleistungen insbesondere der Migrantenfamilien“[457]. Dabei unterscheidet das untersuchte Magazin nach Ansicht beider Forscher zum einen pauschal zwischen integrationswilligen und integrationsunwilligen Migrantenfamilien[458] und versäumt „nicht, die Leute zu benennen, die ganz von staatlicher Unterstützung auszuschließen sind“[459] wie zum Beispiel „Familien mit ultrakonservativen islamischen Vätern“[460].

---

450 Cremer-Schäfer/Sondermann (2007), S. 139–143.

451 Vgl. Ebd., S. 143.

452 Vgl. Ebd., S. 152.

453 Ebd., S. 144.

454 Ebd., S. 144.

455 Vgl. Ebd., S. 146.

456 Vgl. Ebd., S. 150.

457 Ebd., S. 151.

458 Ebd., S. 150.

459 Vgl. Ebd., S. 152.

460 Vgl. Ebd., S. 152.

Diese „Typenbildungen einer Kolonisierungs- und Ausschlusswissenschaft“[461] bieten „Gelegenheiten einer Zivilisierungsmission und einen Resonanzboden für Kontrolltheorien“[462], so *Cremer-Schäfer* und *Sondermann*.

Stellungnahme

Cremer-Schäfer und *Sondermann* stoßen mit ihrem Beitrag über die mediale Resonanz auf die PISA-Testergebnisse eine interessante Diskussion an. Der Kernthese der beiden, derzufolge Teile der Medien aufgrund ihrer plakativen Berichterstattung Fremdenfeindlichkeit und Armutsfeindlichkeit Vorschub leisten, ist zuzustimmen. Den beiden Forschern gelingt es, die Transformation des common sense in der PISA-Diskussion aufzuarbeiten, in deren Verlauf sozialschwache und allochthone Schüler zunehmend von der ihnen zugeschriebenen Opferrolle zu den Hauptverantwortlichen der schlechten Leistungsergebnisse gewandelt werden.

Beide Forscher konstatieren eine Parallelität in der Art und Weise der Berichterstattung über Kriminalitätsursachen und Gründe für Bildungsmisserfolg: So würden insbesondere nicht-institutionelle Ursachen wie beispielsweise die familiären Verhältnisse sowie die herkunftsspezifischen Determinanten als Hauptursachen für beide Phänomene angesehen. Dabei würden jedoch die komplizierten, vielschichtigen und diskriminierenden institutionellen Faktoren des Gesellschafts- bzw. Schulsystems nur unzureichend Beachtung finden. Dieser Gleichsetzung widmen die Wissenschaftler eine konstruktive Medien- und Systemkritik. Der Beitrag der beiden Wissenschaftler veranschaulicht die Familialiserung sowie die Ethnisierung von Alltagskonflikten[463] und die Gefahren ideologischer Aufbereitung von Themen mit gesellschaftspolitischer Brisanz.

Allerdings sollte bei der Analyse von Ursachen des Schulversagens nicht gänzlich auf familiäre, herkunftsspezifische, sozioökonomische und persönliche Variablen verzichtet werden, weil die genannten Faktoren, neben systeminhärenten Faktoren, wichtige Ursachen des Schul(miss)erfolgs sind. Die Ursachenforschung bezüglich der Schülerkompetenz sollte institutionelle (bildungspolitische) und nicht-institutionelle Determinanten (häusliche Sozialisationserfahrungen) beachten und untersuchen. So sind zum Beispiel „Ergebnisse zu schichtspezifischen Eltern-Kind-Interaktionen“[464] sowie Forschungsbefunde zur Mediensozialisation von Kindern aus sozial benachteiligten Familien[465] wichtige Indikatoren für die Erforschung

[461] Cremer-Schäfer/Sondermann (2007), S. 152.

[462] Ebd., S. 153.

[463] Vgl. Groenemeyer (2003).

[464] Vgl. Bühler-Niederberger (2009), S. 7.

[465] Vgl. Paus-Hasebrink (2009).

„unterschiedlicher Erziehungsqualität und deren Folgen“[466] und den sich daraus ergebenden Bildungserfolg unterprivilegierter Schüler. Außerdem können Untersuchungen über die „Prägekraft von Kultur für die individuelle Lebensgestaltung und -planung im Kontext von Bildungschancen und Bildungsgerechtigkeit“[467] sowie über das soziale Umfeld[468] Aufschluss darüber geben, welche Förderungsmaßnahmen ergriffen werden müssen, damit die schichtspezifische bzw. kulturspezifische Benachteiligung beseitigt und die bessere Nutzung der vorhandenen Ressourcen durchgeführt werden kann.

9.2.11 Kritik an Vergleichsstudien I

Meyerhöfer plädiert in Bezug auf *Adorno* in seinem Beitrag dafür, Vergleichsstudien als „kulturindustrielle Phänomene“[469] zu betrachten, die die „Beschädigung der relativen Autonomie von Bildungseinrichtungen betreiben“[470], weil bei ihnen „der Produktionsprozess den Erkenntnisprozess dominiert“[471]; sie dementsprechend „kaum Erkenntnis produzieren“[472], weil sie „von niemanden in Gänze durchschaut“[473] und schließlich „wie Industrieprodukte vermarktet werden“[474].

In Anspielung auf den Kulturindustriebegriff *Adornos*, welcher hiermit die industrialisierte Produktion von Kultur versteht,[475] begreift *Meyerhöfer* Vergleichsstudien als marktförmige Wissenschaft durch die die Forschung zum Wissenschaftsbetrieb mutiere.[476] Den alleinigen Zweck von Vergleichsstudien sieht er demnach in der Selbstaufrecherhaltung der Wissenschaftsindustrie.[477] Er zweifelt daran, dass Letztere den am Lehrbetrieb Beteiligten helfen, Prozesse und Leistungen zu verbessern. Stattdessen dienten derartige kommerzielle Produkte – wie er sie bezeichnet – „der Rationalisierung und Technisierung von Herrschaft, in der Möglichkeit unmittelbaren Zugriffs des Herrschaftssystems auf Lehrer und Schüler“[478].

---

466 Vgl. Paus-Hasebrink (2009).

467 Vgl. Brink (2009), S. 9.

468 Vgl. Strohmeier/Wunderlich/Lersch (2009).

469 Meyerhöfer (2006a), S. 63.

470 Ebd., S. 69.

471 Ebd., S. 63.

472 Vgl. Ebd., S. 63.

473 Ebd., S. 74.

474 Vgl. Ebd., S. 63.

475 Vgl. Adorno (1977).

476 Meyerhöfer (2006a), S. 63.

477 Vgl. Ebd., S. 74.

478 Vgl. Ebd., S. 69.

Er sieht die Gefahr der drohenden „Technokratisierung der Herrschaftsausübung durch technisierte Beurteilung“[479], aufgrund derer seiner Meinung nach „Sanktionen gegen Lehrer, Schüler und Schulen nicht wie bisher mithilfe inhaltlicher Auseinandersetzung durchgesetzt werden“[480], sondern schlechte Testergebnisse genügten, um „zu rügen, Aufstiege oder Prämien zu verweigern, Verträge nicht zu verlängern, Verbeamtungen zurückzuweisen und Versetzungen zu torpedieren“[481].

Stellungnahme

Im Gegensatz zu *Meyerhöfers* Befürchtungen wird die Handlungsfreiheit von Bildungsinstitutionen im Rahmen der Reformmaßnahmen im Bildungsbereich eher zustatt abnehmen. Die Bildungsadministration möchte den Schulen in ihrer konzeptionellen Ausrichtung und Unterrichtspraxis mehr Gestaltungsfreiheiten einräumen.

Ebenso muss seiner These, derzufolge Vergleichsuntersuchungen keinen Mehrwert erzeugten, entgegengehalten werden, dass erst aufgrund der PISA-Daten wichtige Wechselwirkungen, die für den Schul(miss)erfolg verantwortlich sind, erschlossen werden konnten. Für einige Bildungsforscher begann erst mit den PISA-Tests der „Auftakt zur echten Migrationsforschung im Bildungsbereich“[482]. Mit diesen Informationen ist es möglich, Fehlentwicklungen in der Bildungspolitik zu benennen und zu beenden sowie konstruktive Reformvorschläge für die künftige Gestaltung des Bildungssystems zu entwickeln.

Anders ist *Meyerhöfers* Kritik an der Vermarktungsstrategie von Vergleichsuntersuchungen zu beurteilen. Im Speziellen richtet er sich gegen die Kommerzialisierung von PISA-Merchandise-Artikeln wie DVDs oder Büchern die vorgeben, dem Zuschauer bzw. Leser durch die gezielte Darstellung der PISA-Testfragen Wissen zu vermitteln. In diesem Zusammenhang ist sein Verweis auf *Adorno* und seine sich daraus ergebende Kritik an der Wissenschaftsindustrie in Teilen als gerechtfertigt anzusehen. Natürlich ist es legitim, dass Wissenschafter für ihre Forschungspublikationen finanziell entlohnt werden. Jedoch besteht die Gefahr der simplifizierten bzw. populistischen Darstellungsweise komplexer Themen, dadurch dass wissenschaftliche Erkenntnisse einem breiten Publikum bzw. Markt zugänglich gemacht werden.

Dass die Erkenntnisse von Vergleichuntersuchungen hingegen dazu genutzt werden können, um Lehrern, Schülern und Schulen leichter Sanktionsmaßnahmen androhen und auferlegen zu können, wie es *Meyerhöfer* behauptet, kann so undifferen-

[479] Meyerhöfer (2006a), S. 71.

[480] Vgl. Ebd., S. 71.

[481] Vgl. Ebd., S. 71.

[482] Geißler (2005), S. 89.

ziert kaum behauptet werden. Im Hinblick auf die konkrete Unterrichtssituation können Evaluationen dazu dienen, die Unterrichtsqualität zu beurteilen und der Lehrperson Feedback zu geben. Ihr Zweck besteht in der Verbesserung des Unterrichts, was sowohl den Schülern als auch den Lehrern zugute kommt. Die bis dato von Rückmeldungen ausgeschlossene Berufsgruppe der Lehrer hat aufgrund dieser Praxis die Möglichkeit, nicht nur alleine über die eigene Arbeitsweise zu reflektieren, sondern sich in Zusammenarbeit mit Kollegen Gedanken über Verbesserungsmöglichkeiten der Unterrichtsgestaltung zu machen. Evaluationen dienen somit nicht nur der Qualitätsverbesserung und Innovation von Unterricht, sondern befördern auch den Gedankenaustausch zwischen Lehrern. Dass im Zuge von Rückmeldungen Kritik geäußert wird und Lehrer ihre Unterrichtsmethoden ggf. verändern müssen, ist notwendige Konsequenz. Aber hiervon auf eine Inflation von Sanktionsmaßnahmen zu schließen, stellt eine Übertreibung dar. Es kann davon ausgegangen werden, dass die positiven Effekte von Evaluationen die Nachteile deutlich überwiegen werden.

9.2.12 Kritik an Vergleichsstudien II

Keitels Beitrag richtet sich zum einen gegen Tests im Allgemeinen und zum anderen gegen die PISA-Tests im Speziellen. Sie betrachtet Intelligenz- und Leistungstests kritisch, weil sie davon ausgeht, dass deren ursprüngliche Zielsetzung, die sich ihrer Meinung nach in den letzten 100 Jahren nicht grundsätzlich gewandelt hat, nicht mit dem vereinbar ist, was heutzutage als politisch korrekt und sozial betrachtet wird.[483] Ihrer Meinung nach wurden Tests von der „sozialen Effizienzbewegung"[484] in den USA konzipiert, die ihre Ideen strikt an Nützlichkeitserwägungen ausrichtet hat, damit „genau vorhergesagt und bestimmt werden konnte, welches die geeignete zukünftige gesellschaftliche Rolle eines Individuums sein kann und soll"[485], um „die Verschwendung von Ressourcen im Bildungssystem"[486] zu verhindern. Solche Tests kamen laut *Keitel* u. a. in Zeiten der Massenimmigration in die USA zum Einsatz, um „Immigranten zuverlässig nach ihrem möglichen gesellschaftlichen Nutzen und ihren Leistungsfähigkeiten zu identifizieren und diejenigen auszusortieren, die möglicherweise eine Bürde für die Gesellschaft werden könnten"[487]. Die Gefahr, die von solch einer Denkweise ausgeht, besteht ihrer Ansicht nach darin, „Intelligenz als

[483] Vgl. Keitel (2006), S. 32.

[484] Ebd., S. 36.

[485] Vgl. Ebd., S. 36.

[486] Ebd., S. 36.

[487] Ebd., S. 38.

eine angeborene, unveränderbare Ausstattung des Menschen"[488] anzusehen, „die weder durch Sozialisation noch durch Schulbildung zu ändern ist"[489].

Keitels Kritik an den PISA-Tests im Speziellen richtet sich gegen „das Ranking der Länder"[490], das ihrer Meinung nach „ein ähnlich populäres Interesse gefunden hat wie internationale sportliche Wettkämpfe"[491]. Sie warnt vor „unkontrollierten und irrationalen Wirkungen"[492], die Tests auf Bildungssysteme haben und die sich darin äußern, dass rangniedrigere Länder von höher bewerteten Staaten lernen möchten, dabei allerdings „ignorieren, was dort nicht funktioniert"[493] und dadurch ihre „eigenen Vorzüge"[494] aufgeben. Außerdem mahnt sie dazu, „die kulturellen, sozialen und systematischen Kontexte"[495] des jeweiligen Bildungssystems nicht zu ignorieren, indem Bildungspolitiker Maßnahmen wie das Importieren von Schulbüchern aus Singapur oder das Adaptieren von Aufgaben aus Japan[496] als Patentrezept für bessere Leistungen ansehen.

Stellungnahme

Keitels Kritik an den Grundannahmen der „sozialen Effizienzbewegung" ist gerechtfertigt, da sie nicht kompatibel sind mit dem gegenwärtigen Verständnis von Chancengleichheit. Intelligenz- und Leistungstests sind nicht dazu geeignet, verlässliche Aussagen über die zukünftige Rolle von Menschen in der Gesellschaft zu treffen, weil Faktoren wie Bildungsgrad der Eltern, sozioökonomischer Status, kulturelle Herkunft, soziales Umfeld sowie Charaktereigenschaften wie Ehrgeiz und Fleiß, aber auch nicht beeinflussbare Variablen wie Glück oder Zufall bei diesem Entwicklungsprozess eine Rolle spielen. Trotz alledem sind Intelligenz- und Leistungstests noch immer fester Bestandteil von Selektionsprozessen, die in den USA in Bewerbungsverfahren dazu benutzt werden, die besten Kandidaten auszuwählen.

Im Gegensatz zu *Keitels* These, nach der sich die Grundannahmen dieser Tests im letzten Jahrhundert nicht gewandelt hätten, muss vielmehr davon ausgegangen werden, dass durch Maßnahmen wie affirmative action[497] die Interpretation solcher

---

488 Keitel (2006), S. 43.
489 Ebd., S. 43.
490 Vgl. Ebd., S. 50.
491 Ebd., S. 50.
492 Ebd., S. 50.
493 Ebd., S. 51.
494 Ebd., S. 50.
495 Ebd., S. 51.
496 Ebd., S. 51.
497 Vgl. Rubio (2001).

Tests sehr wohl Veränderungen erfahren hat, weil im Zuge dessen der Faktor Leistung, z. B. bei Aufnahmeprüfungen zur Universität oder bei Berufseinstiegstests, nicht mehr einzig entscheidend ist, sondern verschiedene Variablen wie Hautfarbe oder der sozioökonomische Status Beachtung finden.

Überdies muss *Keitels* Versuch, eine Korrelation zwischen den von ihr negativ beurteilten Grundannahmen der Intelligenz- bzw. Leistungstests und den Ideen der PISA-Tests herzustellen als verfehlt bezeichnet werden. Ihre Behauptung lautet, dass diese Tests diejenigen aussortieren, die möglicherweise eine Bürde für die Gesellschaft werden könnten, weil ihre Testergebnisse unterdurchschnittlich sind und die Verantwortlichen eine Verschwendung von Ressourcen im Bildungswesen befürchten. Im Gegensatz dazu haben PISA-Verantwortliche immer wieder deutlich gemacht, dass kein einziger Schüler aufgegeben werden dürfe und jeder seinen speziellen Bedürfnissen entsprechend gefördert werden müsse. Schließlich haben erst die PISA-Ergebnisse auf den Umstand aufmerksam gemacht, dass insbesondere im deutschen Bildungswesen viele Schüler nicht ausreichend gefördert werden und deshalb keinen Schulerfolg haben. Deshalb steht die von *Keitel* beschriebene Denkweise in Kontrast zu den Grundhaltungen der PISA-Konsortien und kommt nicht in ihren Reformforderungen, in denen sie sich für stärkere Fokussierung auf förderbedürftige Schüler aussprechen, zum Ausdruck.

Ihre Anmerkung zum PISA-Ranking weist richtigerweise die Staaten dazu auf, Positionsbestimmungen nicht wie Ranglisten sportlicher Wettkämpfe zu begreifen. Die Staaten sollten ihre Ambitionen im Bereich Innovation ihrer Bildungssysteme nicht aufgrund der potentiellen Verbesserung ihrer Stellung in der Rangfolge, sondern mit Zielsetzung der Verbesserung der Beschulungssituation ihrer Schüler vorantreiben.

Keitels Kritik an der vermeintlichen Aufgabe von Vorzügen durch die Imitation anderer Bildungssysteme ist hingegen nicht gerechtfertigt insofern, als das deutsche Bildungssystem durch die Betrachtung anderer Bildungssysteme neue Impulse für die Weiterentwicklung des eigenen Systems erhält. Dabei gehen die Bestrebungen natürlich dahin, nur die positiven Aspekte der ausländischen Bildungssysteme aufzugreifen und in das Deutsche zu implementieren.

9.2.13 Fazit der PISA-Kritik

Die populistische PISA-Kritik versucht mithilfe unbegründeter Behauptungen, der persönlichen Diffamierung PISA-Verantwortlicher *(Költze)* sowie der Verwendung von Stereotypen *(Kraus)* die PISA-Debatte zu instrumentalisieren. Beide Autoren betreiben dadurch die unreflektierte Dramatisierung eines gesellschaftspolitisch wichtigen Diskurses, an dessen Ende sie sich aufgrund ihrer unwissenschaftlichen Stellungnahmen selbst disqualifizieren.

Die Kritik an der globalen Transformation des Bildungswesens aufgrund bzw. mithilfe der PISA-Studien bedient sich zwar oftmals einer polemischen Sprache *(Jahnke)* und würde gut daran tun, ihre Analysen differenzierter zu betreiben *(Uljens)*. Jedoch beinhalten beide Beiträge, die die schrittweise Kommerzialisierung des Bildungssystems und die damit zusammenhängenden Gefahren fokussieren, konstruktive Anregungen für die Gestaltung der zukünftigen Bildungspolitik.

Die Stellungnahmen zu der methodischen und konzeptionellen Kritik an der Aufgabenstellung der PISA-Tests, in denen die mangelnde Transparenz, Verständlichkeit und Authentizität der PISA-Aufgaben bemängelt wird *(Bender)*, sollte konstruktiv bei der Erstellung von Aufgaben in Nachfolgetests berücksichtigt werden. Die Kritik an der mathematical literacy sollte jedoch als wissenschaftlicher Disput innerhalb der Mathematikdidaktik-Community bewertet und nicht als grundsätzliche Kritik an PISA aufgefasst werden. Ebenso differenziert sollte die Mahnung vor Zufälligkeit, Fehlerhaftigkeit und Beschränktheit von Tests *(Kießwetter)* sowie die Erkenntnis, dass die Aufgabenformulierung entscheidenden Einfluss auf die Lösungsmöglichkeiten hat *(Puchhammer)* in zukünftigen Tests Beachtung finden, aber nicht dazu führen, aufgrund potenzieller Fehler in der Aufgabenformulierung und Ergebnisinterpretation von künftigen Leistungsvergleichen abzusehen.

Zur Kritik an der Interpretation der PISA-Ergebnisse *(Hagemeister)* muss angemerkt werden, dass Reformmaßnahmen nur dann sinnvoll sind, wenn sie die schulische Situation der Schüler verbessern. Sowohl bildungspolitische Schnellschüsse als auch die Weigerung, die schulischen Rahmenbedingungen an die gesellschaftlichen Veränderungen anzupassen, können negative Folgen nach sich ziehen.

In ihrem Beitrag über die Folgen der PISA-Tests weisen die betreffenden Forscher *(Huisken, Cremer-Schäfer* und *Sondermann)* darauf hin, in wissenschaftlichen Abhandlungen bzw. in Mediendiskursen nicht eine bestimmte Gruppe von Schülern – wie beispielsweise die allochthone Schülerschaft – die selbst mehrheitlich zu den Opfern und Diskriminierten des deutschen Schulsystems gehört, zu den Verantwortlichen für die unterdurchschnittlichen deutschen PISA-Testergebnisse zu erklären. Die Forscher kritisieren zu Recht dahingehende kulturalistische Deutungsmuster. Bei einer umfassenden Ursachenforschung über den Bildungs(miss)erfolg von Schülern dürfen allerdings individuelle Faktoren, wie häusliche Sozialisationserfahrungen, nicht außer Acht gelassen werden.

Die Kritik an Vergleichsstudien ist zum einen als Warnung vor dem Verlust der wissenschaftlichen Kredibilität formuliert, die mit der populären Aufbereitung wissenschaftlicher Erkenntnisse einhergeht und die auf die Gefahren der Kommerzialisierung der Wissenschaft hindeutet *(Meyerhöfer)*. Zum anderen zieht sie die Kompatibilität von Leistungsvergleichen mit den Grundwerten der deutschen Gesellschaft in Zweifel *(Keitel)*. Sie bedarf einer differenzierten Auseinandersetzung und hat Beachtung verdient.

10 Der Einfluss familiärer Paradigmen auf den Bildungs(miss)erfolg von Schülern im deutschen Schulwesen

*„Die elterlichen Lebensläufe, -stile und -pläne beeinflussen die Bildungschancen ihrer Kinder nachhaltig und auf unterschiedliche Weise."**

Die bisher vorgebrachten Argumente stützen vorrangig die These, nach der die Ursachen des Bildungs(miss)erfolgs innerhalb positiv bzw. negativ diskriminierender institutioneller Rahmenbedingungen des deutschen Schulsystems zu finden sind. In diesem Sinne stand die (Unter)Privilegierung durch das organisatorische Handeln des deutschen Bildungssystems im Vordergrund der vorstehenden Analyse. Ergänzend werden im folgenden Kapitel häusliche Sozialisationserfahrungen, die entscheidenden Einfluss auf die Bildungsperformanz von Schülern haben, beleuchtet. Vor dem Hintergrund, dass institutionelle Rahmenbedingungen ihre positive bzw. negative Wirkungsmächtigkeit auf die Bildungslaufbahn von Schülern erst entfalten können, wenn sie mit familiären Variablen korrelieren, werden nachfolgend die beiden Faktoren Bildungsaspiration der Eltern und das Kulturkapital der Familie untersucht.

Zunächst werden Auswirkungen unterschiedlicher häuslicher Sozialisation auf die Bildungsperformanz und den -erfolg von Schülern im Allgemeinen dargestellt. Nachfolgend werden Folgen der elterlichen Erziehung auf den Bildungs(miss)erfolg von Kindern mit Migrationshintergrund skizziert.

10.1 Die Bildungsaspiration der Familie als Faktor für den Bildungs(miss)erfolg

Ausgangspunkt dieser Betrachtung ist die Hypothese, derzufolge Bildungs(miss-)erfolg u. a. die Folge „elterlicher Bildungsentscheidungen"[498] ist. Neben der Schulleistung des Kindes ist der „Wille der Eltern"[499] eine entscheidende Variable für die schulische Performanz.

---

* Fereidooni (2010), S. 128.

[498] Vgl. Becker (2008), S. 167.

[499] Vgl. Ebd., S. 167.

Einen besonderen Stellenwert besitzen familiäre Bildungsaspirationen in Deutschland bereits beim „Übergang von der Grundschule auf die weiterführende Schule nicht nur, weil es die erste, sondern auch die entscheidende Weichenstellung der Bildungslaufbahn im deutschen Schulsystem ist“[500]. Dabei nehmen die Einflussgrößen wie Bildungstradition, erwarteter Bildungsnutzen und das Kulturkapital prominente Stellungen bei der Erklärung divergierender innerfamiliärer Bildungsbestrebungen und den damit einhergehenden unterschiedlichen schulischen Laufbahnentscheidungen ein. Nachfolgend werden die Faktoren, die zusammen genommen die Bildungsaspiration der Eltern beeinflussen, kritisch beleuchtet.

10.1.1 Die Bildungstradition

Die Bildungsabschlüsse der Eltern beeinflussen die schulische Karriere ihrer Kinder, weil die Entscheidung über die Schulformwahl in Zusammenhang zu dem elterlichen Bildungsstatus steht. Diese These belegen Untersuchungsergebnisse, nach denen „Kinder aus bildungshöheren Schichten in unteren Bildungsgängen seltener anzutreffen sind als Kinder aus bildungsfernen Schichten und umgekehrt“[501]. Auch bei gleichen schulischen Leistungen entscheiden sich Eltern mit höheren Bildungsabschlüssen für die weiterführende Schulform ihrer Kinder häufiger für Gymnasien, als Eltern mit niedrigen Bildungsabschlüssen.[502] Außerdem fechten vor allem Eltern mit höherem Bildungsstatus nicht gewünschte Übergangsempfehlungen an, wohingegen Eltern mit niedrigem Bildungsstatus Letztere häufiger befolgen[503] und ihre Kinder sogar bei festgestellter gymnasialer Eignung seltener an Gymnasien anmelden als Erstgenannte.[504]

Des Weiteren korrespondiert der Zeitpunkt der Schulformwahl mit der Bildungstradition der Familie: Je höher der elterliche Bildungsstandard ist, desto frühzeitiger steht die Entscheidung für die präferierte Schulform fest. Diesbezüglich „scheinen dabei weniger Überzeugungen von der Begabung des Kindes ausschlaggebend zu sein, sondern vielmehr verfolgte Bildungsziele und die schulische Tradition der Familie“[505]. Ein Grund dafür könnte die habituelle Nähe bzw. Ferne der Eltern zu Bildungsinstitutionen sein, die ihre Ursache in der elterlichen Bildungshistorie hat. Dementsprechend werden Eltern mit Hochschulzugangsberechtigung seltener von

[500] Vgl. Becker (2008), S. 166.
[501] Vgl. Solga/Wagner (2008), S. 191.
[502] Vgl. Geißler (2005), S. 77.
[503] Vgl. Ditton (2008), S. 256.
[504] Vgl. Geißler (2005), S. 77.
[505] Vgl. Ditton (2008), S. 253.

den Anforderungen der gymnasialen Ausbildung abgeschreckt als Eltern mit niedrigeren Bildungszertifikaten. Eine Untersuchung hat veranschaulicht, dass Familien mit niedrigem Bildungsstatus „die höheren Schulen als fremd, kompliziert, theoretisch, streng, fordernd usw. wahrnehmen, und dass dies vermutlich auf die fehlenden eigenen Erfahrungen in diesem schulischen Kontext zurückzuführen sein dürfte“[506]. Dieser Befund belegt die vorstehende Hypothese. Diesbezüglich kann angenommen werden, dass die Anforderungen an die schulische Performanz eigener Nachkommen proportional zu den eigenen Bildungsanstrengungen verlaufen.

10.1.2 Der erwartete Bildungsnutzen als Variable für die schulische Performanz

Mithilfe des Rational-Choice-Ansatzes kann das Bildungsverhalten von Eltern „als Prozess des Abwägens der erwarteten Kosten und Erträge sowie des wahrscheinlichen Erfolgs der Handlung“[507] erklärt werden. Nach diesem Modell verläuft die „Abwägung von Vor- und Nachteilen höherer Bildung im Sinne einer quasi-ökonomischen Investitionsentscheidung“[508]. Diesbezüglich konnte durch wissenschaftliche Studien ermittelt werden, dass Familien mit höherem Bildungsstatus und damit einhergehenden höheren Haushaltseinkommen im Gegensatz zu Familien mit niedrigem Bildungs- und Sozialstatus die Bereitschaft aufweisen, mehr Geld in die Bildung ihrer Kinder zu investieren. Ursache ist nicht nur, dass Erstgenannte über größere monetäre Mittel verfügen, sondern auch, dass sie den Nutzen langfristiger Bildungsinvestitionen über deren Kosten stellen.[509] Dabei erfolgt die „subjektive Beurteilung von Kosten und Nutzen höherer Bildung aus der sozialen Distanz zwischen Schichtzugehörigkeit und höherer Bildung“[510], sodass Schulformentscheidungen wesentlich in Dependenz zum familiären Bildungs- und Sozialstatus stehen.

Aber nicht nur die mit den Bildungsbemühungen zusammenhängenden Kosten, sondern auch der potentielle Nutzen von Bildungsinvestitionen könnte eine Ursache für die unterschiedliche Investitionsleistung von Eltern mit hohen und niedrigen formalen Bildungstiteln sein. Während bei Eltern mit hohem Bildungsstatus die Hoffnung auf die Bewahrung bzw. Steigerung des familiären Sozialstatus die Investition in die Bildung ihrer Nachkommen rechtfertigt, scheint die Furcht vor der möglichen Entfremdung der Kinder von dem häuslichen Umfeld Teile der Eltern mit niedrigem Bildungsstatus davon abzuhalten, in die Bildung ihrer Nachkommen zu investieren.[511]

---

506 Vgl. Ditton (2008), S. 253.

507 Vgl. Ebd., S. 255.

508 Becker (2008), S. 167.

509 Vgl. Becker/Lauterbach (2008), S. 135.

510 Vgl. Becker (2008), S. 169.

511 Vgl. Grundmann/Bittlingmayer/Dravenau/Groh-Samberg (2008), S. 51.

10.2 Das Kulturkapital der Familie

Das kulturelle Kapital einer Familie kann mit „dem Buchbestand operationalisiert werden“[512], der in einem Haushalt vorliegt, oder ist „an Kleidungs-, Sprach-, und Lebensstilen sicht- und erlebbar“[513]. Es umfasst aber auch „die Lern- und Bildungsmotivation sowie habitualisierten Lerngewohnheiten“[514]. Die gegenwärtige Sozialisations- und Bildungsforschung weist auf Korrelationen zwischen familiärem Kulturkapital, Bildungsentscheidungen der Eltern und schulischer Leistungsperformanz der Schüler hin. Besonders beim Übergang auf weiterführende Schulen entfaltet das „kulturelle Niveau“[515] der Familie seine Wirkung.

Kinder aus Familien mit geringem Kulturkapital „scheitern eher an den Sektionshürden des Systems“[516]. Sie erreichen im Vergleich zu Kindern aus Familien mit hohem Kulturkapital seltener den Sprung auf das Gymnasium.[517] Falls Letztere aber dennoch an einem Gymnasium beschult werden, müssen sie sich aufgrund ihrer kulturellen Distanz zu den Bildungsinhalten vergleichsweise mehr anstrengen als Kinder aus Familien, in denen das kulturelle Kapital stärker ausgeprägt ist. Immer noch gilt: Je geringer die kulturelle Ausstattung, desto begrenzter der Bildungserfolg.[518]

Ein Grund hierfür liegt in der unterschiedlichen familiären Lebensgestaltung. So werden Kindern in Haushalten mit hohem Kulturkapital schon frühzeitig durch informelle Lernanlässe im Familien- und Bekanntenkreis, aber auch durch die Ermöglichung „vieler Spielräume, Lernanregungen und Erfahrungsquellen“[519] Schlüsselqualifikationen näher gebracht, „die ihnen helfen, die Anforderungen im Alltag, in der Schule und später im Beruf erfolgreich zu bewältigen“[520]. Dahingegen lernen Kinder, die in Familien mit niedrigem Kulturkapital aufwachsen, den Habitus bildungsbürgerlicher Institutionen wie z. B. des Gymnasiums nicht automatisch. Ihnen fehlt die für die Übermittlung des kulturellen Kapitals benötigte, „Selbstverständlichkeit und Freiwilligkeit“[521]. Sie müssen sich, um Bildungserfolg zu haben, mehr anstrengen und größere kulturelle Distanzen überwinden, wenn sie in höherwertigen Schulformen, die ihrem familiären Umfeld fern sind, erfolgreich sein wollen.

---

[512] Becker (2008), S. 170.
[513] Brink (2009), S. 8.
[514] Vgl. Becker (2008), S. 169.
[515] Ebd., S. 170.
[516] Ebd., S. 170.
[517] Vgl. Ebd., S. 170.
[518] Vgl. Ebd., S. 170/171.
[519] Vgl. Brink (2009), S. 13.
[520] Vgl. Ebd., S. 13.
[521] Ebd., S. 12.

10.3 Der Einfluss der elterlichen Sozialisation auf die Bildungsperformanz und den -erfolg von Kindern mit Migrationshintergrund

Neben den oben dargestellten Variablen erweist sich besonders für Schüler mit Migrationshintergrund das kulturelle Lebenslaufprogramm und das soziale Kapital der Familie als bildungsbefördernde und aufstiegsgenerierende Ressource. In einer Studie über erfolgreiche Migranten im deutschen Bildungssystem wurden die Lebensläufe von Bildungsaufsteigern griechischer und türkischer Herkunft analysiert.[522] Ein Ergebnis dieser Untersuchung bestand darin, dass „insbesondere die in Migrantenfamilien ausgeprägte und dauerhafte familiäre Solidarität einen der wesentlichen Antriebsfaktoren für den [Bildungs-, Anm. d. Verf.] Aufstieg“[523] darstellt.

In der Studie wurden zwei Typen von Bildungsaufsteigern ermittelt: Die Bildungsaufsteiger des ersten Typs werden Kollektivisten genannt. Sie erreichen den Bildungsaufstieg mithilfe des „intergenerationalen sozialen Kapitals, das aus hohen elterlichen Bildungserwartungen und den am ethnischen Herkunftskollektiv orientierten Normen Fleiß, Disziplin, Gehorsam und Wahrung des Ansehens der Familie besteht“[524]. Die Bildungsaufsteiger dieses Typs wenden enorme Energien auf, um den generationellen Zusammenhang durch ein Verfehlen des Migrationsziels, welches darin besteht, das Prestige der Familie durch die Erlangung eines Universitätsabschlusses zu erhöhen und dadurch der Migration einen Sinn zu verleihen, nicht zu gefährden.[525]

Die Bildungsaufsteiger des zweiten Typs werden Individualisten genannt. Im Gegensatz zu den Kollektivisten „besteht die wesentliche Ressource dieses Typs auf der Vermittlung inkorporierten kulturellen Kapitals und weniger auf der intergenerationalen Transmission sozialen Kapitals in Form spezifischer Normen oder der starken Artikulation von Erwartungen“[526]. Diese allochthonen Studierenden „profitieren neben dem in der Familie vermitteltem sozialen und kulturellen Kapital von sozialen Netzwerken“[527]. Während sich die Elterngeneration der Individualisten schon frühzeitig für die Integration in die Mehrheitsgesellschaft entschieden hat, lehnen die Eltern der Kollektivisten die Übernahme deutscher Normen weitgehend ab. Die Studie veranschaulicht die unterschiedliche Bewältigung von Bildungsaufstieg innerhalb der Migrantencommunity und zeigt zudem die Wirkungsmächtigkeit des Sozialkapitals auf.

[522] Vgl. Raiser (2007).

[523] Ebd., S. 163.

[524] Ebd., S. 174.

[525] Vgl. Ebd., S. 174.

[526] Ebd., S. 176.

[527] Ebd., S. 176.

10.4 Fazit: Der familiäre Hintergrund als entscheidender Parameter für Bildungs(miss)erfolg

Häusliche Sozialisationserfahrungen wirken sich auf Variablen aus, die Einfluss auf den Bildungs(miss)erfolg von Schülern haben. Determinanten wie die familiäre Bildungsaspiration, die sich durch Einflussgrößen wie Bildungstradition, erwarteter Bildungsnutzen und Kulturkapital operationalisieren lassen, beeinflussen, wie oben dargestellt, die Schulformentscheidung der Eltern sowie die schulische Performanz der Schüler. Die unterschiedliche Ausprägung dieser Faktoren in der Bevölkerung ist, neben institutionellen Größen, ein Grund für ungleiche Bildungschancen von Schülern im deutschen Schulwesen. Die elterlichen Lebensläufe, -stile und -pläne beeinflussen die Bildungschancen ihrer Kinder nachhaltig und auf unterschiedliche Weise: Eltern mit hohen formalen Bildungsabschlüssen bieten aufgrund ihrer eigenen Bildungserfahrung, aus der sich eine habituelle Nähe zu bildungsbürgerlichen Institutionen ableiten lässt, ihren Kindern schon frühzeitig viele informelle Bildungsanlässe und Lernanreize. Überdies treffen Letztere bereits zu einem frühen Zeitpunkt Schulformentscheidungen und lassen sich tendenziell weniger von Lehrern bei ihrer diesbezüglichen Wahl beeinflussen, weil sie u. a. den Nutzen von Bildungsinvestitionen höher bewerten als deren Kosten. Im Gegensatz dazu fördern Eltern mit niedrigem Bildungsstatus aufgrund ihrer fehlenden Bildungstradition, der sich daraus ableitenden Distanz zu gehobenen Schulformen, ihrer tendenziell geringen finanziellen Ausstattung und der damit zusammenhängenden Höherbewertung von Bildungskosten über potentielle -nutzen sowie ihrer Angst vor einer Entfremdung ihrer Nachkommen bei der Erlangung hochwertiger Bildungsabschlüsse, ihre Kinder nicht in gleichem Maße. Aus diesen divergierenden „Startbedingungen“ speist sich u. a. die Bildungsungleichheit zwischen Schülern, die sich im Verlauf der Schulzeit noch weiter intensiviert.

Zusätzlich zu den oben dargestellten Variablen erweisen sich besonders für Schüler mit Migrationshintergrund das kulturelle Lebenslaufprogramm und das soziale Kapital der Familie als bildungsbefördernd und aufstiegsgenerierend. Zudem hat die zitierte Studie die Heterogenität allochthoner Bildungsaufsteiger deutlich gemacht.

11 Ein Blick über den Tellerrand: Finnland, Kanada und Schweden

*„Die Anerkennung kultureller Heterogenität und die gemeinsame Beschulung aller Schüler bis zur Oberstufe haben äußerst positive Auswirkungen auf die Kompetenzentwicklung allochthoner Schüler.“**

Die Intention der PISA-Studien besteht darin, allen teilnehmenden Staaten mithilfe des internationalen Schülerkompetenzvergleichs die Möglichkeit zu geben, Schwächen ihrer nationalen Bildungssysteme zu erkennen und diese in Anlehnung an die Stärken der anderen Staaten zu beseitigen. Das Bildungssystem eines jeden Staates ist jedoch in einen komplexen gesellschaftlichen, politischen und wirtschaftlichen Systemzusammenhang eingebettet. Daher besteht die Notwendigkeit, importierte bildungspolitische Reformmaßnahmen an die systemkohärenten Begebenheiten anzupassen.

PISA hat Bildungspolitikern, Lehrern, Eltern und Schülern die Gelegenheit geboten, ihre nationalen Bildungssysteme mit denen anderer Staaten zu vergleichen und daraus Konsequenzen und Reformansätze zu entwickeln. Die Diversität der Rahmenbedingungen eines jeden Staates erfordert differenzierte Reformmaßnahmen. Handlungsanweisung an die nationalen Regierungen ist, die Vorbildfunktion erfolgreicher Staaten zu nutzen, um daraus abgeleitete Anregungen zur Verbesserung des eigenen Bildungssystems zu nutzen. Das Ziel besteht darin, eine bloße Kopie erfolgreicher Bildungssysteme zu vermeiden und stattdessen mithilfe des Anreizes von Außen unter Berücksichtigung eigener nationaler Rahmenbedingungen ein verbessertes Bildungssystem zu entwickeln. Im Folgenden werden die besonderen Maßnahmen der Bildungssysteme der drei Staaten, deren Schüler die höchsten Punktzahlen bei PISA 2000 erreicht haben, Finnland, Kanada und Schweden, in Bezug auf die Beschulung von Kindern mit Migrationshintergrund vorgestellt.

11.1 Die Leistungen der finnischen Schüler beim PISA-Test 2000

Die Ergebnisse der finnischen Schüler im PISA-Test 2000, dessen Schwerpunkt auf der Ermittlung der Lesekompetenz der 15-jährigen Schüler lag, waren die höchsten und hoben sich insbesondere in zwei Aspekten von den Testergebnissen der Schüler

---

* Fereidooni (2010), S. 135.

anderer Teilnehmerstaaten ab: Einerseits erzielten finnische Schüler die besten Punktzahlen im Bereich der Lesekompetenz; andererseits waren ihre Resultate von unterdurchschnittlichem Abstand zwischen den 5 Prozent der leistungsstärksten und den 5 Prozent der leistungsschwächsten Schüler geprägt. Diese erfolgreiche Bilanz liefert die Grundlage für die Analyse der Spezifika des finnischen Bildungssystems unter besonderer Berücksichtigung der Beschulung von Kindern mit Migrationshintergrund.

11.1.1 Bildungspolitische Maßnahmen für Kinder mit Migrationshintergrund in Finnland

Finnland war bis in die 1980er Jahre ein klassisches Auswanderungsland. So erreichte die Arbeitsemigration in den 1970er Jahren ihren Zenit und fand vor allem in Richtung Schweden statt. Ab den 1980er Jahren überstieg die Zahl der Immigranten die der Emigranten, sodass der Prozentsatz der Migranten heutzutage ca. 2 Prozent der Gesamtbevölkerung beträgt.[528] Zwar kann die finnische Gesellschaft deshalb als homogen bezeichnet werden. Aber angesichts des stetig wachsenden Anteils der finnischen Migranten an der Gesamtbevölkerung und den „60 verschiedenen Sprachen, die in Helsinki gesprochen werden“[529], hat das Thema der bildungspolitischen Integration auch in Finnland einen Platz auf der bildungspolitischen Agenda gefunden. Aus diesem Grund gehören „Offenheit, Durchlässigkeit des Systems, Integration und Chancengleichheit“[530] zu den Leitbegriffen der finnischen Bildungspolitik.

Die bildungspolitische Konzeption in Finnland ist auf die Förderung aller Schüler und damit auf Heterogenität ausgerichtet. Dies wird besonders an dem Umstand deutlich, dass sowohl muttersprachlicher Unterricht[531] als auch „Finnisch als Zweitsprache“[532] gleichrangig Inhalt der Lehrpläne sind. Hintergrund dieser parallelen Spracherziehung ist das Konzept des „funktionalen Bilingualismus“[533], der den Schülern ermöglicht, sich in die finnische Mehrheitsgesellschaft zu integrieren, aber nicht von ihnen verlangt, ihre Herkunftskultur bzw. -sprache aufzugeben. Eine andere wichtige Säule der ganzheitlichen finnischen Bildungspolitik ist die Einbeziehung der Eltern in schulische Aktivitäten. Lehrer und Eltern pflegen einen engen Kontakt zueinander, weil sie sich als Partner verstehen, deren gemeinsame Ausrich-

[528] Vgl. Migration-Info, http://www.migrationinfo.de/mub_artikel.php?Id=030804.
[529] Ackeren (2005), S. 22.
[530] Ebd., S. 32.
[531] Ebd., S. 34.
[532] Ebd., S. 35.
[533] Ebd., S. 34.

tung in der Kooperation zum Wohle der Schüler besteht. Außerdem stellt die theoretische und praktische Aneignung Interkultureller Pädagogik einen Schwerpunkt der Professionalisierung der Lehrerschaft dar.[534] Heterogenität der Schülerschaft wird als bereicherndes Element des finnischen Bildungssystems gewertet. Diese hat erstens „den größten positiven Effekt auf den Lernzuwachs von leistungsschwachen Schülerinnen und Schülern“[535]. Zweitens belegen die finnischen PISA-Ergebnisse, „dass es diesem System gelingt, im oberen Leistungsbereich absolute Spitzenleistungen zu erzielen und damit offensichtlich eine Leistungsnivellierung zu vermeiden“[536]. Demnach stehen Heterogenität und Kompetenzerwerb in Finnland nicht in einem Ausschlussverhältnis zueinander.

11.2 Die Leistungen der kanadischen Schüler beim PISA-Test 2000

Die kanadischen Schüler wiesen nach den finnischen Schülern die zweitbesten Lesekompetenzwerte beim PISA-Test 2000 auf. Der Kompetenzunterschied zwischen den 5 Prozent leistungsstärksten und den 5 Prozent leistungsschwächsten Schülern lag unter dem OECD-Durchschnitt, was als ein Indikator für die Chancengleichheit innerhalb des Bildungssystems gewertet werden kann.

11.2.1 Bildungspolitische Maßnahmen für Kinder mit Migrationshintergrund in Kanada

Kanada verfolgt als ein klassisches Einwanderungsland seit den 1970er Jahren eine aktive Immigrationspolitik, die darauf ausgerichtet ist, Menschen aus allen Staaten der Erde eine neue Heimat zu bieten. Dieses Vorhaben spiegelt sich in der „generellen Förderung der Beachtung und Wertschätzung kultureller Vielfalt wider“[537]. Eine wichtige Grundlage der kanadischen Integrationspolitik ist die politisch vorgegebene und gesellschaftlich gelebte Multikulturalität, die anstelle von Assimilation auf die Förderung der kulturellen Vielfalt setzt. Das kanadische Staatsverständnis von Multikulturalismus „geht davon aus, dass ethnisch-kulturelle Vielfalt keine Gefährdung der sozialen und politischen Integrität des Gemeinwesens darstellt, sondern eine Bereicherung ist“[538]. Deshalb wurde bereits „im Jahre 1988 der Schutz sprach-

[534] Ackeren (2005), S. 34.
[535] Ebd., S. 35.
[536] Ebd., S. 35.
[537] Ebd., S. 35.
[538] Schmidtke (2009), S. 27.

licher und ethnisch-kultureller Minderheiten auf eine Stufe mit dem Schutz individueller Freiheitsrechte gestellt“[539]. Aufgrund dieser liberalen Politik hat Kanada „relativ zur Bevölkerung des Landes die weltweit höchsten Einwanderungszahlen“[540]: Jährlich wandern 250.000 Menschen mit unbefristeter Aufenthaltgenehmigung und 200.000 Menschen mit befristetem Bleiberecht ins Land ein.[541] Mittlerweile ist fast jeder fünfte Kanadier im Ausland geboren[542] und in den Großstädten sind „knapp 40 Prozent der Schüler nicht kanadischen Ursprungs“[543].

Die einwanderungsfördernde Politik ist gepaart mit einer Anpassung des Bildungssystems, welches durch das Bestreben nach Kompensation verschiedener Lernausgangsbedingungen[544] gekennzeichnet ist und bereits frühzeitig den mit der Immigration einhergehenden Herausforderungen Rechnung getragen hat. Dabei senden Schulen aufgrund migrationsspezifischer Angebote ein Signal des Willkommens aus und nehmen somit „bewusst eine wesentliche Rolle bei der aktiven Integrationspolitik ein“[545]. Beispielsweise sahen kanadische Bildungspolitiker schon frühzeitig Vorteile in der Kombination muttersprachlicher und zweitsprachlicher Förderung. Zusätzlich wird das Konzept der positiven Diskriminierung genutzt, um ethnisch benachteiligte Schüler zu fördern. Das kanadische Schulsystem orientiert sich am Leitgedanken einer „Erziehungspartnerschaft“[546], welcher dem Dialog mit den Elternhäusern der Schüler einen hohen Stellenwert einräumt. Zu diesem Zweck wurden „parenting centres“[547] zur Förderung einer verstärkten Zusammenarbeit von Lehrern, Eltern und Schülern eingerichtet. Jenseits formeller Elternabende können sich Lehrer darüber informieren, „wo und wie [die Einwanderer, Anm. d. Verf.] wohnen, wie lange sie bleiben und welche Sprachkompetenzen und -defizite sie mitbringen“[548]. Unter Zuhilfenahme dieser wichtigen Hintergrundinformationen wird es Lehrern erleichtert, Förderbedarf zu diagnostizieren und die Unterrichtsinhalte auf die Bedürfnisse von Kindern mit Migrationshintergrund abzustimmen. Ebenso können Eltern die ungezwungenen Begegnungsmöglichkeiten mit den Lehrern nutzen, um Informationen über das kanadische Schulsystem im Allgemeinen sowie Bil-

---

539 Schmidtke (2009), S. 27.

540 Ebd., S. 25.

541 Ebd., S. 25.

542 Ebd., S. 25.

543 Ackeren (2005), S. 23.

544 Ebd., S. 36.

545 Kollberg/Wenzel (2006), S. 246.

546 Ebd., S. 241.

547 Ackeren (2005), S. 35.

548 Kollberg/Wenzel (2006), S. 242.

dungs- und Förderangebote der jeweiligen Schule im Speziellen zu erlangen. Des Weiteren werden Eltern zum aktiven Engagement in Erziehung und Bildung der Kinder aufgefordert. In „school volunteer workshops“[549] werden Eltern, die der englischen Sprache nicht hinreichend mächtig sind, angeleitet, um in der Nachmittagsbetreuung mit den Schülern zu lesen und somit sowohl ihre eigenen als auch die Sprachkompetenzen der Schüler zu verbessern.

Die Migranten sowie gleichermaßen die gesamte kanadische Gesellschaft profitieren von diesen Maßnahmen. Der Bildungserfolg kanadischer Migranten erbringt hierfür den Beweis: 41 Prozent der Immigranten im arbeitsfähigen Alter (d. h. ab 15 bis 64 Jahre), die in den 1990er Jahren nach Kanada kamen, hatten im Jahr 2001 eine universitäre Ausbildung erfolgreich absolviert.[550] Kanada gilt trotz oder vielmehr gerade aufgrund der Heterogenität der Bevölkerung als Musterland für die bildungs- und gesellschaftspolitische Integration von Einwanderern. Ausdruck dieser politischen Ausrichtung ist, dass „Immigranten empfangen, (…) aufgenommen (…) und prinzipiell gewollt sind, und zwar nicht nur diejenigen, die im Rahmen der Anwerbequoten kommen“[551].

11.3 Die Leistungen der schwedischen Schüler beim PISA-Test 2000

Im PISA-Test 2000 lagen die Kompetenzwerte der schwedischen Schüler deutlich über dem OECD-Durchschnitt und wiesen zudem ein unterdurchschnittliches Kompetenzgefälle zwischen den 5 Prozent leistungsstärksten und den 5 Prozent leistungsschwächsten Schülern auf. Dies entspricht dem egalitären schwedischen Staatsverständnis.

11.3.1 Bildungspolitische Maßnahmen für Kinder mit Migrationshintergrund in Schweden

Seit den 1970er Jahren fördert die schwedische Regierung die „Einwanderung von Arbeitsmigranten“[552] aus anderen skandinavischen Staaten. Zudem verabschiedete Schweden im Jahr 1975 als erster europäischer Staat ein Zuwanderungsgesetz, welches ausländische Arbeitskräfte als dauerhafte Einwanderer betrachtet.[553] Ab den

---

549 Kollberg/Wenzel (2006), S. 245.

550 Ackeren (2005), S. 24.

551 Kollberg/Wenzel (2006), S. 245.

552 Ackeren (2005), S. 21.

553 Wagner/Seibert/Özcan u. a. (2005), S. 107.

1980er Jahren veränderte sich die Zusammensetzung der Zuwanderer, sodass vornehmlich „Flüchtlinge aus dem Nahen Osten und Schwarzafrika“[554] in Schweden Schutz vor politischer Repression suchten. Die liberale schwedische Asylpolitik löste auch eine starke Immigrationsbewegung von Bürgerkriegsflüchtlingen aus dem ehemaligen Jugoslawien aus.[555] Prozentual zu seiner Bevölkerungsgröße nahm Schweden, im europäischen Vergleich, in den 1980er und 1990er Jahren die meisten Asylbewerber auf. Im Jahr 2000 hatte jeder fünfte Schwede einen Migrationshintergrund.[556] Gegenwärtig beläuft sich die Zahl der jährlichen Einwanderer, Flüchtlinge einbezogen, auf rund 45.000, was Auswirkungen auf die Zusammensetzung der Schülerzahlen hat. Dabei hat sich die Migrantenpopulation überproportional im Großraum Stockholm angesiedelt, sodass in einigen Stadteilen erheblich mehr Migranten leben als in anderen Regionen Schwedens. In der Landeshauptstadt weisen manche Schulen einen Migrantenanteil von 80 oder 90 Prozent auf.[557]

Auf diese Diversifizierung der Schülerschaft haben die schwedischen Bildungspolitiker frühzeitig reagiert, indem kulturelle Heterogenität in den Schulen gezielte Förderung erfahren hat. Dieser systemintegrative Ansatz lässt sich zum einen mit der Grundkonzeption des schwedischen Schulsystems erklären, welches zumindest bis zur Oberstufe „auf Förderung und nicht auf Auslese orientiert ist“[558]. Zum anderen basiert das Selbstverständnis des schwedischen Bildungssystems nicht auf einem Reaktionsmechanismus, der auf „Schieflagen“ im Bildungssystem antwortet. Vielmehr ist es ein „Präventionssystems, das bildungspolitische Chancenungleichheit gar nicht erst aufkommen lassen möchte“[559] und sich an der Leitidee der assimilationsfreien Integration orientiert.[560] Für Migranten in der schwedischen Gesellschaft besteht die Möglichkeit, „sich in [Letztere, Anm. d. Verf.] zu integrieren, ohne dabei aber die eigene kulturelle Herkunft und die damit verknüpften Gewohnheiten negieren oder aufgeben zu müssen“[561].

Aufgrund dieser Ausrichtung führten die schwedischen Schulen in den 1970er Jahren mutter- und zweitsprachlichen Unterricht ein.[562] In diesem Kontext belegen schwedische Forschungsergebnisse den Erfolg auf Heterogenität ausgerichteter ge-

---

554 Ackeren (2005), S. 21.

555 Ebd., S. 21.

556 Wagner/Seibert/Özcan u. a. (2005), S. 107.

557 Ackeren (2005), S. 21.

558 Ebd., S. 32.

559 Ebd., S. 32f.

560 Vgl. Wagner/Seibert/Özcan u. a. (2005), S. 107/108.

561 Ackeren (2005), S. 32f.

562 Ebd., S. 33.

sellschafts- und bildungspolitischer Konzeptionen, denen zufolge Migrantenkinder ein positiveres Selbstkonzept entwickeln und bei regelmäßiger Partizipation am muttersprachlichen Unterricht in den Fächern Schwedisch, Englisch und Mathematik bessere schulische Leistungen als bei Verzicht auf muttersprachlichen Unterricht erreichen.[563] Somit beweist Schweden als eines der erfolgreichsten PISA-Teilnehmerstaaten, dass die Anerkennung kultureller Heterogenität und die gemeinsame Beschulung aller Schüler bis zur Oberstufe äußerst positive Auswirkungen auf die Kompetenzentwicklung allochthoner Schüler haben können.

563 Ackeren (2005), S. 33.

12 Reformvorschläge für ein gerechtes deutsches Bildungssystem

*„Je weniger ein Kind von zu Hause mitbringt, je schwächer die Leistungsvoraussetzungen sind, desto stärker sollte die öffentliche Förderung sein.“**

Jede Policy bedarf nach einiger Zeit einer Anpassung an die gegenwärtige gesellschaftliche Situation. Nach der ersten erfolgten Bildungsreform der BRD in den 1970er Jahren, die das deutsche Bildungssystem an die damaligen gesellschaftlichen Verhältnisse angeglichen hat, ist nun eine zweite Bildungsreform vonnöten, mit erneuter Zielsetzung einer Annäherung des Bildungssystems an die gesellschaftliche Realität des 21. Jahrhunderts. Im Folgenden werden bildungspolitische Reformvorschläge präsentiert, die erforderlich sind, um den Anforderungen einer Einwanderungsgesellschaft Rechnung zu tragen.

12.1 Die Finanzierung der Bildung – mehr investieren und anders verteilen

Ausgangspunkt der Reformvorschläge für das deutsche Bildungswesen ist die Forderung nach einer Steigerung der finanziellen Ausgaben. Im Jahr 2008 haben Bund, Länder und Gemeinden 92,6 Milliarden Euro für das Bildungssystem in der BRD ausgegeben, was einer Pro-Kopf-Investition von ca. 1127 Euro entspricht.[564] Damit kommt diese Summe zwar den durchschnittlichen europäischen Staatsausgaben für Bildung gleich und ist sogar um zehn Prozent höher als die bundesdeutschen Bildungsausgaben im Vorjahr. Bei der langfristigen Analyse der Bildungsinvestitionen ist jedoch die Feststellung zu treffen, dass der Anteil der Gesamtausgaben für den Bildungsbereich am Bruttoinlandsprodukt (BIP) „in den Jahren 1995 bis 2005 von 6,9 Prozent auf 6,3 Prozent sank“[565]. Die Investitionen sind aufgrund dieser Negativentwicklung nicht dem internationalen Anstieg der Bildungsausgaben angepasst.

* Fischer (2007), S. 8.

564 Statistisches Bundesamt, (Stand: 16.02.2009) http://www.destatis.de/jetspeed/portal/cms/Sites/ destatis/Internet/DE/Presse/pm/2008/12/PD08_458__218,templateId=renderPrint.psml.

565 Statistisches Bundesamt http://www.destatis.de/jetspeed/portal/cms/Sites/destatis/Internet/DE/Presse/pm/2008/12/PD08_458__218,templateId=renderPrint.psml

Im Vergleich mit erfolgreichen PISA-Teilnehmerstaaten muss allerdings nicht nur die mittelmäßige Finanzierung des deutschen Bildungssystems kritisiert werden. Gegenstand der Reformbemühungen sollte ebenso die Diversifizierung der Verwendungsweise von Bildungsausgaben sein, da „in keinem Land der Erde die Bildungsausgaben so ungleich verteilt werden wie in Deutschland“[566]. Der Verteilungsschlüssel der Bildungsfinanzierung sieht „vom Vorschul- bis zum unteren Sekundarbereich im Vergleich zu den OECD-Ländern unterdurchschnittliche, im oberen Sekundar- und im Tertiärbereich überdurchschnittliche Bildungsausgaben“[567] vor. Bei den erfolgreichen PISA-Teilnehmerstaaten ist es entgegengesetzt.[568] Aus diesem Umstand ergibt sich, dass besonders in der BRD die soziale Herkunft eines Schülers seinen Bildungserfolg determiniert, da die privaten Bildungsausgaben in der BRD „im Vorschul- und Schulbereich weit über dem Durchschnitt der OECD-Länder, im Tertiärbereich dagegen weit darunter liegen“[569].

Diese Grundbedingungen führen zu zwei Reformforderungen für die zukünftige Bildungsfinanzierung: Erstens muss der Anteil der Bildungsausgaben am BIP mittelfristig auf acht Prozent und langfristig auf zehn Prozent erhöht werden. Zweitens ist eine Umkehrung der staatlichen Investitionen im Bildungssektor vorzunehmen, was nicht zuletzt dem Staatshaushalt zugute kommt, da Untersuchungen belegt haben, dass „der Nutzen von Investitionen zur Herstellung von Bildungsgerechtigkeit ihre Kosten im frühkindlichen Bildungsbereich (ohnehin) übersteigt“[570]. Deshalb müssen Elementar- (Krippe, Hort, Kindergarten, Vorschule) und Primarbereich (Grundschule) sowie die Sekundarstufe I eine stärkere finanzielle Förderung erhalten als dies bislang der Fall ist.

Eine stärkere staatliche Investition würde die privaten finanziellen Ausgaben für den Elementar- und Primarbereich mindern, sodass möglicherweise mehr Kinder einkommensschwacher Familien in den Genuss elementarpädagogischer Betreuung kommen würden. Mithilfe der Ressourcenaufstockung und deren Umverteilung könnten dem Förderbedarf aller Kinder in der BRD Rechnung getragen und erste Maßnahmen implementiert werden, die dazu geeignet sind, allen Kindern gleichwertige Startvoraussetzungen im deutschen Bildungswesen zu ermöglichen.

---

[566] Vgl. Pommerin-Götze (2005), S. 153.

[567] Vereinigung der Bayerischen Wirtschaft e. V. (2007), S. 117.

[568] Vgl. Pommerin-Götze (2005), S. 153.

[569] Vereinigung der Bayerischen Wirtschaft e. V. (2007), S. 118.

[570] Ebd., S. 123.

12.2 Reform der elementarpädagogischen Bildung

Die Leistungsvergleichsuntersuchungen IGLU und PISA haben ermittelt, dass eine intensive elementarpädagogische Bildung dem Sprach- und Kompetenzerwerb allochthoner Schüler besonders zugute kommt. Dies bedeutet, dass beispielsweise Kindergärten die Kapazität haben, „die Nachteile, die sich für Kinder aufgrund ihrer Herkunft ergeben, auszugleichen“[571]. So hat IGLU 2001 festgestellt, dass es zwischen Kindergartenbesuch, Lesekompetenz und späterem Schulerfolg der Kinder eine Korrelation gibt. Der Elementarbereich wurde erstmals „nicht nur als wichtige Institution für die sprachliche Förderung aller Kinder, sondern als wichtige Grundlage für Bildung überhaupt benannt“[572]. Die Studie hat belegt, dass sich der Kindergartenbesuch „generell positiv auf die Lesekompetenz der (...) Kinder auswirkt“[573] und zu „einer Erhöhung der Bildungschancen von Migrantenkindern führt“[574]. Demnach haben allochthone Kindergartenkinder eine um den Faktor 2,5 gestiegene Wahrscheinlichkeit, eine spätere gymnasiale Bildung zu erhalten[575] als Kinder desselben familiären Hintergrundes, die keine elementarpädagogische Bildungseinrichtung besucht haben.[576] Die positiven Effekte des Besuchs eines Kindergartens zeigen sich schon nach dem Wechsel in die Primarstufe: Kinder, die einen Kindergarten mit „hoher pädagogischer Qualität besuchen, weisen am Ende der zweiten Grundschulklasse einen höheren Sprachentwicklungsstand und zeigen höhere Schulleistungen auf“[577] als Kinder, die keinen oder einen qualitativ durchschnittlichen Kindergarten besucht haben.

Obwohl sich jedoch die Besuchsquote allochthoner Kinder im Kindergartenbereich an die der autochthonen Kinder angeglichen hat,[578] erzielen nicht-deutschstämmige Schüler bei IGLU und PISA niedrigere Punktzahlen als deutschstämmige Schüler. Um dieser Bildungsdiskriminierung entgegenzuwirken und die Förderungseffekte elementarpädagogischer Einrichtungen stärker zu nutzen, bedarf es einiger institutioneller Reformanstrengungen, die im Folgenden detaillierter Betrachtung unterzogen werden sollen.

---

[571] Stecher/Radisch/Fischer (2008), S. 36.

[572] Roth/Britz (2006), S. 291.

[573] Merkens (2004a), S. 12.

[574] Roth/Britz (2006), S. 291.

[575] Diefenbach (2007), S. 50.

[576] Ebd., S. 50.

[577] Ebd., S. 36.

[578] Gomolla (2006b), S. 33.

12.2.1 Die Akademisierung der Erzieherausbildung

Bisher verfügt die Mehrheit der Beschäftigten in elementarpädagogischen Einrichtungen über eine Erzieherausbildung. Die Anzahl von Mitarbeitern in Krippen, Horten und Kindergärten ohne jeglichen Schulabschluss ist doppelt so hoch wie der Anteil an (Fach-)Hochschulabsolventen.[579] Dieses niedrige Ausbildungsniveau der Mitarbeiter steht in keiner adäquaten Relation zu den stetig steigenden Anforderungen an die Arbeitswelt der elementarpädagogischen Institutionen. So sind Letztere nicht zuletzt aufgrund der zunehmenden Diversifizierung der Adressaten gestiegen. Vor diesem Hintergrund sollte der Erkenntnis Rechnung getragen werden, dass „frühes Lernen die Effektivität späteren Lernens fördert“[580] im Wissen um die statistisch belegte Tatsache, dass „die Erträge bildungspolitischer Maßnahmen umso höher sind, je eher sie einsetzen“[581].

Die Mitarbeiter elementarpädagogischer Einrichtungen müssen sich aufgrund der ethnischen, sprachlichen und kulturellen Verschiedenheit der Kinder Kenntnisse in der „Neurobiologie, Lern- und Entwicklungspsychologie“[582], Spracherwerbs- und Zweitspracherwerbsforschung, interkulturellen Kommunikation sowie im Fach Deutsch als Fremdsprache aneignen und überdies in der Lage sein, sich in einer von Migrantenkindern gesprochenen Sprache verständigen zu können. Um den sprachlichen und kulturellen Bedürfnissen ihrer Klienten entgegenzukommen, benötigen die Beschäftigen in den Elementareinrichtungen eine qualifiziertere Ausbildung als die bisherige. Damit ein dahingehender Paradigmenwechsel vollzogen werden kann, müssen Kindergärten als Bildungseinrichtungen anerkannt werden. Für Mitarbeiter derartiger Bildungsinstitutionen müssen künftig spezielle Studiengänge eingerichtet werden. Um dem Kooperationsgedanken Rechnung zu tragen, pädagogisches Wissen zu vereinheitlichen sowie Übergänge von einer Bildungsinstitution in die nächste zu vereinfachen, ist es sinnvoll, dass „Erzieherinnen und Grundschullehrerinnen ein gemeinsames Grundstudium absolvieren“[583]. Diese prozedualen Reformen müssen von einer normativen Grundhaltung begleitet werden, die der „institutionellen Geringschätzung des Elementarbereichs sowie die der pädagogischen Fachkräfte in den elementarpädagogischen Einrichtungen“[584] entgegenwirkt.

---

[579] Vgl. Statistisches Bundesamt: Pressebroschüre Kindertagesbetreuung in Deutschland – Einrichtungen, Plätze, Personal und Kosten 1990 bis 2002, (Stand: 20.02.2009), https://www.ec.destatis.de/csp/shop/sfg/bpm.html.cms.cBroker.cls?cmspath=struktur,vollanzeige.csp&ID=1013471.

[580] Schweizer (2007), S. 50.

[581] Ebd., S. 50.

[582] Diedrich-Wabnitz (2003), S. 78.

[583] Wehrmann (2003), S. 294.

[584] Wagner (2002), S. 66.

Mithilfe der soeben erläuterten Reformvorschläge wäre eine Angleichung des Niveaus elementarpädagogischer Institutionen in der BRD an den vorschulischen Einrichtungen erfolgreicher PISA-Teilnehmerstaaten möglich. Dies würde dem Umstand Rechnung tragen, dass „mit Ausnahme von Deutschland (…) in allen europäischen Ländern die Ausbildung zumindest eines Teils des pädagogischen Personals in elementarpädagogischen Einrichtungen auf Hochschulniveau angesiedelt ist“[585].

12.2.2 Multilingualer Habitus und Heterogenitätsdenken

In den meisten elementarpädagogischen Einrichtungen ist es Konsens, nur Deutsch mit den Kindern zu sprechen, obwohl die Muttersprachen allochthoner Kinder eine wichtige Wissensbasis darstellen und Studien belegen, dass „mit zwei- oder mehrsprachigem Aufwachsen eine Reihe von Vorteilen für die sprachliche und kognitive Entwicklung verbunden sind“[586]. Demnach kann die Interaktion von Mutter- und Zweitsprache positive Synergieeffekte auslösen und Migrantenkindern eine mögliche spätere doppelte Analphabetisierung sowie Schulmisserfolg ersparen. Von mehrsprachiger Erziehung profitieren aber ebenso Kinder deutscher Abstammung, da den Studien nach „zweisprachiges Aufwachsen (…) eine positive Voraussetzung für die Entwicklung der gesamten sprachlichen und geistigen Leistungen eines Kindes darstellt“[587].

Bilinguales Aufwachsen erscheint nicht zuletzt aufgrund des mit der Globalisierung einhergehenden Phänomens der „Transmigration“[588] mithin insgesamt erstrebenswert, weil das Erlernen von Fremdsprachen eine immanente Voraussetzung für die spätere berufliche Qualifizierung ist und Untersuchungen bewiesen haben, dass „mehrsprachige Kinder eine dritte Sprache effektiver und schneller lernen als einsprachige Kinder“[589]. Allerdings muss die prozeduale Reform, welche die Multilingualität in Einrichtungen der Elementarpädagogik einführt, verbunden werden mit einer angemessenen Sprachförderung sowie einem normativen Paradigmenwechsel. Letzterer besteht in der Anerkennung und der Akzeptanz nicht-deutscher Sprachen und Kulturen sowie ihrer Integration in den Alltag elementarpädagogischer Einrichtungen.

Bislang wird kulturelle Heterogenität nur in bestimmten Kontexten befürwortet, was die Signalwirkung auf allochthone wie autochthone Kinder hat, Kulturen eini-

---

585 Vereinigung der Bayerischen Wirtschaft e.V. (2007), S. 39.

586 Bund-Länder-Kommission für Bildungsplanung und Forschungsförderung (2003), S. 44.

587 Ebd., S. 44.

588 Gogolin (2005), S. 277.

589 Neumann (2004), S. 117.

ger Kinder seien von geringerer Bedeutung.[590] Eine solche punktuelle Auseinandersetzung mit dem Themenkomplex ist jedoch nicht wünschenswert. Vielmehr müssen nicht-deutsche Kulturmerkmale selbstverständlich in den Alltagsablauf integriert werden, was zu einer Stärkung des Selbstbewusstseins allochthoner Schüler führt und überdies die Akzeptanz autochthoner Kinder gegenüber anderen Kulturen fördert. Durch die Einbindung von Multilingualität und Heterogenität gelingt es, alle Kinder frühzeitig in die gesellschaftliche Realität einer Einwanderungsgesellschaft zu integrieren. Demnach benötigen heterogene Kinder heterogene Alltagspraktiken.

12.2.3 Die Potenzialförderung

Gegenwärtig nutzen die Einrichtungen der Elementarpädagogik wie insbesondere Kindergärten das Lernpotenzial der Kinder nicht in ausreichendem Maße. Statt die Kinder wie in den vorschulischen Einrichtungen der erfolgreichen PISA-Teilnehmerstaaten durch spielerisches Lernen an die Inhalte der Grundschule heranzuführen und somit ihre kognitiven Fähigkeiten zu fördern, erschöpft sich die Arbeit der meisten Kindergärten auf reine Betreuungsaufgaben, sodass Lernanreize in deutschen Kindergärten rudimentär bleiben. Die Folge davon ist, dass das Potenzial der Kleinkinder weitgehend ungenutzt bleibt, somit wertvolle Lebens- und Lernzeit verschenkt werden.

12.2.4 Der Ganztagskindergarten[591]

Die Verweildauer der Kinder in elementarpädagogischen Einrichtungen übt einen Einfluss auf ihren schulischen Kompetenzerwerb aus. Studien belegen, dass „Kinder, die Ganztagskindergärten besuchen besser in standardisierten Leistungstests abschnitten als Halbtagsteilnehmer“[592]. Diese Befunde bestätigt die IGLU-Studie, die herausgefunden hat, dass der zeitliche Aspekt des Kindergartenbesuchs die Lesekompetenz der Primarschüler beeinflusst, denn „in allen teilnehmenden europäischen Ländern (…) stiegen die Leseleistungen der Kinder mit der Dauer der Kindergartenzeit an“[593]. Des Weiteren reduzierte sich die Kovarianz zwischen Kompe-

---

[590] Wagner (2002), S. 63.

[591] Die Betreuungszeit in einem Ganztagskindergarten beträgt mehr als sechs Stunden. Vgl. BMFSFJ, S.22, http://209.85.129.132/search?q=cache:BftZOEshFHgJ:www.bmfsfj.de/bmfsfj/generato/Publikationen/zalenspiegel2005/01Redaktion/PDFAnlagen/03versorgungslage,property%3Dpdf,bereich%3Dzahlenspiegel2005,sprache%3Dde,rwb%3Dtrue pdf+Relation+Ganztags-+und+Halbtagskindergarten&hl=de&ct=clnk&cd=3&gl=de.

[592] Stecher/Radisch/Fischer (2008), S. 36.

[593] Valtin/Bos (2004), S. 26.

tenzentwicklung und Sozialstatus der Familien bei Kindern in Ganztagskindergärten im Laufe der Zeit.[594]

Aus diesen Gründen scheint der Besuch ganztäglicher Elementareinrichtungen insbesondere für Kinder nicht-deutscher Herkunft sinnvoll. Mittels einer Verlängerung des Interventionszeitraums kann die institutionelle Möglichkeit der sprachlichen Förderung intensiviert werden. Jedoch bieten nur ca. ein Viertel der hiesigen Kindergärten eine ganztägige Betreuung der Kinder an.[595] Im Rahmen struktureller Reformen des Bildungssystems bedarf es einer Ausweitung der kostenlosen Betreuungszeit, um die positiven Effekte, die mit dem Besuch einer ganztägigen Kinderbetreuungsstätte verbunden sind, Kindern aller Dienstklassen zugänglich zu machen. Denn Forschungsergebnisse belegen „einen Zusammenhang zwischen der Dienstklasse, der die Eltern zugerechnet werden und der Dauer des Besuchs in vorschulischen Einrichtungen“[596], d. h. die Verweildauer in Einrichtungen der Elementarpädagogik korreliert mit dem Sozialstatus der Eltern. Je höher also die wirtschaftliche Stellung der Eltern, desto länger ist durchschnittlich die elementarpädagogische Erziehung ihrer Nachkommen. Diese Situation bedarf dringender Reformmaßnahmen, um allen Kindern, unabhängig von der finanziellen Ausstattung ihrer Eltern die Möglichkeit zu bieten qualitativ hochwertige elementare Bildungseinrichtungen zu nutzen.

12.3 Strukturelle Reformen im Primar- und Sekundarbereich

Nachfolgend werden Reformmaßnahmen dargestellt, die dazu geeignet sind die institutionelle Diskriminierung allochthoner Schüler im deutschen Schulwesen zu mindern.

12.3.1 Intensivere Förderung und spätere Selektion

Wie die Ergebnisse des IGLU-Tests 2001 festgestellt haben, werden Kinder nicht-deutscher Herkunft in der Grundschule aufgrund institutioneller Rahmenbedingungen, die nicht auf die Beschulung einer Einwanderungsgesellschaft ausgelegt sind, benachteiligt. Daher sind Reformmaßnahmen, die einen Wandel dieser institutionellen Parameter herbeiführen, vonnöten.

---

594 Valtin/Bos (2004), S. 36.

595 BMFSFJ, S. 29, http://209.85.129.132/search?q=cache:BftZOEshFHgJ:www.bmfsfj.de/bmfsfj/generator/Publiktionen/zahlenspiegel2005/01-Redaktion/PDF-Anlagen/03versorgungslage,property%3Dpdf,bereich%3Dzahlenspiegel2005,sprache%3Dde,rwb%3Dtrue.pdf+Relation+Ganztags-+und+Halbtagskindergarten&hl=de&ct=clnk&cd=3&gl=de.

596 Merkens (2004a), S. 13.

Der Schwerpunkt des deutschen Bildungssystems liegt gegenwärtig zu wenig auf Förderung, sondern vielmehr auf frühzeitiger Selektion. Die Unterteilung der Schülerschaft in drei Schulformen erfolgt aufgrund der Annahme, homogene Schülergruppen bildeten die effektivste Ausgangsbasis eines guten Unterrichts. Die Folge des dreigliedrigen Schulsystems ist eine zu frühzeitige Trennung von Grundschülern auf unterschiedliche weiterführende Schulen. Insbesondere für Kinder mit Migrationshintergrund ist der Interventionszeitraum der primären Bildungseinrichtungen zu kurz, um eine spezielle Förderung vornehmen, bestehende Defizite beseitigen und mitgebrachte Wissensbestände aktivieren zu können. Aufgrund dieser Erkenntnisse sind sowohl die adressatenorientierte, individualisierte Förderung von Kindern mit Migrationshintergrund als auch die Verlängerung der Grundschul- bzw. Interventionszeit sowie die längerfristige gemeinsame Beschulung aller Kinder erforderlich.

Die Grundschulzeit sollte einheitlich sechs Schuljahre betragen. Zudem müssen Intransparenz und Fehlerhaftigkeit von auf subjektiver Einschätzung beruhenden Übergangsempfehlungen behoben werden, die zu zusätzlicher schulischer Diskriminierung von Kindern mit Migrationshintergrund beitragen.[597] Um diese Übergangsempfehlungen und somit die schulische Segregation obsolet zu machen, muss das dreigliedrige deutsche Schulsystem zugunsten einer einheitlichen Gesamtschule transformiert werden.

Die erfolgreichen IGLU und PISA-Teilnehmerstaaten zeigen, dass eine längere Grundschulzeit sowie das gemeinsame Lernen aller Kinder an Gesamtschulen nicht nur den leistungsschwachen, sondern in gleichem Maße den leistungsstarken Schülern zugute kommt. Deshalb müssen strukturelle Bildungsreformen „die Transformation des selektiven zu einem inklusiven Schulsystem betreiben und die Unterrichtsentwicklung in heterogenen Lerngruppen (…) zum Handlungsschwerpunkt machen“[598]. Denn die frühzeitige Selektion von Schülern in unterschiedliche Schulformen ist pädagogisch wenig förderlich. Zum einen ist das Lernpotenzial zehnjähriger Kinder nicht vollständig ausgereift, um bereits eine weitreichende Selektion vornehmen zu können. Zum anderen ist die Objektivität der Übergangsempfehlungen der Grundschullehrer nicht ausreichend gewährleistet, da neben scheinbar objektiven Kriterien wie der Schulleistung ebenso – unter Umständen von Sympathieempfindungen geprägte – subjektive Kriterien wie Sozialschichtzugehörigkeit, Bildungsgrad der Eltern, sowie Migrationshintergrund Entscheidungsrelevanz besitzen. Zusätzlich müssen Übergangsempfehlungen aufgrund der ungleichen Bil-

[597] Mehr als drei Viertel (…) nicht empfohlener Gymnasialschüler bestehen im Durchschnitt die Probezeit. Vgl. Rösner (2007), S. 18.

[598] Demmer (2007), S. 390.

dungsvoraussetzungen diskutiert werden. Die Selektion im Alter von zehn Jahren kann vor allem zu Diskriminierungen von allochthonen Schülern sowie von Schülern aus einkommensschwachen Haushalten führen. Aufgrund der mangelnden Chancengleichheit in Folge der divergierenden familiären Hintergründe der Schüler muss die frühzeitige Selektion von Schülern aufgehoben werden. Der Verzicht auf frühzeitige Schüler-Auslese würde nicht zu Leistungsnivellierung führen wie die genannten Studien belegen, denn sowohl die leistungsschwachen als auch die leistungsstarken Schüler profitieren von dem Konzept der schulischen Koedukation.

12.3.2 Unterstützungs- statt Auslesemechanismus

Das deutsche Schulsystem reagiert auf den Leistungsabfall von Schülern nicht mit verstärkten Unterstützungsbemühungen, sondern mit Auslesemechanismen wie z. B. Zurückstellungen, Klassenwiederholungen oder Schulformwechsel. Durchschnittlich „kommt es bei jedem dritten Schüler im Verlauf seiner Schullaufbahn zu zeitlichen Verzögerungen, was im internationalen Vergleich eine hohe Quote ist“[599].

PISA und IGLU zufolge ist die Sanktionsschwelle der Lehrer gegenüber allochthonen Schülern besonders niedrig. Obwohl das Wiederholen einer Klassenstufe pädagogisch keine nachgewiesenen positiven Effekte hat und eine zusätzliche finanzielle Belastung für das gesamte Bildungssystem darstellt, ist das Risiko nicht versetzt zu werden „bei Kindern mit Migrationshintergrund in den Jahrgangsstufen eins bis drei viermal höher als bei anderen Grundschulkindern“[600]. Dieses erhöhte Risiko kommt nicht aufgrund kognitiver Unterschiede zwischen allochthonen und autochthonen Schülern zustande, sondern ist Ausdruck des allgemeinen Exklusionshabitus des deutschen Bildungssystems und der speziellen institutionellen Diskriminierung von Schülern mit Migrationshintergrund im deutschen Schulwesen.

Erfolgreiche IGLU- und PISA-Teilnehmerstaaten, deren schulische Parameter auf Unterstützungsleistungen ausgerichtet sind, verzichten auf Sanktionsmaßnahmen wie Klassenwiederholungen. In einigen Ländern – beispielsweise in Schweden und Dänemark – gibt es eine Regelversetzung und außerdem besteht keine Möglichkeit Schüler in eine andere Schulform zu versetzen bzw. abzuschulen, weil alle Kinder in einer Schulform unterrichtet werden. Die Bildungssysteme solcher Staaten befördern die permanente Unterstützungs- und Inklusionsleistung von Lehrkräften, weil diese ihre Schüler nicht auf andere Schulen verweisen können. Eine derartige Konzeption gilt es zu adaptieren. Der Grundsatz des deutschen Bildungs-

[599] Autorengruppe Bildungsberichterstattung (2008), S. 69.

[600] Gomolla (2006b), S. 33.

systems muss lauten: „Je weniger ein Kind von zu Hause mitbringt, je schwächer die Leistungsvoraussetzungen sind, desto stärker sollte die öffentliche Förderung sein“[601].

12.3.3 Binnendifferenzierung und Heterogenitätspostulat anstelle von Homogenitätsdenken

Das deutsche Schulsystem hat im Vergleich zu denen anderer OECD-Staaten aufgrund der Dreigliedrigkeit zwar die homogensten Klassen, zugleich jedoch die heterogensten Schülerkompetenzwerte bei den PISA-Tests. Die Leistungsunterschiede innerhalb deutscher Schulklassen können bis zu zwei Jahrgänge betragen. Trotzdem wird Binnendifferenzierung im Unterricht nicht in ausreichendem Maße angewendet.[602] In den erfolgreichen PISA-Teilnehmerstaaten hingegen erhalten leistungsstarke Schüler andere oder zusätzliche Aufgaben, während leistungsschwache Schüler Wiederholungsaufgaben bearbeiten, um den Anschluss an die Lerngruppe nicht zu verlieren. Diese Unterrichtsmethodik kann als Abhilfe zu künstlicher Gleichmacherei der Schülerschaft verstanden werden, um die schulische Förderung an die Bedürfnisse der Schüler anzupassen. Denn auch diesbezüglich gilt: „Gleichbehandlung unter Verhältnissen sozialer Ungleichheit führt zur Aufrechterhaltung oder zur Herstellung von Ungleichheit“[603].

12.3.4 Ausbau der Ganztagsschule

Die Ganztagsschule bietet viele positive Aspekte sowohl für Schüler, Eltern als auch für Lehrer: Es sollen „fachliche und überfachliche Kompetenzen, soziale und kreative Fähigkeiten, Interessen und Wertorientierungen befördert werden“[604]. Somit ist Ganztagsbetreuung nicht nur auf die Behebung von Leistungsdefiziten durch Hausaufgabenbetreuung und Tutorien ausgerichtet, sondern trägt weiterhin zu einer Persönlichkeitsreifung der Schüler durch musische und künstlerische Erziehung bei. Zudem kombiniert die Ganztagsschule eine „Entlastungsfunktion“[605] mit einer „stärkeren Einbindung der Eltern in den Schulbetrieb“[606], weil sie mit der Berufstätigkeit vereinbar ist. Dabei ist die innerschulische Beteiligungsbereitschaft von Eltern,

---

601 Fischer (2007), S. 8.
602 Auernheimer (2007a), S. 89.
603 Wagner (2002), S. 63.
604 Holtappels (2007), S. 376.
605 Ebd., S. 371.
606 Ebd., S. 371.

deren Kinder in Schulen ganztägiger Konzeption unterrichtet werden, unter Umständen sogar stärker ausgeprägt als von Eltern, deren Kinder an Halbtagsschulen unterrichtet werden. Außerdem belegen wissenschaftliche Studien, dass „die Zufriedenheitswerte der verschiedenen im Ganztagsbetrieb beruflich agierenden Gruppen (…) einen positiven Wert erreichen“[607]. Die Lehrkräfte können einerseits eine positive Entwicklung der Leistungskompetenzen der Schüler verfolgen. Zum anderen orientiert sich die Betreuung am Nachmittag an informellen Kommunikationsformen, die sich positiv auf die Lehrer-Schüler-Beziehung auswirken und sie intensivieren.

Besonders gute Auswirkungen hat die Ganztagsschulbetreuung auf Kinder mit Migrationshintergrund und Kinder aus bildungsfernen Haushalten, weil diese im Gegensatz zu Kindern aus bildungsnahen Schichten bei der Hausaufgabenerledigung nicht auf die Unterstützungsfunktion ihrer Eltern zurückgreifen können. Für diese Schülergruppen käme die Ausweitung der Ganztagsschule einer kompensierenden Maßnahme gleich.[608]

Trotz der wissenschaftlich nachgewiesenen positiven Auswirkungen der Ganztagsschulbetreuung auf alle beteiligten Gruppen, nehmen bislang nur „18% der Schüler in Deutschland an Ganztagsbetreuung teil“[609]. Dieser im internationalen Vergleich niedrige Teilnehmerwert fußt u. a. auf der Tatsache, dass sich das Angebot an ganztägiger schulischer Betreuung auf nur rund ein Drittel aller Schulen beschränkt.[610] Im Zuge einer strukturellen Bildungsreform sollte folglich die Zahl der Ganztagsschulen, die im Vergleich zu anderen europäischen Staaten „nur eine geringe Rolle spielt“[611], in erheblichem Umfang gesteigert werden.

12.3.5 Gegenseitige Evaluation

Im bundesdeutschen Schulsystem werden nur die Schüler Leistungsüberprüfungen unterzogen. Die Kompetenzen der Lehrer sowie deren Unterrichtsinhalte sind dagegen nicht Gegenstand regelmäßiger Evaluation. Dieser Methodik einseitiger Bewertung mangelt es an Elementen gegenseitiger Evaluation und sie bedarf einer Reform. Die kontinuierliche Neubewertung der Unterrichtskonzepte, -inhalte und -ziele mithilfe von „Bildungsstandards“[612] stellt ein verlässliches Instrument der Qualitäts-

[607] Holtappels (2007), S. 302.
[608] Vgl. Mannitz (2002).
[609] Autorengruppe Bildungsberichterstattung (2008), S. 71.
[610] Vgl. Ebd., S. 71.
[611] Reuter (2002), S. 37.
[612] Jürgens (2005), S. 26.

sicherung dar. Eine Reform des deutschen Bildungssystems sollte mithin Instrumente gegenseitiger Evaluation beinhalten.

12.3.6 Kultur der Anerkennung und Bekenntnis zur heterogenen Schülerschaft

Die erfolgreichen PISA-Teilnehmerstaaten haben bewiesen, dass die Integration in eine Gesellschaft und in ein Bildungssystem nicht der Aufgabe der Herkunftskultur bedarf. Vielmehr ist die Förderung ursprünglicher Besonderheiten, wie beispielsweise der Herkunftssprache und -kultur, sowohl für die Erlernung der Verkehrs- und Unterrichtssprache sowie für den Bildungserfolg in allen Schulfächern als auch für die Entwicklung des Selbstbewusstseins der Schüler von großer Bedeutung. Ziel der Anerkennung von Heterogenität und der doppelten Förderung von Mutter- und Zweitsprache ist der „funktionale Bilingualismus“. Dieser ist nicht zuletzt erstrebenswert, weil sich die ganzheitliche Förderung aller Kulturen einer Gesellschaft und ihrer Ausdrucksformen wie beispielsweise Sprache und Religion positiv auf den Bildungserfolg von Schülern mit und ohne Migrationshintergrund auswirkt.

12.3.7 Multilingualer Habitus als Normalfall

Ein Grund für die Bildungsbenachteiligung von Kindern mit Migrationshintergrund ist der monolinguale Habitus deutscher Schulen. Aufgrund der Tatsache, dass ein Teil der Schüler nicht-deutscher Herkunft erst nach ihrer Einschulung mit dem Erwerb der Unterrichtssprache beginnt und in Folge dessen einen Hauptteil ihrer Primarschulzeit der Entwicklung ihrer Sprachkompetenz widmen muss, können sich Defizite bei der Aneignung der eigentlichen Unterrichtsinhalte ergeben. Die Integration der Herkunftssprache der Schüler in den regulären Schulunterricht könnte hier zu einer Minderung der institutionellen Bildungsbenachteiligung allochthoner Schüler führen. Wissenschaftliche Studien belegen, dass die muttersprachliche Beschulung von Schülern mit Migrationshintergrund beim Erwerb der Verkehrssprache unterstützend wirkt. Zudem wird durch den multilingualen Habitus ein Gegenlicht zur Tendenz der Entwicklung eines „doppelten Analphabetismus“ gesetzt.

12.3.8 Durchlässigkeit in höher qualifizierende Schulformen befördern

Bislang ist das deutsche Bildungssystem darauf ausgerichtet, vermeintlich leistungsschwache Schüler „abzuschulen“[613]. Demnach geschieht der Schulformwechsel in der BRD vornehmlich von höher qualifizierenden Schulformen auf niedriger

[613] Demmer (2007), S. 396.

qualifizierende Schulformen.[614] Dies ist als Ausdruck der mangelnden Durchlässigkeit des Bildungssystems zu werten. Die Möglichkeit des Wechsels auf höher qualifizierende Schulformen, die in manchen Bundesländern innerhalb der Orientierungsphase der Sekundarstufe I in der fünften und sechsten Klasse theoretisch gegeben ist, wird in der Praxis nicht ausreichend wahrgenommen. Deshalb kommt der Selektion der Schüler nach der vierten bzw. sechsten Klassestufe eine quasideterministische Bedeutung zu. Um dieser Intransparenz des Bildungssystems entgegenzuwirken und Bildungsbenachteiligung vorzubeugen bedarf es einer Strukturreform, die in der Etablierung einer einzigen Schulform für alle Schüler besteht.

12.3.9 Interkulturelle Pädagogik und Intensivierung des Praxisanteils der Lehramtsausbildung als Instrumente zu einer Verbesserung der Lehreraus- und -fortbildung

Die deutschen Hochschulen weisen seit Jahrzehnten vier Defizite im Bereich der Lehreraus- und fortbildung auf: Zum einen wurde der Interkulturellen Pädagogi eine geringe Bedeutung in der universitären Forschung beigemessen; sie wurde nicht prioritär in den Gesamtverbund der Erziehungswissenschaften integriert. Zum anderen wurden den Lehramtsstudenten in der pädagogischen Lehre der Universitäten mangelhafte interkulturelle Kompetenzen vermittelt, denn bislang gibt es bundesweit kein Modell der Lehrerbildung, das strukturell und inhaltlich die Frage, wie die Querschnittsaufgabe des Umgangs mit Heterogenität in Bildung und Erziehung wahrgenommen werden kann, gelöst hätte.[615] Des Weiteren steht der Anteil praktischer Studienzeiten im Rahmen der Lehramtsausbildung mit maximal „20 Prozent des Gesamtvolumens“[616] der Semesterwochenstunden in keinem ausgewogenen Verhältnis zu dem theoretisch-wissenschaftlichen Anteil des Studiums. Außerdem kam interkulturellen Weiterbildungsangeboten für Lehrer bisher nur geringer Stellenwert zu.

Um diese Defizite der Lehreraus- und -fortbildung zu beseitigen, ist sowohl für die universitäre Forschung und Lehre als auch für den Bereich der Lehrerfortbildung intensivere Bedarfsanpassung erforderlich. Ziel muss dabei erstens die stärkere Einbettung der Interkulturellen Pädagogik in die pädagogische Fachwissenschaft; zweitens die Intensivierung der interkulturellen Lehre und des Praxisanteils der Lehramtsausbildung sowie drittens die Verstärkung der Akzeptanz interkultureller Fortbildungsmaßnahmen beim Lehrpersonal sein.

[614] Autorengruppe Bildungsberichterstattung (2008), S. 66.

[615] Neumann (2004), S. 113.

[616] Terhart (2003), S. 172.

Die PISA-Tests können als richtungsweisend betrachtet werden, um Mängel in den genannten Themenbereichen zu erkennen. Zunächst wurde aufgrund der niedrigen Punktzahlen deutscher Schüler bei den PISA-Studien die Aufmerksamkeit der Öffentlichkeit auf die Bildungsforschung im Allgemeinen und nach Bekanntwerden der besonderen Bildungsbenachteiligung von Kindern mit Migrationshintergrund auch auf die Interkulturelle Bildungsforschung im Speziellen gelenkt. Die Erforschung interkultureller Themengebiete hat seit diesem Zeitpunkt sowohl quantitativ als auch qualitativ an Bedeutung gewonnen. Im Zuge dieser Entwicklung hat sich die universitäre Teildisziplin der Interkulturellen Pädagogik besser als in der Vergangenheit in den Gesamtverbund der Erziehungswissenschaften etablieren können, was sich aufgrund der zukünftigen bildungspolitischen Fragestellungen in Bezug auf die Beschulung von Kindern mit Migrationshintergrund als förderlich erweisen wird.

Intensivere Forschungsleistungen in dieser Disziplin sind Voraussetzung für die Verbesserung der interkulturellen Lehre. Auf Grundlage neuer Forschungsergebnisse können zukünftigen Lehrern während ihrer universitären Ausbildung die theoretischen Grundlagen vermittelt werden, die für die erfolgreiche Beschulung allochthoner Schüler im späteren Berufsleben erforderlich sind. Damit kann eine Diskrepanz zwischen Theorie und Praxis aufgehoben werden, denn Folge mangelnder interkultureller Qualifizierung der Lehramtsstudenten war bisher eine Inkongruenz von Theorie und Praxis sowie Schwierigkeiten bei der praktischen Anwendung theoretisch-pädagogischer Kenntnisse.

Insbesondere an großstädtischen Schulen, in denen häufig ein besonders hoher Prozentsatz allochthoner Schüler beschult wird, erscheint die Notwendigkeit interkultureller Bildung am Größten. Ein Teil der Lehrerschaft erscheint angesichts der Heterogenität der Schülerschaft überfordert. Eine Teilursache für diese Überlastung geht u. a. auf die defizitäre theoretische Hochschulausbildung zurück, welche den potenziellen Lehrern keine adäquaten Kompetenzen im Umgang mit heterogenen Schülergruppen und den speziellen Bedürfnissen der allochthonen Schülerschaft vermittelt. Der Mangel an theoretischen Kompetenzen eines Teils der Lehrerschaft im Bereich der Interkulturellen Pädagogik wirkt sich in der schulischen Praxis in der (oftmals nicht intendierten) Benachteiligung der Schüler mit Migrationshintergrund aus. Letztere werden zum Opfer von Bildungsbenachteiligung, die an deutschen Universitäten ihren Ursprung hat, weil es bislang nicht üblich ist, dass die Vermittlung „interkultureller Kompetenz“[617] in der Lehre den Umfang von Zusatzzertifikaten überschreitet. Vielfach werden Klassen und Schulen mit überdurchschnittlicher Anzahl an allochthonen Schülern ausländischen Ursprungs als „Problem-Klassen“

617 Neumann (2004), S. 112.

und „Problem-Schulen“ bezeichnet. Diese Deklarierung ist Ausdruck einer falschen Interpretation von Ursache und Wirkung: Ursächlich für problematische Unterrichtssituationen und geringere Bildungserfolge allochthoner Schüler ist nicht der Umstand, dass in einer Klasse oder Schule überdurchschnittlich viele Kinder mit Migrationshintergrund beschult werden, sondern vielmehr die institutionelle Benachteiligung Letztgenannter u. a. aufgrund mangelnder interkultureller Kompetenz eines Teils der Lehrkräfte. Da Kinder nicht-deutscher Herkunft schon gegenwärtig in manchen Klassen bzw. Schulen nicht mehr die Ausnahme, sondern die Regel sind, entbehren solche Argumentationsmuster jeglicher Logik. Außerdem ist in Bezug auf die Zusammensetzung der Schulklassen festzuhalten, dass sowohl die PISA-Studien, als auch andere Untersuchungen zu dem Ergebnis gekommen sind, dass „weder die Leseleistung der deutschen Schüler noch die der Migrantenkinder davon abhängt, wie hoch der Anteil der Migrantenkinder in der Klasse ist“[618]. Diese Studien sind als Beweise gegen die stereotype Behauptung anzuführen, derzufolge die Schulleistung allochthoner Schüler für die schlechten deutschen Gesamtergebnisse bei den PISA-Tests verantwortlich sei.

Eine sinnvolle Maßnahme wäre daher, interkulturelles Wissen dem regulären Kanon des erziehungswissenschaftlichen Begleitstudiums für Lehramtsstudierende hinzuzufügen. Kulturelle Diversität und interkulturelle Kompetenzen sollten nicht länger als „Rand- und Zusatzaufgabe in einem ansonsten unveränderten Schulbetrieb behandelt“[619] werden. Vielmehr müssen sie sowohl selbstverständlicher Teil der Lehreraus- und -fortbildung als auch des alltäglichen Unterrichts werden. Ein Lösungsansatz für die Überforderung der Lehrkräfte und für die Benachteiligung allochthoner Schüler wäre die Etablierung der interkulturellen Lehre in den Kanon der erziehungswissenschaftlichen Ausbildung von Lehramtstudierenden. Überdies muss der Praxisanteil der Lehramtsausbildung verstärkt werden. Noch immer gibt es eine Diskrepanz zwischen dem fachwissenschaftlichen und dem praktischen Ausbildungsanteil der Lehramtsstudenten. Theorie und Praxis müssen stärker miteinander verbunden werden. Beispielsweise sollten Lehramtsstudenten in jedem Hochschulsemester zu einmonatigen Schulpraktika verpflichtet werden, in denen die künftigen Lehrer eigene Unterrichtsversuche durchführen. Nach ihrer Ausbildungszeit sollten Lehrer zu jährlichen, interkulturellen Fortbildungsmaßnahmen verpflichtet werden. In Zukunft sollte ein Bewusstsein dafür geschaffen werden, dass theoretisch fundiertes interkulturelles Fachwissen positive Auswirkungen auf die Unterrichtspraxis sowohl für Schüler als auch für Lehrer hat, sodass Schulleiter kurzfristige Unterrichtsausfälle aufgrund von Lehrerfortbildungsmaßnahmen im Verhältnis zu einer

[618] Vgl. Brügelmann (2003).

[619] Gomolla (2006a), S. 168.

langfristigen Verbesserung der Unterrichtsqualität sowie der Schüler- und Lehrerzufriedenheit betrachten können.

Als Vorbilder für die Umgestaltung des deutschen Bildungssystems können insbesondere die Bildungssysteme Schwedens und Kanadas dienen, weil diese Staaten bereits frühzeitig den Nutzen Interkultureller Pädagogik für den Schulerfolg von Schülern mit Migrationshintergrund erkannt haben. Bei der strukturellen Reform des deutschen Schulsystems muss nicht nur die Unterrichtspraxis, sondern auch die Erziehungswissenschaft einem Wandel unterzogen werden.[620]

12.3.10 Diversifizierung des Lehrpersonals

Obwohl der Anteil allochthoner Schüler „in einigen Regionen Deutschlands bis zu fünfzig Prozent und mehr beträgt“[621], gibt es keine verlässlichen statistischen Erhebungen, die den Anteil von Lehrkräften mit Migrationshintergrund ermitteln, weil es „in Deutschland an umfassenden und repräsentativen Statistiken mangelt“[622]. Nur für einige Bundesländer liegen verlässliche Zahlen vor. In Nordrhein-Westfalen beispielsweise liegt der Anteil allochthoner Lehrer bei „nur 1 Prozent“[623]. Dieser Wert soll in den nächsten Jahren erhöht werden, weil Studien herausgefunden haben, dass Lehrer mit Migrationshintergrund das Lernverhalten allochthoner Schüler positiv beeinflussen: Erstens „fühlen Schüler aus ethnischen Minderheiten eine weniger starke Bedrohung durch Stereotype, wenn ihr Lehrer derselben ethnischen Minderheit statt der Mehrheitsgruppe angehört“[624]. Neben einer Verbesserung des Lernklimas letztgenannter Schülergruppen hat der Migrationshintergrund von Lehrern – wie Studien aus den Niederlanden und Deutschland bewiesen haben – auch positive Effekte auf die schulische Performanz allochthoner Kinder.[625] Zudem ist die Akzeptanz allochthoner Lehrer im Sinne einer Vorbildfunktion für nicht-deutsche Schüler höher als diejenige autochthoner Lehrer, weil erstere eine stärkere Identifikation bei Kindern ähnlicher familiärer Hintergründe auslösen.[626] Außerdem haben allochthone Lehrer einen Vorteil gegenüber autochthonen Lehrer in der Zusammenarbeit mit zugewanderten Eltern: Zum einen könnten sprachliche Barrieren auf-

---

[620] Bellmann (2006), S. 488.

[621] Autorengruppe Bildungsberichterstattung (2008), S. 11.

[622] Tartakowska/Ackermann (2008), (Stand: 6.01.2010), S. 1. http://www.migration-boell.de/web/integration/47_1496.asp.

[623] Ebd., S. 1.

[624] Diefenbach (2007), S. 131.

[625] Vgl. Crul (2002). Stiftung Mercator (2009), http://www.stiftung-mercator.org/cms/upload/pdf/Sonstige_PDFs/Kurzfassung_der_Evaluation.pdf.

[626] Diefenbach (2007), S. 132.

grund derselben Herkunft und Muttersprache der Gesprächspartner umgangen werden, und zum anderen kann angenommen werden, dass Teile autochthoner Eltern, die selbst Opfer von Diskriminierungen durch Beamte bzw. staatliche Institutionen geworden sind, ihre Hemmungen in Bezug auf allochthone Beamte ablegen. Lehrer mit Migrationshintergrund können demzufolge zu einer Verbesserung der Lehrer-Eltern-Beziehung beitragen.

Angemerkt werden muss allerdings, dass in diesem Bereich in der bundesrepublikanischen Forschung erhebliche Desiderate bestehen, deren Beseitigung zu mehr Informationen über den Einsatz allochthoner Lehrkräfte und deren Auswirkungen auf die schulische Performanz allochthoner Schüler führen kann.

12.3.11 Intensivere Zusammenarbeit zwischen Fachlehrern und die Einbeziehung von Schulpädagogen und -psychologen im Schulalltag

Deutsche Lehrkräfte nutzen noch in zu geringem Ausmaß die potenziellen Synergieeffekte des Austausches mit Kollegen sowie mit anderen Berufsgruppen. Dabei könnte eine stärkere Vernetzung der Fachlehrer sowie die Einbeziehung von Pädagogen und Schulpsychologen zu einer Verbesserung des Unterrichts und des Schulklimas beitragen. Fächerübergreifender Projektunterricht kann sowohl dazu beitragen, die Zusammenarbeit zwischen pädagogischen bzw. psychologischen Experten zu fördern, als auch den Schülern dazu dienen, sich im Rahmen selbständigen Arbeitens interdisziplinäres Wissen anzueignen. Eine intensivere Zusammenarbeit zwischen Lehrern, Pädagogen und Psychologen erscheint zudem aufgrund der heterogenen Schülerschaft einer Einwanderungsgesellschaft und den damit verbundenen Anforderungen an das Bildungssystem und dessen Fachkräfte sinnvoll.

Als Vorbild für neuartige Kooperationsmöglichkeiten könnten die Bildungssysteme der USA, Kanadas oder des Vereinigten Königreichs dienen, in denen nicht nur ein reger Austausch zwischen Bildungsexperten stattfindet, sondern auch Kooperationen zwischen Bildungsinstitutionen und Einrichtungen der jeweiligen Gemeinde in Form von Service Learning betrieben werden.[627] Die Synergieeffekte, die von solchen Partnerschaften ausgehen, dienen sowohl den Erwachsenen als auch den Schülern. Die Fachkräfte können sich durch den Austausch mit anderen Experten Wissensbestände anderer Disziplinen aneignen und diese für ihre eigene Tätigkeit nutzen.

[627] Vgl. Sliwka (2004). Sliwka (2006).

13 Ergebnispräsentation

*„Das Wissen in den Köpfen der Menschen stellt die wichtigste Ressource in unserem rohstoffarmen Land dar.“**

Im Folgenden werden die Ergebnisse der vorangegangenen Untersuchung dargestellt und ein Ausblick gegeben.

13.1 Kernbefund: Institutionelle Diskriminierung allochthoner Schüler im deutschen Schulwesen

Mithilfe des Konzepts der institutionellen Diskriminierung wurde der Versuch unternommen, Strukturen des Bildungssystems und ihre Auswirkungen auf Kinder und Jugendliche mit Migrationshintergrund anhand der nationalen und internationalen Kompetenzvergleichsuntersuchungen IGLU 2001, PISA 2000, 2003 und 2006 zu analysieren. Forschungsleitend war die Frage, ob die Befunde dieser Studien die These belegen, derzufolge in Deutschland keine bildungspolitische Chancengleichheit zwischen autochthonen und allochthonen Schülern besteht. Im Ergebnis konnte verifiziert werden, dass Kinder und Jugendliche im deutschen Schulsystem aufgrund ihrer ethnischen, konfessionellen und sozioökonomischen Herkunft den Wirkungsweisen bildungspolitisch begründeter institutioneller Benachteiligung ausgesetzt sind.

13.2 Ausblick

Das Analyseresultat dieser Forschungsarbeit zeigt, dass die Ursache der Bildungsbenachteiligung allochthoner Schüler u. a. in den politisch-institutionellen Rahmenbedingungen des deutschen Schulwesens begründet ist. Um Chancengleichheit im deutschen Bildungssystem zu etablieren, ist eine Veränderung der einschlägigen Parameter notwendig. Einschränkend muss berücksichtigt werden, dass die Reformvorschläge dieser Arbeit nicht den Ausprägungen der in Artikel 30 und 70 Grund-

* Roman Herzog.

gesetz verankerten Bildungshoheit der Bundesländer spezifisch Rechnung tragen.[628] Dennoch können sich die Befunde als Basis generalisierter Reformanstrengungen für die gesamtdeutsche Bildungspolitik eignen.

Zusammenfassend muss festgehalten werden, dass eine Veränderung der schulischen Rahmenbedingungen nur dadurch erreicht werden kann, dass pressure-groups[629] ihre Anliegen an politische Akteure herantragen. So wie in den 1960er Jahren die Bildungsdiskriminierung von Frauen und Mädchen „durch eine Politisierung der Diskussion über Ungleichheit und Ungleichbehandlung die Reorganisation der Struktur des Bildungsangebots für Mädchen, eine Änderung der Selektionspraktiken in den Schulen und eine Delegitimation von Begründungshaushalten“[630] zur Folge hatte, muss die Bildungsdiskriminierung allochthoner Schüler durch institutionelle Veränderungen des deutschen Schulwesens, die nur auf dem politischen Wege erreicht werden können, beseitigt werden. Als Interessengruppen, die solch einen Policy-Wandel anstoßen können, kommen Migrantenverbände sowie Wähler nicht-deutscher Herkunft in Betracht, wobei deren Durchsetzungskraft in Dependenz zu der Effizienz ihres Lobbyings und dem sich daraus ergebenden politischen Einfluss steht. In der Vergangenheit waren sowohl Migrantenvertreter als auch allochthone Wähler keine Policy-verändernden Größen auf der bildungspolitischen Agenda. Deshalb konnten bildungspolitische Akteure ihre Bedürfnisse übersehen, ohne dabei politischen Schaden befürchten zu müssen. Aufgrund der Diversifizierung der deutschen Gesellschaft hat sich die Einflussmacht der Interessengruppen der Migranten auf die politischen Vertreter grundlegend verändert. Die Bedürfnisse des Bevölkerungsanteils mit Migrationshintergrund können in Zukunft nicht mehr unbeachtet bleiben, weil Letztere eine kontinuierlich ansteigende Wählerpopulation darstellen. So wurden im Zeitraum von 2000 bis 2007 ca. 1.500.000 Migranten eingebürgert.[631] Zwar wäre es undifferenziert, zu unterstellen, all jene hätten dieselben Forderungen und parteipolitischen Präferenzen. Dennoch war ein Großteil von ihnen bereits von Alltagsdiskriminierung betroffen,[632] sodass bei der Mehrheit dieser Wählerschaft von einer grundsätzlichen Sensibilisierung in Bezug auf die schuli-

---

628 Sannwald (2008), Artikel 70 GG Rn. 21 und Artikel 30 Rn. 49. Degenhart (2007), Artikel 70 GG Rn. 7.

629 Interessenverbände und -vertreter die politischen Druck auf politische Akteure ausüben, um ihre Interessen durchsetzen.

630 Gomolla/Radtke (2007), S. 22.

631 Statistisches Bundesamt, http://www.destatis.de/jetspeed/portal/cms/Sites/destatis/Internet/DE/Presse/pm/2007/07/PD07__292__1511,templateId=renderPrint.psml;
Ebd., http://www.destatis.de/jetspeed/portal/cms/Sites/destatis/Internet/DE/Navigation/Statistiken/Bevoelkerun/AuslaendischeBevoelkerung/AuslaendischeBevoelkerung.psml.

632 Terkessidis (2004), S. 10.

sche Benachteiligung allochthoner Kinder ausgegangen werden kann. Die Nutzung dieser normativen Grundhaltung in politikbeeinflussenden Initiativen ist eine Aufgabe von Migrantenverbänden und „advocacy coalitions" innerhalb der parteipolitischen Apparate.

Insofern als die Gleichstellung der Migranten im deutschen Bildungssystem eine Veränderung der institutionellen Rahmenbedingungen erforderlich macht, ist es unumgänglich, die Logik der politischen Akteure anzuerkennen. Diese besteht darin, dass Letztere neben rationalen und pragmatischen Problemlösungen vor allem auch ihre Wiederwahl anstreben. Aus diesem Grund ist es von entscheidender Bedeutung für Interessengruppen, die die Bildungspolitik mitgestalten möchten, ihr Wählerstimmenpotenzial als Einflussgröße in den Policy-Prozess zu integrieren. Denn „die Schwierigkeit in der Politik besteht nicht darin, einen Lösungsansatz zu finden, sondern für eine der möglichen Lösungen Mehrheiten und Legitimität zu gewinnen"[633]. Demnach benötigt Policy-Wandel die systematische Akkumulation politischer Forderungen. Die Interessenvertretungen der Migranten können bei ihrer politischen Einflussnahme auf die Erkenntnisse von Bildungsforschern zurückgreifen: Diese belegen, dass die Anteile von Abiturienten und Hochschulabsolventen in Deutschland unter dem OECD-Durchschnitt liegen und mithin eine defizitäre Ausbildungssituation widerspiegeln.[634] Überdies bestätigen Bildungsexperten einen zukünftigen Mangel qualifizierter Fachkräfte. Vor dem Hintergrund dieser wissenschaftlichen Erkenntnisse kann politischer Druck mit der Zielsetzung der Förderung des Potenzials allochthoner Schüler auf die bildungspolitischen Akteure ausgeübt werden.

Bildungs- und Sozialpolitik müssen in Deutschland zukünftig gezielt miteinander verknüpft werden, sodass Bildung als Präventionsfaktor von Arbeitslosigkeit und Armut stärker an Bedeutung gewinnt.[635] Das Wissen in den Köpfen der Menschen „stellt die wichtigste Ressource in unserem rohstoffarmen Land dar"[636]. Deshalb kann die Bundesrepublik Deutschland als eine der führenden Volkswirtschaften der Welt nicht auf die Integration seiner allochthonen Kinder- und Jugendlichen in höherwertige Schulformen verzichten.

---

[633] Bellmann (2006), S. 501.

[634] Autorengruppe Bildungsberichterstattung (2008), S. 8.

[635] Allmendinger/Leibfried (2005), S. 45.

[636] Vgl. Roman Herzog: (Stand: 19.03.2009), http://www.bundespraesident.de/Reden-und-Interviews/Reden-Roman-Herzog-,11072.12065/Rede-von-Bundespraesident-Roma.htm?global.back=/Reden-und-Interviews/-%2C11072%2C4/Reden-Roman-Herzog.htm%3Flink%3Dbpr_liste.

Literatur

Abelshauser, Werner (2005). Deutsche Wirtschaftsgeschichte seit 1945, Bonn: Bpb.

Ackeren, Isabel van (2005): Schülerinnen und Schüler mit Migrationsgeschichte – Integrationsbedingungen und -strategien in sechs Vergleichsländern. In: Hans Döbert und Hans-Werner Fuchs (Hrsg.), Leistungsmessungen und Innovationsstrategien in Schulsystemen, Ein internationaler Vergleich, Münster: Waxmann, S. 15–41.

Allmendinger, Jutta (2004): Verschenkte Chancen. Handlungsspielräume für die Bildungspolitik. In: Internationale Politik, 59. Jg. (5), S. 58–66.

Allmendinger, Jutta und Leibfried, Stephan (2005): Bildungsarmut. Zum Zusammenhang zwischen Sozialpolitik und Bildung. In: Michael Opielka (Hrsg.), Bildungsreform als Sozialreform. Zum Zusammenhang zwischen Bildungs- und Sozialpolitik, Wiesbaden: VS Verlag für Sozialwissenschaften, S. 45–60.

Autorengruppe Bildungsberichterstattung (2008): Bildung in Deutschland. Ein indikatorengestützter Bericht mit einer Analyse zu Übergängen im Anschluss an den Sekundarbereich I, Bielefeld: W. Bertelsmann Verlag.

Auernheimer, Georg (Hrsg.) (2001): Migration als Herausforderung für pädagogische Institutionen, Opladen: Leske + Budrich.

Auernheimer, Georg (2003): Schieflagen im Bildungssystem. Die Benachteiligung der Migrantenkinder, Wiesbaden: VS Verlag für Sozialwissenschaften.

Auernheimer, Georg (2004a): Drei Jahrzehnte Interkulturelle Pädagogik – eine Bilanz. In: Yasemin Karakasoglu und Julian Lüddecke (Hrsg.), Migrationsforschung und Interkulturelle Pädagogik, Münster: Waxmann, S. 17–28.

Auernheimer, Georg (2004b): Unser Bildungssystem – für die Einwanderungsgesellschaft dysfunktional. In: Bundeselternbeirat – Arbeitsgemeinschaft der Landeselternvertretungen in der BRD (Hrsg.), IGLU – eine Leistungsuntersuchung der Grundschule und die Konsequenzen für das Schulwesen sowie mögliche Formen der Kooperation mit der Jugendhilfe, Bützow: Eigendruck, S. 50–64.

Auernheimer, Georg (2007a): Migration und Bildungsgerechtigkeit in Deutschland. In: Dietlind Fischer und Volker Elsenbast (Hrsg.), Zur Gerechtigkeit im Bildungssystem, Münster: Waxmann, S. 85–92.

Auernheimer, Georg (2007b): Einführung in die Interkulturelle Pädagogik, Darmstadt: WBG.

AWO Bundesverband e.V. (2006): Chancengerechtigkeit durch Bildung – Chancengerechtigkeit in der Bildung. Bausteine einer sozialen Bildungspolitik, Essen: Klartext-Verlagsgesellschaft.

Bachmair, Ben (2007): Migrantenkinder, ihr Leserrisiko und ihre Medienumgebung. In: Aus Politik und Zeitgeschichte, B 28/07, S. 26–31.

Badawia, Tarek; Hamburger, Franz und Hummrich, Merle (Hrsg.) (2003): Wider die Ethnisierung einer Generation. Beiträge zur qualitativen Migrationsforschung, Frankfurt am Main: Verlag für Interkulturelle Kommunikation.

Bade, Klaus J. (1983): Vom Auswanderungsland zum Einwanderungsland? Deutschland 1880–1980, Berlin: Colloquium Verlag.

Barner, Svenja (2007): Arbeitsmigranten und Aussiedler. Integration in Theorien und Praxis, Saarbrücken: VDM Verlag Dr. Müller.

Barwig, Klaus (Hrsg.) u. a. (1999): Neue Regierung – neue Ausländerpolitik? Hohenheimer Tage zum Ausländerrecht 1999 und 5. Migrationspolitisches Forum, Baden-Baden: Nomos.

Baumert, Jürgen (Hrsg.) u. a. (2001): PISA 2000. Basiskompetenzen von Schülerinnen und Schülern im internationalen Vergleich, Opladen: Leske + Budrich.

Baumert, Jürgen und Artelt, Cordula (2003): Konzeption und technische Grundlagen der Studie. In: Deutsches PISA-Konsortium (Hrsg.), PISA 2000 – Ein differenzierter Blick auf die Länder der Bundesrepublik Deutschland, Opladen: Leske + Budrich, S. 11–50.

Baumert, Jürgen und Stanat, Petra (2006): Internationale Schulleistungsvergleiche. In: Detlef H. Rost (Hrsg.), Handwörterbuch Pädagogische Psychologie, Weinheim: Beltz, S. 291–302.

Baur, Ruprecht; Ostermann, Torsten und Chlosta, Christoph (2004): Der weite Weg von der Mehrsprachigkeit zur Sprachförderung. In: Yasemin Karakasoglu und Julian Lüddecke (Hrsg.), Migrationsforschung und Interkulturelle Pädagogik. Aktuelle Entwicklungen in Theorie, Empirie und Praxis, Münster: Waxmann, S. 161–170.

Becker, Rolf und Lauterbach, Wolfgang (Hrsg.) (2008): Vom Nutzen vorschulischer Erziehung und Elementarbildung – Bessere Bildungschancen für Arbeiterkinder? In: Dieselben. Bildung als Privileg. Erklärungen und Befunde zu den Ursachen der Bildungsungleichheit, Wiesbaden: VS Verlag für Sozialwissenschaften, S. 129–159.

Becker, Rolf (Hrsg.) (2008): Soziale Ungleichheit von Bildungschancen und Chancengerechtigkeit. In: Rolf Becker und Wolfgang Lauterbach (Hrsg.), Bildung als Privileg. Erklärungen und Befunde zu den Ursachen der Bildungsungleichheit, Wiesbaden: VS Verlag für Sozialwissenschaften, S. 161–189.

Bednarz-Braun, Iris und Heß-Meining, Ulrike (2004): Migration, Ethnie und Geschlecht. Theorieansätze – Forschungsstand – Forschungsperspektiven, Wiesbaden: VS Verlag für Sozialwissenschaften.

Bellmann, Johannes (2006): Bildungsforschung und Bildungspolitik im Zeitalter Neuer Steuerung. In: Zeitschrift für Pädagogik, 52. Jg. (4), Weinheim: Beltz, S. 487–504.

Bender, Peter (2005): Die etwas andere Sicht auf PISA, TIMMSS und IGLU. In: Der Mathematik-Unterricht, 51. Jg. (2/3), S. 36–57.

Bender, Peter (2006): Was sagen uns PISA & Co. wenn wir uns auf sie einlassen? In: Thomas Jahnke und Wolfram Meyerhöfer (Hrsg.), PISA & Co. Kritik eines Programms, Hildesheim: Verlag Franzbecker, S. 187–240.

Berger, Peter A. und Kahlert, Heike (Hrsg.) (2005): Bildung als Institution: (Re) Produktionsmechanismen sozialer Ungleichheit. In: Dieselben. Institutionalisierte Ungleichheiten. Wie das Bildungswesen Chancen blockiert, Weinheim: Juventa, S. 7–16.

Bingemer, Karl; Meistermann-Seeger Edeltrud und Neubert, Edgar (Hrsg.) (1972): Leben als Gastarbeiter. Geglückte und Missglückte Integration, Opladen: Westdeutscher Verlag.

Birle, Peter und Wagner, Christoph (1994): Vergleichende Politikwissenschaft: Analyse und Vergleich politischer Systeme. In: Manfred Mols (Hrsg.) u. a., Politikwissenschaft. Eine Einführung, Paderborn: Schöningh, S. 99–134.

Böhm-Kasper, Claudia; Weishaupt, Horst und Weiß, Manfred (2007): Private Finanzierung von öffentlichen Schulen? Frankfurt/Main: DIPF.

Böttcher, Wolfgang (2005): Soziale Auslese und Bildungsreform. In: Aus Politik und Zeitgeschichte, B 12/05, S. 7–13.

Bommes, Michael und Radtke, Frank-Olaf (1993): Institutionelle Diskriminierung von Migrantenkindern. Die Herstellung ethnischer Differenz in der Schule. In: Zeitschrift für Pädagogik, 39. Jg. (3), S. 483–491.

Boos-Nünning, Ursula (1998): Arbeiten und Wohnen als Lebensgrundlage. In: Aytac Eryilmaz und Mathilde Jamin (Hrsg.), Fremde Heimat. Zur Geschichte der Einwanderung aus der Türkei, Essen: Klartext, S. 337–357.

Boos-Nünning, Ursula und Karakasoglu, Yasemin (2005): Welche Ressourcen haben junge Migrantinnen? Plädoyer für einen Perspektivenwechsel, In: Migration und Soziale Arbeit, 27. Jg. (3), S. 219–232.

Bos, Wilfried und Schwippert, Knut (2002): TIMSS, PISA, IGLU & CO. Vom Sinn und Unsinn internationaler Schulleistungsuntersuchungen. In: Bildung und Erziehung, 55. Jg. (1), S. 5–21.

Bos, Wilfried (Hrsg.) u. a. (2003): Erste Ergebnisse aus IGLU. Schulerleistungen am Ende der vierten Jahrgangsstufe im internationalen Vergleich, Münster: Waxmann.

Bos, Wilfried (Hrsg.) u. a. (2004a): Heterogenität. Eine Herausforderung an die empirische Bildungsforschung, Münster: Waxmann.

Bos, Wilfried (Hrsg.) u. a. (2004b): IGLU. Einige Länder der Bundesrepublik Deutschland im nationalen und internationalen Vergleich, Münster: Waxmann.

Borde, Theda und Matthias, David (Hrsg.) (2005): Kinder und Jugendliche mit Migrationshintergrund. Lebenswelten, Gesundheit und Krankheit, Frankfurt am Main: Mabuse-Verlag.

Brink, Henning van den (2009): Von feinen Unterschieden zu großen Unterschieden. In: Aus Politik und Zeitgeschichte, B17/2009, S. 8–14.

Bühler-Niederberger, Doris (2009): Ungleiche Kindheiten – alte und neue Disparitäten. In: Aus Politik und Zeitgeschichte, B 17/2009, S. 3–8.

Bührer, Werner (1997): Westdeutschland in der OEEC. Eingliederung, Krise, Bewährung 1947–1961, München: R.Oldenbourg Verlag.

Bund-Länder-Kommission für Bildungsplanung und Forschungsförderung (2003): Förderung von Kindern und Jugendlichen mit Migrationhintergrund, Heft 107, Bonn: Eigendruck.

Butterwegge, Christoph und Hentges, Gudrun (Hrsg.) (2006): Zuwanderung im Zeichen der Globalisierung. Migrations-, Integrations- und Minderheitenpolitik, Wiesbaden: VS Verlag für Sozialwissenschaften.

Carstensen, Claus H.; Drechsel, Barbara und Prenzel, Manfred (2005): Einführung in den Ländervergleich PISA 2003. In: PISA-Konsortium Deutschland (Hrsg.), PISA 2003. Der zweite Vergleich der Länder in Deutschland – Was wissen und können Jugendliche, Münster: Waxmann, S. 14–51.

Clayton, Dimitra und do Mar Castro Varela, Maria (2002): Alltagsrassismus und Beratungsangebote. In: Zeitschrift für Migration und soziale Arbeit, 24. Jg. (3), S. 34–40.

Cremer-Schäfer, Helga und Sondermann, Terence (2007): Präventive Legitimierung von Diskriminierung. Die unzivilisierten Fremden in der medialen Bearbeitung des „Bildungsdesasters" nach PISA in der Bundesrepublik. In: Karin S. Amos und Helga Cremer-Schäfer (Hrsg.), Saubere Schulen. Vom Ausbrechen und Ausschließen Jugendlicher, Baden-Baden: Nomos, S. 139–154.

Crul, Maurice (2002): Success breeds success. Moroccan and Turkish student mentors in the Netherlands. In: International Journal for the Advancement of Counselling, 24. Jg. (4), S. 275–287.

Czerwanski, Annette (2000): Private Stiftungen und staatliche Schulen. Schulentwicklung durch nicht-staatliche Förderprogramme? Opladen: Leske + Budrich.

D'Amato, Gianni (1998): Vom Ausländer zum Bürger. Der Streit um die politische Integration in Deutschland. Frankreich und der Schweiz, Münster: LIT-Verlag.

Degenhart, Christoph (2007): Kommentierung der Artikel 70 GG. In: Michael Sachs (Hrsg.), Kommentar zum Grundgesetz, München: C.H. Beck.

Demmer, Marianne (2007): Vom PISA-Schock zur PISA-Show: „Wie hältst du's mit der Selektion?" bleibt die Gretchenfrage des deutschen Schulsystems. In: Die Deutsche Schule. Zeitschrift für Erziehungswissenschaft, Bildungspolitik und pädagogische Praxis, 99. Jg. (4), S. 390–399.

Diedrich-Wabnitz, Angelika (2003): Die Erweiterung des Möglichen. Bausteine für eine Kultur des Lernens. In: Politische Studien, 54. Jg. (5), S. 67–83.

Diefenbach, Heike (2005): Schulerfolg von ausländischen Kindern und Kindern mit Migrationshintergrund als Ergebnis individueller und institutioneller Faktoren. In: Bundesministerium für Bildung und Forschung (Hrsg.), Migrationshintergrund von Kindern und Jugendlichen. Wege zur Weiterentwicklung der amtlichen Statistik, Bonn: Eigendruck, S. 43–54.

Diefenbach, Heike (2007): Kinder und Jugendliche aus Migrantenfamilien im deutschen Bildungssystem. Erklärungen und empirische Befunde, Wiesbaden: VS Verlag für Sozialwissenschaften.

Diefenbach, Heike (2008): Bildungschancen und Bildungs(miss)erfolg von ausländischen Schülern oder Schülern aus Migrantenfamilien im System schulischer Bildung. In: Rolf Becker und Wolfgang Lauterbach (Hrsg.), Bildung als Privileg. Erklärungen und Befunde zu den Ursachen der Bildungsungleichheit, Wiesbaden: VS Verlag für Sozialwissenschaften, S. 221–245.

Diefenbach, Heike (2009): Der Bildungserfolg von Schülern mit Migrationshintergrund im Vergleich zu Schülern ohne Migrationshintergrund. In: Rolf Becker (Hrsg.), Lehrbuch der Bildungssoziologie, Wiesbaden: VS Verlag für Sozialwissenschaften, S. 433–459.

Diehm, Isabell und Radtke, Frank-Olaf (1999): Erziehung und Migration. Eine Einführung, Stuttgart: Kohlhammer.

Ditton, Hartmut (2008): Der Beitrag von Schule und Lehrern zur Reproduktion von Bildungsungleichheit. In: Rolf Becker und Wolfgang Lauterbach (Hrsg.), Bildung als Privileg. Erklärungen und Befunde zu den Ursachen der Bildungsungleichheit, Wiesbaden: VS Verlag für Sozialwissenschaften, S. 247–275.

Dravenau, Daniel und Groh-Samberg, Olaf (2005): Bildungsbenachteiligung als Institutionseffekt. Zur Verschränkung kultureller und institutioneller Diskriminierung. In: Peter A. Berger und Heike Kahlert (Hrsg.), Institutionalisierte Ungleichheiten. Wie das Bildungswesen Chancen blockiert, Weinheim: Juventa, S. 103–129.

Erbguth, Wilfried (2007): Kommentierung zu Artikel 30 GG. In: Michael Sachs (Hrsg.), Kommentar zum Grundgesetz, München: C.H. Beck.

Esch, Karin (Hrsg.) u. a. (2005): Das Leitbild ‚neue Kompensatorik' – Neue Ansätze zur Lösung alter Bildungsprobleme. In: Dieselbe. Kinderbetreuung – Dienstleistung für Kinder. Handlungsfelder und Perspektiven, Wiesbaden: VS Verlag für Sozialwissenschaften, S. 219–239.

Figal, Günter (2009): Verstehen – Verdacht – Kritik. In: Rahel Jaeggi und Thilo Wesche (Hrsg.), Was ist Kritik? Frankfurt/Main: Suhrkamp, S. 339–352.

Fischer, Dietlind (Hrsg.) (2007): Einleitung: Gerechtigkeit im Bildungssystem. In: Dietlind Fischer und Volker Elsenbast (Hrsg.), Zur Gerechtigkeit im Bildungssystem, Münster: Waxmann, S. 7–11.

Forst, Rainer (2009): Der Grund der Kritik. Zum Begriff der Menschenwürde in sozialen Rechtfertigungsordnungen. In: Rahel Jaeggi und Thilo Wesche (Hrsg.), Was ist Kritik? Frankfurt/Main: Suhrkamp, S. 150–164.

Foucault, Michel (1992): Was ist Kritik? Berlin: Merve Verlag.

Füller, Christian (2007): Die mächtigen Ohnmächtigen. PISA und die Medien – Einschätzungen des Journalisten. In: Die Deutsche Schule, 99. Jg. (4), S. 400–407.

Fuchs, Hans-Werner und Reuter, Lutz R. (2000): Bildungspolitik in Deutschland. Entwicklungen, Probleme, Reformbedarf, Opladen: Leske + Budrich.

Fuchs, Hans-Werner (2002): Zum Verhältnis von Bildungsforschung und Bildungspolitik. In: Hans Döbert (Hrsg.) u. a., Bildung vor neuen Herausforderungen. Historische Bezüge – Rechtliche Aspekte – Steuerungsfragen – Internationale Perspektiven, Neuwied: Luchterhand, S. 231–242.

Fuchs, Ragnhild (2002): Interkulturelle Kompetenz im Rahmen frühkindlicher Bildungsprozesse. In: Zeitschrift für Migration und soziale Arbeit, 24. Jg. (3), S. 109–114.

Geißler, Rainer (2005): Die Metamorphose der Arbeitertochter zum Migrantensohn. Zum Wandel der Chancengleichheit im Bildungssystem nach Schicht, Geschlecht, Ethnie und deren Verknüpfungen. In: Peter A. Berger und Heike Kahlert (Hrsg.), Institutionalisierte Ungleichheiten. Wie das Bildungswesen Chancen blockiert, Weinheim: Juventa, S. 71–100.

Geißler, Rainer und Weer-Menges, Sonja (2008): Migrantenkinder im Bildungssystem: Doppelt benachteiligt. In: Aus Politik und Zeitgeschichte, 49/08, S. 14–22.

Glaeske, Gerd (2009): GEK-Arzneimittelreport, Sankt Augustin: Asgard.

Gellert, Uwe (2006): Mathematik „in der Welt" und mathematische „Grundbildung". Zur Konsistenz des mathematischen Rahmens von PISA. In: Thomas Jahnke und Wolfram Meyerhöfer (Hrsg.), PISA & Co. Kritik eines Programms, Hildesheim: Verlag Franzbecker, S. 277–291.

Gogolin, Ingrid (1994): Der Monolinguale Habitus der multilingualen Schule, Münster: Waxmann.

Gogolin, Ingrid und Kroon, Sjaak (Hrsg.) (2000): Man schreibt wie man spricht. Ergebnisse einer international vergleichenden Fallstudie über Unterricht in vielsprachigen Klassen, Münster: Waxmann.

Gogolin, Ingrid (2002): Sprachlich-kulturelle Differenz und Chancengleichheit – (un)versöhnlich in staatlichen Bildungssystemen? In: Ingrid Lohmann und Rainer Rilling (Hrsg.), Die verkaufte Bildung. Kritik und Kontroversen zur Kommerzialisierung von Schule, Weiterbildung, Erziehung und Wissenschaft, Opladen: Leske + Budrich. S. 153–168.

Gogolin, Ingrid (Hrsg.) u. a. (2005a): Migration und sprachliche Bildung, Münster: Waxmann.

Gogolin, Ingrid (2005b): Interkulturelle Bildungsforschung. In: Rudolf Tippelt (Hrsg.), Handbuch Bildungsforschung, Wiesbaden: VS Verlag für Sozialwissenschaften, S. 263–269.

Gogolin, Ingrid; Neumann, Ursula und Roth, Hans-Joachim (2005): Sprachdiagnostik bei Kindern und Jugendlichen mit Migrationshintergrund. Dokumentation einer Fachtagung am 14. Juli 2004 in Hamburg, Münster: Waxmann.

Gogolin, Ingrid und Krüger-Potratz, Marianne (2006): Einführung in die Interkulturelle Pädagogik, Opladen: Budrich.

Goldberg, Andreas; Halm, Dirk und Sen, Faruk (2004): Die Deutschen Türken, Münster: LIT.

Gomolla, Mechthild und Radtke, Frank-Olaf (2002): Institutionelle Diskriminierung. Die Herstellung ethnischer Differenz in der Schule, Opladen: Leske + Budrich.

Gomolla, Mechthild (2006a): Schulqualität, Schulentwicklung und Bildungschancen in der Einwanderungsgesellschaft. Plädoyer für einen Paradigmenwechsel. In: Migration und Soziale Arbeit, 28. Jg. (1), S. 168–175.

Gomolla, Mechtild (Hrsg.) (2006b): Schulqualität in der Einwanderungsgesellschaft: Handlungsbedarf und Strategien. In: Dieselbe. Schulqualität in der Einwanderungsgesellschaft: Strategien und Fallbeispiele, Münster: Waxmann, S. 31–55.

Gomolla, Mechthild und Radtke, Frank-Olaf (2007): Institutionelle Diskriminierung. Die Herstellung ethnischer Differenz in der Schule, Wiesbaden: VS Verlag für Sozialwissenschaften.

Gottschall, Karin und Hagemann, Karen (2002): Die Halbtagschule: Ein Sonderfall in Europa? In: Aus Politik und Zeitgeschichte, B 41/2002, S. 12–22.

Grundmann, Matthias; Bittlingmayer, Uwe H.; Dravenau, Daniel und Groh-Samberg, Olaf (2008): Bildung als Privileg und Fluch – Zum Zusammenhang zwischen lebensweltlichen und institutionalisierten Bildungsprozessen. In: Rolf Becker und Wolfgang Lauterbach (Hrsg.), Bildung als Privileg. Erklärungen und Befunde zu den Ursachen der Bildungsungleichheit, Wiesbaden: VS Verlag für Sozialwissenschaften, S. 47–74.

Grunow, Dieter (Hrsg.) (2006): Der Ansatz der politikfeldbezogenen Verwaltungsanalyse. In: Derselbe. Verwaltungshandeln in Politikfeldern. Ein Studienbuch, Wiesbaden: VS Verlag für Sozialwissenschaften, S. 15–59.

Gundlach, Erich (2007): Bildungspolitik im Zeitalter der Globalisierung, Stuttgart: Lucius & Lucius.

Hagemeister, Volker (2006): Kritische Anmerkungen zum Umgang mit den Ergebnissen von PISA. In: Thomas Jahnke und Wolfram Meyerhöfer (Hrsg.), PISA & Co. Kritik eines Programms, Hildesheim: Verlag Franzbecker, S. 241–275.

Hampe, Michael (2009): Wissenschaft und Kritik. Einige historische Beobachtungen. In: Rahel Jaeggi und Thilo Wesche (Hrsg.), Was ist Kritik? Frankfurt/Main: Suhrkamp, S. 353–371.

Handschuck, Sabine und Schröer, Hubertus (2006): Integration durch Bildung – eine gemeinsame Aufgabe von Schule und Jugendhilfe. In: Migration und Soziale Arbeit, 28. Jg. (3), S. 188–194.

Heilbronner, Kai (2001): Reform des Zuwanderungsrechts. Konsens und Dissens in der Ausländerpolitik. In: Aus Politik und Zeitgeschichte, B 43/01, S. 7–19.

Heimbach-Steins, Marianne; Kruip, Gerhard und Kunze, Axel Bernd (2007): Das Menschenrecht auf Bildung und seine Umsetzung in Deutschland, Diagnosen – Reflexionen – Perspektiven, Bielefeld: vwb.

Heinzel, Friedericke (2004): Was bedeutet IGLU für Konzepte der Lehrerbildung im Grundschulbereich? In: Hans Merkens (Hrsg.), Lehrerbildung. IGLU und die Folgen, Opladen: Leske + Budrich, S. 53–63.

Hell, Matthias (2005): Einwanderungsland Deutschland? Die Zuwanderungsdiskussion 1998–2002, Wiesbaden: VS Verlag für Sozialwissenschaften.

Hepp, Gerd F. (2006): Bildungspolitik als Länderpolitik. In: Herbert Schneider und Hans-Georg Wehling (Hrsg.), Landespolitik in Deutschland. Grundlagen – Strukturen – Arbeitsfelder, Wiesbaden: VS Verlag für Sozialwissenschaften, S. 240–269.

Herbert, Ulrich (1986): Geschichte der Ausländerbeschäftigung in Deutschland, Bonn: Bpb.

Herbert, Ulrich und Hunn, Karin (2000): Gastarbeiter und Gastarbeiterpolitik in der Bundesrepublik Deutschland. Vom Beginn der offiziellen Anwerbung bis zum Anwerbestopp (1995–1973), Köln: Böhlau.

Herbert, Ulrich (2003): Geschichte der Ausländerpolitik in Deutschland, Bonn: Bpb.

Herbertz, Wolfgang (2004): Das kann teuer werden! Finanzierung und Betrieb von Schulen als Public-Private-Partnership. In: Nds – das Magazin der Bildungsgewerkschaft, 56. Jg. (10), S. 16.

Herrlitz, Hans-Georg (2003): Das große Tabu. PISA, IGLU und die Gesamtschulfrage. In: Die Deutsche Schule, 95. Jg. (3), S. 262–279.

Herzberg, Heidrun (Hrsg.) (2008): Lebenslanges Lernen. Theoretische Perspektiven und empirische Befunde im Kontext der Erwachsenenbildung, Frankfurt/Main: Peter Lang.

Hesselberger, Dieter (Hrsg.) (2003): Das Grundgesetz. Kommentar für die politische Bildung, Bonn: Bpb.

Höhne, Thomas; Kunz, Thomas und Radtke, Frank-Olaf (2005): Bilder von Fremden. Was unsere Kinder aus Schulbüchern über Migranten lernen sollen, Frankfurt: Johann Wolfgang Goethe-Universität.

Hoffmann-Ocon, Andreas (2007): Zum Verhältnis von Wissenschaft und Bildungspolitik. Die Konflikte Heinrich Roths im Deutschen Bildungsrat. In: Die Deutsche Schule, 99. Jg. (3), S. 267–284.

Holtappels, Heinz-Günter (Hrsg.) (2007): Ganztagsschule in Deutschland. Bilanz und Perspektiven. In: Derselbe. Ganztagsschule in Deutschland. Ergebnisse der Ausgangserhebung der ‚Studie zur Entwicklung von Ganztagsschulen' (StEG), Weinheim: Juventa Verlag, S. 354–381.

Hormel, Ulrike und Scherr, Albert (2005a): Migration als gesellschaftliche Lernprovokation – Programmatische Konturen einer offensiven Bildung für die Einwanderungsgesellschaft. In: Franz Hamburger, Tarek Badawia und Merle Hummrich (Hrsg.), Migration und Bildung. Über das Verhältnis von Anerkennung und Zumutung in der Einwanderungsgesellschaft, Wiesbaden: VS Verlag für Sozialwissenschaften, S. 295–310.

Hormel, Ulrike und Scherr, Albert (2005b): Bildung für die Einwanderungsgesellschaft, Bonn: Bpb.

Hormel, Ulrike (2007): Diskriminierung in der Einwanderungsgesellschaft. Begründungsprobleme pädagogischer Strategien und Konzepte, Wiesbaden: VS Verlag für Sozialwissenschaften.

Huisken, Freerk (2005): Der PISA-Schock und seine Bewältigung. Wieviel Dummheit braucht/verträgt die Republik? Hamburg: VSA-Verlag.

Hunn, Karin (2005): Nächstes Jahr kehren wir zurück. Die Geschichte der türkischen Gastarbeiter in der Bundesrepublik, Göttingen: Wallstein.

Ittel, Angela und Raufelder, Diana (2008): Lehrer und Schuler als Bildungspartner. Theoretische Ansätze zwischen Tradition und Moderne, Göttingen: Vandenhoeck & Ruprecht.

Jablonka, Eva (2006): Mathematical Literacy: Die Verflüchtigung eines ambitionierten Testkonstrukts in bedeutungslose PISA-Punkte. In: Thomas Jahnke und Wolfram Meyerhöfer (Hrsg.), PISA & Co. Kritik eines Programms, Hildesheim: Verlag Franzbecker, S. 155–186.

Jacobs, Hildegard (1982): Ein- und Beschulungsmodelle für ausländische Kinder und Jugendliche in der Bundesrepublik Deutschland, München: DJI-Verlag.

Jaeggi, Rahel und Wesche, Thilo (Hrsg.) (2009): Einführung: Was ist Kritik? In: Dieselben. Was ist Kritik? Frankfurt/Main: Suhrkamp, S. 7–20.

Jahn, Detlef (2006): Einführung in die vergleichende Politikwissenschaft, Wiesbaden: VS Verlag für Sozialwissenschaften.

Jahnke, Thomas (2006): Zur Ideologie von PISA & Co. In: Thomas Jahnke und Wolfram Meyerhöfer (Hrsg.), PISA & Co. Kritik eines Programms, Hildesheim: Verlag Franzbecker, S. 9–29.

Jann, Werner und Wegrich, Kai (2003): Phasenmodelle und Politikprozesse: Der Policy Cycle. In: Klaus Schubert und Nils C. Bandelow (Hrsg.), Lehrbuch der Politikfeldanalyse, München: R. Oldenbourg Verlag, S. 71–104.

Jarausch, Konrad. H. und Allemann-Ghionda, Cristina (2008): Zeitpolitik der Kinderbetreuung und Grundschulerziehung. In: Aus Politik und Zeitgeschichte, B 23/08, S. 3–7.

Jürgens, Eiko (2005): Standards für schulische Bildung? In: Aus Politik und Zeitgeschichte, B12/05, S. 26–31.

Keitel, Christine (2006): Der (un)heimliche Einfluss der Testideologie auf Bildungskonzepte, Mathematikunterricht und mathematikdidaktische Forschung. In: Thomas Jahnke und Wolfram Meyerhöfer (Hrsg.), PISA & Co. Kritik eines Programms, Hildesheim: Verlag Franzbecker, S. 31–62.

Keskin, Hakki (2005): Deutschland als neue Heimat. Eine Bilanz der Integrationspolitik, Wiesbaden: VS Verlag für Sozialwissenschaften.

Kießwetter, Karl (2002): Unzulänglich vermessen und vermessen unzulänglich: PISA & Co. In: Mitteilungen der Deutschen Mathematiker-Vereinigung, 10. Jg. (4), S. 49–58.

King, Vera und Koller, Hans-Christoph (2006): Adoleszenz – Migration – Bildung, Wiesbaden: VS Verlag für Sozialwissenschaften.

Kiper, Hanna (2007): Bildungspolitik nach PISA. Chancen und Risiken der neuen Steuerungsinstrumente. In: Päd Forum: Unterrichten und Erziehen, 26. Jg. (1), S. 43–50.

Kleff, Sanem (2005): Islam im Klassenzimmer. Impulse für die Bildungsarbeit, Hamburg: Edition Körber Stiftung.

Klein, Helmut E. (2007): Privatschulen in Deutschland. Regulierung – Finanzierung – Wettbewerb, Köln: Deutscher Instituts-Verlag.

Knortz, Heike (2008): Diplomatische Tauschgeschäfte. Gastarbeiter in der westdeutschen Diplomatie und Beschäftigungspolitik 1953– 1973, Köln: Böhlau Verlag.

Költze, Horst (2007): Wer stoppt die PISA-Walze? Aufruf zum Ausstieg aus Pisa, Frankfurt/ Main: MEDU Verlag.

Kollberg, Britta (2005): Interkulturelles Lernen als nachhaltiger Prozess. Herausforderungen an Bildungsträger und Kommunen. In: Migration und soziale Arbeit, 27. Jg. (1), S. 32–41.

Kollberg, Britta und Wenzel, Sascha (2006): Integration durch Bildung in Ontario, Kanada. In: Migration und Soziale Arbeit, 28. Jg. (3), S. 241–247.

Konsortium Bildungsberichterstattung (2006): Bildung in Deutschland. Ein indikatorengestützter Bericht mit einer Analyse zu Bildung und Migration, Bielfeld: vbw.

Koppel, Oliver und Plünnecke, Axel (2009): Fachkräftemangel in Deutschland: Bildungsökonomische Analyse, politische Handlungsempfehlungen, Wachstums- und Fiskaleffekte, Köln: Deutscher Instituts-Verlag.

Kraus, Josef (2005): Der PISA-Schwindel. Unsere Kinder sind besser als ihr Ruf. Wie Eltern und Schule Potentiale fördern können, Wien: Signum Verlag.

Kreyenfeld, Michaela (2008): Sozial Ungleichheit und Kinderbetreuung – Eine Analyse der sozialen und ökonomischen Determinanten der Nutzung von Kindertageseinrichtungen. In: Rolf Becker und Wolfgang Lauterbach (Hrsg.), Bildung als Privileg. Erklärungen und Befunde zu den Ursachen der Bildungsungleichheit, Wiesbaden: VS Verlag für Sozialwissenschaften, S. 103–127.

Krüger-Potratz (2004): Zusammenfassung der Diskussion (1). Zu den Impulsreferaten von R. Valtin, W. Bos und M. Prenzel. In: Hans Merkens (Hrsg.), Lehrerbildung: IGLU und die Folgen, Opladen: Leske + Budrich, S. 51–52.

Kühn, Peter (2007): Hotwords in Critical-Incident-Situationen. Die Notwendigkeit semantischer Reflexionen bei der interkulturellen Textarbeit. In: Irmgard Honnef-Becker (Hrsg.), Dialoge zwischen den Kulturen. Interkulturelle Literatur und ihre Didaktik, Baltmannsweiler: Schneider Verlag Hohengehren, S. 99–126.

Lehberger, Reiner und Sandfuchs, Uwe (2008): Schüler fallen auf. Heterogene Lerngruppen in Schule und Unterricht, Bad Heilbrunn: Julius Klinkhardt.

Leiprecht, Rudolf und Kerber, Anne (Hrsg.) (2005): Schule in der Einwanderungsgesellschaft. Ein Handbuch, Schwallbach: Wochenschau Verlag.

Lenzen, Dieter (2009): Eine neue Chance für die Bildung? In: Aus Politik und Zeitgeschichte, B 45/2009, S. 6–9.

Lind, Detlef (2004): Welches Raten ist unerwünscht? Eine Erwiderung. In: Journal für Mathematik-Didaktik, 25. Jg. (1), S. 70–74.

Lind, Detlef; Knoche, Norbert; Blum, Werner u. a. (2005): Kompetenzstufen in PISA. In: Journal für Mathematik-Didaktik, 26. Jg. (1), S. 80–87.

Lind, Georg (2004): Jenseits von PISA – Für eine neue Evaluationskultur. In: Institut für Schulentwicklung PH Schwäbisch-Gmünd (Hrsg.), Standards, Evaluation und neue Methoden. Reaktionen auf die PISA-Studie, Baltmannsweiler: Schneider Verlag Hohengehren, S. 1–7.

Löw, Martina (2003): Einführung in die Soziologie der Bildung und Erziehung, Opladen: Leske + Budrich.

Lütgert, Will; Gröschner, Alexander und Kleinespel, Karin (Hrsg.) (2008): Die Zukunft der Lehrerbildung. Entwicklungslinien. Rahmenbedingungen. Grundlagen, Weinheim: Beltz.

Mannitz, Sabine (2002): Auffassungen von kultureller Differenz: Identitätsmanagement und diskursive Assimilation. In: Werner Schiffbauer (Hrsg.), Staat – Schule – Ethnizität. Politische Sozialisation von Immigrantenkindern in vier europäischen Ländern, Münster: Waxmann, S. 255–320.

Mannitz, Sabine (2006): Die verkannte Integration. Eine Langzeitstudie unter Heranwachsenden aus Immigrantenfamilien, Bielefeld: transcript.

Massing, Peter (2002): Einleitung: Bildungspolitik in der Bundesrepublik Deutschland. Entwicklung – Kontroversen – Perspektiven. In: Cvetha Bovha und Peter Massing (Hrsg.), Bildungspolitik in der Bundesrepublik Deutschland. Entwicklung – Kontroversen – Perspektiven, Schwallbach: Wochenschau-Verlag, S. 5–33.

Mc Rae, Verena (1980): Die Gastarbeiter. Daten, Fakten, Probleme, München: C.H. Beck.

Mehrländer, Ursula (1978): Bundesrepublik Deutschland. In: Ernst Gehmacher, Daniel Kubat und Ursula Mehrländer (Hrsg.), Ausländerpolitik im Konflikt. Arbeitskräfte oder Einwanderer? Konzepte der Aufnahme- und Entsendeländer, Bonn: Neue Gesellschaft, S. 115–137.

Mehrländer, Ursula (1986): Auswirkungen einer neuen Ausländerpolitik auf Situation und Verhalten der ausländischen Wohnbevölkerung im Aufnahmeland. Beispiel Bundesrepublik Deutschland. In: Heiko Körner und Ursula Mehrländer (Hrsg.), Bonn: Neue Gesellschaft, S. 103–119.

Mehrländer, Ursula (1987): Ausländerforschung 1965 bis 1980. Fragestellungen, theoretische Ansätze, empirische Ergebnisse, Bonn: Neue Gesellschaft.

Meier-Braun, Karl-Heinz (2002): Deutschland Einwanderungsland, Frankfurt am Main: Suhrkamp.

Merkens, Hans (Hrsg.) (2004a): IGLU und die Folgen – Einleitende Bemerkungen. In: Derselbe. Lehrerbildung. IGLU und die Folgen, Opladen: Leske + Budrich, S. 9–16.

Merkens, Hans (Hrsg.) (2004b): IGLU und die Folgen – Quo vadis Lehrerbildung für das Lehramt an Grundschulen? In: Derselbe. Lehrerbildung: IGLU und die Folgen, Opladen: Leske + Budrich, S. 135–138.

Meyerhöfer, Wolfram (2004a): Was testen Tests? Objektiv-hermeneutische Analysen am Beispiel von TIMSS und PISA. Dissertation an der Mathematisch-Naturwissenschaftlichen Fakultät der Universität Potsdam.

Meyerhöfer, Wolfram (2004b): Zum Problem des Ratens bei PISA. Eine Erwiderung. In: Journal für Mathematik-Didaktik, 25. Jg. (1), S. 62–69.

Meyerhöfer, Wolfram (2006a): PISA & Co. als kulturindustrielle Phänomene. In: Thomas Jahnke und Wolfram Meyerhöfer (Hrsg.), PISA & Co. Kritik eines Programms, Hildesheim: Verlag Franzbecker, S. 63–99.

Meyerhöfer, Wolfram (2006b): Testen, Lernen und Gesellschaft. Zwischen Autonomie und Heteronomie. In: Thomas Jahnke und Wolfram Meyerhöfer (Hrsg.), PISA & Co. Kritik eines Programms, Hildesheim: Verlag Franzbecker, S. 331–349.

Motte, Jan; Ohlinger, Rainer und Oswald, Anne von (1999): 50 Jahre Bundesrepublik – 50 Jahre Einwanderungsrepublik. Nachkriegsgeschichte als Migrationsgeschichte, Frankfurt am Main: Campus.

Münch, Joachim (2002): Bildungspolitik. Grundlagen – Entwicklungen, Schorndorf: Schneider Verlag Hohengehren GmbH.

Neumann, Ursula (2004): Die Berücksichtigung sprachlicher und kultureller Heterogenität in der Lehrerbildung für die Grundschule. In: Hans Merkens (Hrsg.), Lehrerbildung: IGLU und die Folgen, Opladen: Leske + Budrich, S. 105–119.

Nieke, Wolfgang (2007): Interkulturelle Erziehung und Bildung. Wertorientierung im Alltag, Wiesbaden: VS Verlag für Sozialwissenschaften.

OECD (Hrsg.) (2007): PISA 2006 – Schulleistungen im internationalen Vergleich. Naturwissenschaftliche Kompetenzen für die Welt von morgen, Bielefeld: W. Bertelsmann Verlag.

Özdemir, Songül (2007): Identitätsentwicklung türkischer Jugendlicher in der zweiten Generation. Gratwanderung zwischen den Kulturen, Saarbrücken: VDM Verlag Dr. Müller.

Pagenstecher, Cord (1994): Ausländerpolitik und Immigrantenidentität. Zur Geschichte der Gastarbeit in der Bundesrepublik, Berlin: Bertz Verlag.

Paus-Hasebrink, Ingrid (2009): Mediensozialisation von Kindern aus sozial benachteiligten Familien. In: Aus Politik und Zeitgeschichte, B 17/2009, S. 20–25.

Picht, Georg (1964): Die deutsche Bildungskatastrophe, Olten: Walter-Verlag.

PISA-Konsortium (Hrsg.) (2007): Wichtige Ergebnisse im Überblick. In: PISA 2006. Die Ergebnisse der dritten internationalen Vergleichsstudie, Münster: Waxmann, S. 13–30.

Pommerin-Götze, Gabriele (2005): Zur Bildungssituation Jugendlicher mit Migrationshintergrund. In: Volker Frederking, Hartmut Heller und Annette Scheunpflug (Hrsg.), Nach PISA. Konsequenzen für Schule und Lehrerbildung nach zwei Studien, Wiesbaden: VS Verlag für Sozialwissenschaften, S. 143–162.

Powell, Justin J.W. und Wagner Sandra (2001): Daten und Fakten zu Migrantenjugendlichen an Sonderschulen in der Bundesrepublik Deutschland. Selbständige Nachwuchsgruppe Working Paper 1/2001, Berlin: Max-Planck-Institut für Bildungsforschung.

Puchhammer, Markus (2007): Language-based Item Analysis – Problems in Intercultural Comparisons. In: Stefan Thomas Hopmann, Gertrude Brinek und Martin Retzl (Hrsg./Eds.): PISA zufolge PISA – PISA according to PISA. Hält PISA, was es verspricht? Does PISA keep what it promises? Wien: LIT-Verlag, S. 127–137.

Puskeppeleit, Jürgen und Krüger-Potratz, Marianne (Hrsg.) (1999): Zur Ausländerbildungspolitik und Ausländerpolitik in der Bundesrepublik Deutschland. In: Bildungspolitik und Migration. Texte und Dokumente zur Beschulung ausländischer Kinder und Jugendlicher 1950–1999, Münster: iks, S. 1–35.

Radtke, Frank-Olaf (2004): Schule und Ethnizität. In: Werner Helsper und Jeanette Böhme (Hrsg.), Handbuch der Schulforschung, Wiesbaden: VS Verlag für Sozialwissenschaften, S. 625–646.

Raiser, Ulrich (2007): Erfolgreiche Migranten im deutschen Bildungswesen – es gibt sie doch. Lebensläufe von Bildungsaufsteigern türkischer und griechischer Herkunft, Münster: LIT.

Ramm, Gesa; Walter, Oliver u. a. (2005): Soziokulturelle Herkunft und Migration im Ländervergleich. In: PISA-Konsortium Deutschland (Hrsg.), PISA 2003. Der zweite Vergleich der Länder in Deutschland – Was wissen und können Jugendliche? Münster: Waxmann, S. 269–298.

Reich, Hans H. und Roth, Hans-Joachim (2002): Spracherwerb zweisprachig aufwachsender Kinder und Jugendlicher. Ein Überblick über den Stand der nationalen und internationalen Forschung, Hamburg: SIZ.

Reich, Hans H. (2004): Sprachstand und Sprachförderung bei zweisprachigen Kindern. In: Yasemin Karakasoglu und Julian Lüddecke (Hrsg.), Migrationsforschung und Interkulturelle Pädagogik. Aktuelle Entwicklungen in Theorie, Empirie und Praxis, Münster: Waxmann, S. 131–143.

Reißlandt, Carolin (2006): Fit für die Globalisierung? Die deutsche Migrations- und Integrationspolitik nach den rot-grünen Reformen. In: Christoph Butterwegge und Gudrun Hentges (Hrsg.), Zuwanderung im Zeichen der Globalisierung. Migrations-, Integrations- und Minderheitenpolitik, Wiesbaden: VS Verlag für Sozialwissenschaften, S. 135–162.

Reiss, Kristina und Törner, Günter (2002): Was hat PISA 2000 den Mathematikerinnen und Mathematikern zu sagen? In: Mitteilungen der Deutschen Mathematiker-Vereinigung, 10. Jg. (2), S. 45–51.

Reiss, Kristina und Törner, Günter (2003): PISA 2000: Eine Klärung von Missverständnissen. In: Mitteilungen der Deutschen Mathematiker-Vereinigung, 11. Jg. (1), S. 46–48.

Renner, Günter (1999): Erste Anmerkungen zur Reform des Staatsangehörigkeitsrechts. In: Klaus Bartwig, Gisbert Brinkmann und Kay Heilbronner (Hrsg.), Neue Regierung – neue Ausländerpolitik? Hohenheimer Tage zum Ausländerrecht, S. 81–95.

Reuter, Lutz R. (2002): Folgerungen aus den PISA-Befunden. In: Hans Döbert (Hrsg.) u. a., Bildung vor neuen Herausforderungen. Historische Bezüge – Rechtliche Aspekte – Steuerungsfragen – Internationale Perspektiven, Neuwied: Luchterhand, S. 35–47.

Reutter, Werner und Rütters, Peter (2007): Mobilisierung und Organisation von Interessen. In: Thomas von Winter und Ulrich Willems (Hrsg.), Interessenverbände in Deutschland, Wiesbaden: VS Verlag für Sozialwissenschaften, S. 119–138.

Rindermann, Heiner (2006): Was messen internationale Schulleistungsstudien? Schulleistungen, Schülerfähigkeiten, kognitive Fähigkeiten, Wissen oder allgemeine Intelligenz? In: Psychologische Rundschau, 57. Jg. (2), S. 69–86.

Rösner, Ernst (2007): Ungleiche Bildungschancen im Spiegel von Schulleistungsstudien. In: Dietlind Fischer und Volker Elsenbast (Hrsg.), Zur Gerechtigkeit im deutschen Bildungssystem, Münster: Waxmann, S. 15–24.

Röttgers, Kurt (1982): Kritik. In: Otto Brunner, Werner Conze und Reinhart Koselleck (Hrsg.), Geschichtliche Grundbegriffe. Historisches Lexikon zur politisch-sozialen Sprache in Deutschland, Band 3, Stuttgart: Klett-Cotta, S. 651–675.

Rohe, Karl (1994): Politik. Begriffe und Wirklichkeit, Stuttgart: Kohlhammer.

Roth, Hans-Joachim und Britz, Lisa (2006): Bilinguale Erziehung und Sprachförderung im Elementarbereich. Ausgewählte Ergebnisse einer Evaluationsstudie aus Köln. In: Migration und Soziale Arbeit, 28. Jg. (3), S. 291–296.

Rubio, Philip F. (2001): A History od Affirmative Action 1619–2000. University Press of Mississippi.

Ruschin, Sylvia (2004): Chancengleichheit in der Wissensgesellschaft. Biologisch-anthropologische Grundlagen eines bildungspolitischen Ziels, Münster: Waxmann.

Rushdie, Salman (1984): Shame, New York: Aventura.

Sannwald, Rüdiger (2008): Kommentierung der Artikel 30 und 70 GG. In: Hans Hofmann und Axel Hopfauf (Hrsg.), Kommentar zum Grundgesetz, München: Carl Heymanns Verlag.

Santel, Bernhard (2002): Integriert oder randständig? Zur wirtschaftlichen Situation von Einwanderern in Deutschland. In: Zeitschrift für Migration und soziale Arbeit, 24. Jg. (1), S. 24–31.

Schelle, Carla (2005): Migration als Entwicklungsaufgabe in der Schule und im Unterricht. In: Franz Hamburger, Tarek Badawia und Merle Hummrich (Hrsg.), Migration und Bildung. Über das Verhältnis von Anerkennung und Zumutung in der Einwanderungsgesellschaft, Wiesbaden: VS Verlag für Sozialwissenschaften, S. 41–53.

Schlömerkemper, Jörg (2007): Alle Schulen für alle Kinder. Die Selektionsfunktion der Schule aufheben. In: Die Deutsche Schule, 99. Jg. (3), S. 263–266.

Schöneberg, Ulrike (1993): Gestern Gastarbeiter, morgen Minderheit. Zur sozialen Integration von Einwanderern in einem unerklärten Einwanderungsland, Frankfurt/Main: Peter Lang.

Schmid, Josef (2001): Bevölkerungsentwicklung und Migration in Deutschland. In: Aus Politik und Zeitgeschichte, B 43/2001, S. 20–30.

Schmidt, Manfred G. (2002): Warum Mittelmaß? Deutschlands Bildungsausgaben im internationalen Vergleich. In: Politische Vierteljahresschrift, 43. Jg., (1), S. 3–19.

Schmidtke, Oliver (2009): Einwanderungsland Kanada – ein Vorbild für Deutschland? In: Aus Politik und Zeitgeschichte, B 44/2009, S. 25–30.

Schnappauf, Klaus-Dieter (1999): Zur Reform des deutschen Staatsangehörigkeitsrechts. In: Klaus Barwig, Gisbert Brinkmann und Kay Hailbronner (Hrsg.), Neue Regierung – neue Ausländerpolitik? Hohenheimer Tage zum Ausländerrecht, Baden-Baden: Nomos, S. 69–80.

Schneider, Ilona K. (2009): Lernfenster Kindergarten. In: Aus Politik und Zeitgeschichte, B 45/2009, S. 32–38.

Schneider, Volker und Janning, Frank (2006): Politikfeldanalyse. Akteure, Diskurse und Netzwerke in der öffentlichen Politik, Wiesbaden: VS Verlag für Sozialwissenschaften.

Schneider, Volker (2008): Komplexität, politische Steuerung und evidenz-basiertes Policy-Making. In: Frank Janning und Katrin Toens (Hrsg.), Die Zukunft der Policy-Forschung. Theorien, Methoden, Anwendungen, Wiesbaden: VS Verlag für Sozialwissenschaften, S. 55–70.

Schöneberg, Ulrike (1993): Gestern Gastarbeiter, morgen Minderheit. Zur sozialen Integration von Einwanderern in einem unerklärten Einwanderungsland, Frankfurt am Main: Peter Lang.

Schrader, Achim; Hensel, Jochen und Holtbrügge, Heiner (1979): Die Zweite Generation Sozialisation und Akkulturation ausländischer Kinder in der Bundesrepublik, Bonn: Athenäum Verlag.

Schroeder, Joachim (2007): Interkulturalität. In: Stephan Ellinger, Katja Koch und Joachim Schroeder (Hrsg.), Risikokinder in der Ganztagsschule. Ein Praxishandbuch, Stuttgart: Kohlhammer, S. 51–75.

Schubert, Klaus (2003): Pragmatismus, Pluralismus, Policy Analysis: Ursprünge und theoretische Verankerung der Policy Analyse. In: Klaus Schubert und Nils C. Bandelow (Hrsg.), Lehrbuch der Politikfeldanalyse, München: R. Oldenbourg Verlag, S. 37–70.

Schulte, Axel (2002): Diskriminierung als soziales Problem in der Einwanderungsgesellschaft. In: Zeitschrift für Migration und soziale Arbeit, 24. Jg. (3), S. 13–21.

Schweizer, Jochen (2007): Deutsches Schulsystem schadet Kindern! – Die Beweise. In: Dietlind Fischer und Volker Elsenbast (Hrsg.), Zur Gerechtigkeit im Bildungssystem, Münster: Waxmann, S. 48–54.

Seitz, Stefan (2007): Der Lehrer als Innovator von Schule. Ein neues Professionsverständnis? Hamburg: Dr. Kovac

Sliwka, Anne (2004): Citizenship Education as the Responsibility of a Whole School: Structural and Cultural Implications. In: Anne Sliwka, Martina Diedrich und Manfred Hofer (Eds.), Citizenship Education. Theory – Research – Practice, Münster: Waxmann, S. 7–18.

Sliwka, Anne (2006): Freiwillig hätte ich das nie gemacht, jetzt würde ich das sofort wieder tun: Erfahrungen mit Service Learning an deutschen Schulen. In: Anne Sliwka, Christian Petry und Peter E. Kalb (Hrsg.), Durch Verantwortung lernen. Service Learning: Etwas für andere tun, Weinheim: Beltz, S. 32–57.

Smolka, Dieter (2002): Die PISA-Studie: Konsequenzen und Empfehlungen für Bildungspolitik und Schulpraxis. In: Aus Politik und Zeitgeschichte, B 41/02, S. 3–11.

Smolka, Dieter (2005): PISA-Konsequenzen für Bildung und Schule. In: Aus Politik und Zeitgeschichte, B 12/05, S. 21–25.

Söhn, Janina und Veysel, Özcan (2005): Bildungsdaten und Migrationshintergrund. Eine Bilanz. In: Bundesministerium für Bildung und Forschung (Hrsg.), Migrationshintergrund von Kindern und Jugendlichen. Wege zur Weiterentwicklung der amtlichen Statistik, Bonn: Eigendruck, S. 117–127.

Sökefeld, Martin (Hrsg.) (2004): Jenseits des Paradigmas kultureller Differenz. Neue Perspektiven auf Einwanderer aus der Türkei, Bielefeld: transcript.

Solga, Heike (2002): Ohne Schulabschluss – und was dann? Bildungs- und Berufseinstiegsbiographien westdeutscher Jugendlicher ohne Schulabschluss, geboren zwischen 1930 und 1971. In: Max-Planck-Institut für Bildungsforschung (Hrsg.), Selbständige Nachwuchsgruppe „Ausbildungslosigkeit: Bedingungen und Folgen mangelnder Berufsausbildung", Working Paper 2/2002, Berlin.

Solga, Heike (2005): Ohne Abschluss in die Bildungsgesellschaft. Die Erwerbschancen gering qualifizierter Personen aus soziologischer und ökonomischer Perspektive, Opladen: Budrich.

Solga, Heike und Wagner, Sandra (2008): Die Zurückgelassenen – die soziale Verarmung der Lernumwelt von Hauptschülerinnen und Hauptschülern. In: Rolf Becker und Wolfgang Lauterbach (Hrsg.), Bildung als Privileg. Erklärungen und Befunde zu den Ursachen der Bildungsungleichheit, Wiesbaden: VS Verlag für Sozialwissenschaften, S. 191–219.

Stanat, Petra (2003): Schulleistungen von Jugendlichen mit Migrationshintergrund: Differenzierung deskriptiver Befunde aus PISA und PISA-E. In: Deutsches PISA-Konsortium (Hrsg.), PISA 2000- Ein differenzierter Blick auf die Länder der Bundesrepublik Deutschland, Opladen: Leske + Budrich, S. 243–260.

Stanat, Petra (Hrsg.) u. a. (2006): Schulleistungen von Jugendlichen mit Migrationshintergrund: Die Rolle der Zusammensetzung der Schülerschaft. In: Herkunftsbedingte Disparitäten im Bildungswesen: Differenzielle Bildungsprozesse und Probleme der Verteilungsgerechtigkeit. Vertiefende Analysen im Rahmen von PISA 2000, Wiesbaden: VS Verlag für Sozialwissenschaften, S. 189–219.

Statistisches Bundesamt (Hrsg.) (2002): Datenreport 2002. Zahlen und Fakten über die Bundesrepublik Deutschland, Bonn: Bpb.

Stecher, Ludwig und Radisch, Falk und Fischer, Nathalie (2008): Ganztägige Bildungssettings im Vor- und Grundschulalter. In: Aus Politik und Zeitgeschichte, B 23/08, S. 33–38.

Still, Hans-Dieter (2006): PISA und die Bildungsstandards. In: Thomas Jahnke und Wolfram Meyerhöfer (Hrsg.), PISA & Co. Kritik eines Programms, Hildesheim: Verlag Franzbecker, S. 293–330

Strohmeier, Klaus Peter; Wunderlich, Holger und Lersch, Phillip (2009): Kindheiten in Stadt(teil) und Familie. In: Aus Politik und Zeitgeschichte, B 17/2009, S. 25–32.

Sünker, Heinz (2004): Bildungspolitik, Bildung und soziale Gerechtigkeit. PISA und die Folgen. In: Hans-Uwe Otto und Thomas Rauschenbach (Hrsg.), Die andere Seite der Bildung. Zum Verhältnis von formellen und informellen Bildungsprozessen, Wiesbaden: VS Verlag für Sozialwissenschaften, S. 223–237.

Sünker, Heinz und Miethe, Ingrid (2007): Bildungspolitik und Bildungsforschung: Herausforderungen und Perspektiven für Gesellschaft und Gewerkschaften in Deutschland, Frankfurt/Main: Peter Lang.

Terhart, Ewald (2003): Lehrerbildung nach PISA. Welche Konsequenzen kann man aus den aktuellen Leistungsvergleichsuntersuchungen für die Lehrerbildung ziehen? In: Merkens, Hans (Hrsg.), Lehrerbildung in der Diskussion, Opladen: Leske + Budrich, S. 167–177.

Terkessidis, Mark (1998): Psychologie des Rassismus, Opladen: Westdeutscher Verlag.

Terkessidis, Mark (2004): Die Banalität des Rassismus. Migranten zweiter Generation entwickeln eine neue Perspektive, Bielefeld: transcript.

Traeger, Michael (2005): Bildungspolitik in Deutschland. Eine ländervergleichende Netzwerkanalyse, Marburg: Tectum Verlag.

Treichler, Andreas (2002): Von der Zuwanderungs- zur Einwanderungspolitik? Warum Integrationspolitik in Deutschland im 21. Jahrhundert alternativlos geworden ist. In: Zeitschrift für Migration und soziale Arbeit, 24. Jg. (1), S. 13–19.

Tucci, Ingrid (2005): Armutsentwicklung und Arbeitsmarktlage von Migranten und Migrantinnen. In: Migration und soziale Arbeit, 27. Jg. (3), S. 184–193.

Uljens, Michael (2007): The Hidden Curriculum of PISA – The Promotion of Neo-Liberal Policy by Educational Assessment. In: Stefan Thomas Hopmann, Gertrude Brinek und Martin Retzl (Hrsg./Eds.): PISA zufolge PISA – PISA according to PISA. Hält PISA, was es verspricht? Does PISA keep what it promises? Wien: LIT-Verlag, S. 295–303.

Valtin, Renate und Bos, Wilfried (2004): (Was) können wir aus den IGLU für die Lehrerbildung lernen? In: Hans Merkens (Hrsg.), Lehrerbildung. IGLU und die Folgen, Opladen: Leske + Budrich, S.17–35.

Vereinigung der Bayerischen Wirtschaft e.V. (Hrsg.) (2007): Bildungsgerechtigkeit. Jahresgutachten 2007. Wiesbaden: VS Verlag für Sozialwissenschaften.

Vogel, Ditta und Wüst, Andreas M. (2003): Paradigmenwechsel ohne Instrumentenwechsel? Kontinuität und Wandel im Politikfeld Migration. In: Antonia Gohr und Martin Seeleib-

Kaiser (Hrsg.), Sozial- und Wirtschaftspolitik unter Rot-Grün, Opladen: Westdeutscher Verlag, S. 265–286.

Wagner, Petra (2002): Vorurteilsbewusste Arbeit in Kindertageseinrichtungen mit dem Anti-Bias-Approach. Erfahrungen aus dem Berliner Projekt Kinderwelten. In: Zeitschrift für Migration und soziale Arbeit, 24. Jg. (3), S. 62–70.

Wagner, Sandra; Seibert, Holger; Özcan, Veysel u. a. (2005): Migration, Ethnizität und Schule: Die amtlichen Statistiken der Niederlande, Schwedens und Kanadas. In: Bundesministerium für Bildung und Forschung (Hrsg.), Migrationshintergrund von Kindern und Jugendlichen. Wege zur Weiterentwicklung der amtlichen Statistik, Bonn: Eigendruck, S. 103–105.

Walter, Oliver und Taskinen, Paivi (2007): Kompetenzen und bildungsrelevante Einstellungen von Jugendlichen mit Migrationshintergrund in Deutschland: Ein Vergleich mit ausgewählten OECD-Staaten. In: PISA-Konsortium Deutschland (Hrsg.), PISA 2006. Die Ergebnisse der dritten internationalen Vergleichsstudie, Münster: Waxmann, S. 337–366.

Weber, Martina (2005): Ali Gymnasium – Soziale Differenzen von SchülerInnen aus der Perspektive von Lehrkräften. In: Franz Hamburger, Tarek Badawia und Merle Hummrich (Hrsg.), Migration und Bildung. Über das Verhältnis von Anerkennung und Zumutung in der Einwanderungsgesellschaft, Wiesbaden: VS Verlag für Sozialwissenschaften, S. 69–79.

Wehrmann, Ilse (2003): Zukunft der Kindergärten – Kindergärten der Zukunft. Neue Formen der Kindergartenbetreuung. In: Wassilios E. Fthenakis (Hrsg.), Elementarpädagogik nach PISA. Wie aus Kindertagestätten Bildungseinrichtungen werden können, Freiburg: Herder, S. 294–316.

Wesche, Thilo (2009): Reflexion, Therapie, Darstellung. Formen der Kritik. In: Rahel Jaeggi und Thilo Wesche (Hrsg.), Was ist Kritik? Frankfurt/Main: Suhrkamp, S. 193–220.

West, Klaus-W. (2003): Kontinuität und Wandel in der Bildungspolitik. In: Antonia Gohr und Martin Seeleib-Kaiser (Hrsg.), Sozial- und Wirtschaftspolitik unter Rot-Grün, Wiesbaden: Westdeutscher Verlag, S. 229–247.

Wiemeyer, Joachim (2008): Aufgabe und spezielle Kompetenzen verschiedener Akteure im Bildungssektor: Staat, Unternehmen, Kirchen und freie Träger. In: Martin Dabrowski und Judith Wolf (Hrsg.), Bildungspolitik und Bildungsgerechtigkeit, Paderborn: Schöningh, S. 97–124.

Winkler, Michael (2005): Bildungspolitik nach PISA. In: Michael Opielka (Hrsg.), Bildungsreform als Sozialreform. Zum Zusammenhang von Bildungs- und Sozialpolitik, Wiesbaden: VS Verlag für Sozialwissenschaften, S. 23–43.

Wolf, Frieder und Henkes, Christian (2007): Die Bildungspolitik von 2002 bis 2005: Eine Misserfolgsgeschichte und ihre Ursachen. In: Christoph Egle und Reimut Zohlnhöfer (Hrsg.), Ende des rot-grünen Projektes. Eine Bilanz der Regierung Schröder 2002–2005, Wiesbaden: VS Verlag für Sozialwissenschaften, S. 355–378.

Wolf, Frieder (2008): Bildungsfinanzierung in Deutschland, Wiesbaden: VS Verlag für Sozialwissenschaften.

Wuttke, Joachim (2006): Fehler, Verzerrungen, Unsicherheiten in der PISA-Auswertung. In: Thomas Jahnke und Wolfram Meyerhöfer (Hrsg.), PISA & Co. Kritik eines Programms, Hildesheim: Verlag Franzbecker, S. 101–154.

Yano, Hisashi (1998): Wir sind benötigt, aber nicht erwünscht. Zur Geschichte der ausländischen Arbeitnehmer in der Frühphase der Bundesrepublik. In: Aytac Eryilmaz und Mathilde Jamin (Hrsg.), Fremde Heimat. Zur Geschichte der Einwanderung aus der Türkei, Essen: Klartext, S. 39–55.

Yildiz, Safiye (2005): Interkulturelle Erziehung im Niedergang oder Aufbruch? Ein retrospektiver Einblick in pädagogische Konzepte. In: IFADE (Hrsg.), Insider-Outsider. Bilder. Ethnisierte Räume und Partizipation im Migrationsprozess, Bielefeld: transcript, S. 223–246.

Zipf, George K. (1932): Selected Studies of the Principle of Relative Frequency in Language, Cambridge (Mass.): Harvard University Press.

Elektronische Ressourcen

BMFSFJ: (Stand: 20.02.2009), S. 22. http://209.85.129.132/search?q=cache:BftZOEshFHgJ: www.bmfsfj.de/bmfsfj/generator/Publiktionen/zahlenspiegel2005/01Redaktion/PDFAnlagen/03versorgungslage,property%3Dpdf,bereich%3Dzahlenspiegel2005,sprache%3Dde,rwb%3Dtrue.pdf+Relation+Ganztags-+und+Halbtagskindergarten&hl=de&ct=clnk&cd=3&gl=de.

Brügelmann, Hans: Lese-Untersuchung mit dem Stolperwörter-Test. Abschlussbericht des Projekts LUST-1, (Stand 12.01.2010), http://www.uni-siegen.de/~agprim/lust/index.htm.

Haase, Fee-Alexandra: Kritik. Historische Begriffe der Sprache und Literatur einer Wissenschaft und Kunst von der Antike bis zum 20. Jahrhundert, (Stand: 6.01.2010), http://www.fachpublikation.de/dokumente/01/1a/, Kapitel 4, S. 1.

Lin, Susanne, Der konflikttheoretische Ansatz, (Stand: 13.03.2010), http://www.friedenspaedagogik.de/themen/stereotypen_vorurteile_feindbilder/sozialpsychologische_vorurteilsforschung/der_konflikttheoretische_ansatz.

Max-Planck-Institut für Bildungsforschung: (Stand: 1.03.2009), S. 29. http://www.mpibberlin.mpg.de/de/forschung/bag/projekte/sekundaerdaten/Datensaetze/S1.xls.

Migration-Info: (Stand: 23.01.2010),http://www.migrationinfo.de/mub_artikel.php?Id=030804.

Migration-Info: (Stand: 24.01.2010), http://www.migration-info.de/mub_artikel.php?Id=050302.

Roman Herzog: (Stand: 19.03.2009), http://www.bundespraesident.de/Reden-und-Interviews/Reden-Roman-Herzog-,11072.12065/Rede-von-Bundespraesident-Roma.htm?global. back=/Reden-und-Interviews/-%2C11072%2C4/Reden-Roman-Herzog.htm%3Flink%3Dbpr_liste.

Statistisches Bundesamt: (Stand: 16.02.2009) http://www.destatis.de/jetspeed/portal/cms/Sites/destatis/Internet/DE/Presse/pm/2008/12/PD08_458__218,templateId=renderPrint.psml.

Statistisches Bundesamt: Pressebroschüre Kindertagesbetreuung in Deutschland – Einrichtungen, Plätze, Personal und Kosten 1990 bis 2002, (Stand: 20.02.2009), https://www.ec.destatis.de/csp/shop/sfg/bpm.html.cms.cBroker.cls?cmspath=struktur,vollanzeige.csp&ID=1013471.

Statistisches Bundesamt: (Stand: 19.03.2009), http://www.destatis.de/jetspeed/portal/cms/Sites/destatis/Internet/DE/Presse/pm/2007/07/PD07__292__1511,templateId=renderPrint.psml.

Stiftung Mercator: Förderunterricht für Kinder und Jugendliche mit Migrationshintergrund. Evaluation des Projekts der Stiftung Mercator, (Stand:12.01.2010),http://www.stiftung-mercator.org/cms/upload/pdf/Sonstige_PDFs/Kurzfassung_der_Evaluation.pdf.

Tartakowska, Magdalena und Ackermann, Lisanne: Diskriminierung von Lehrkräften mit Migrationshintergrund, (Stand: 06.01.2010), http://www.migration-boell.de/web/integration/47_1496.asp.

MIX
Papier aus verantwortungsvollen Quellen
Paper from responsible sources
FSC® C105338

Printed by Books on Demand, Germany